JUNIOR CYCLE FRENCH
SECOND AND THIRD YEAR

Allons-y 2

Second Edition

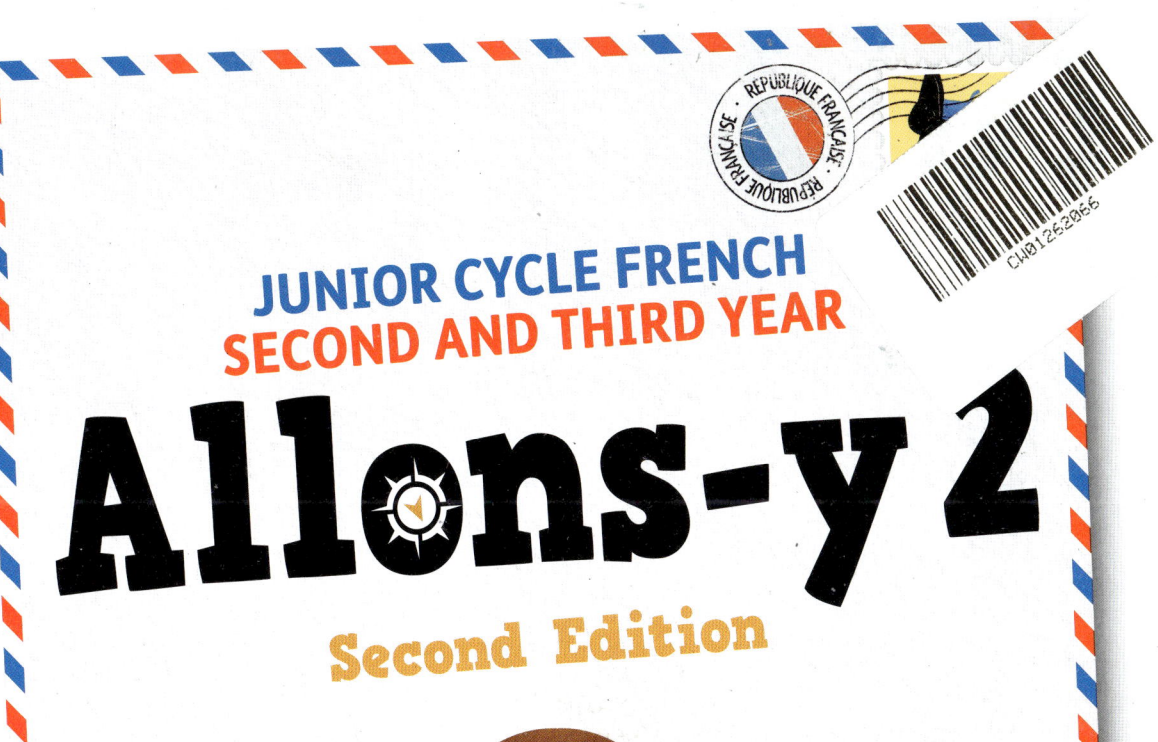

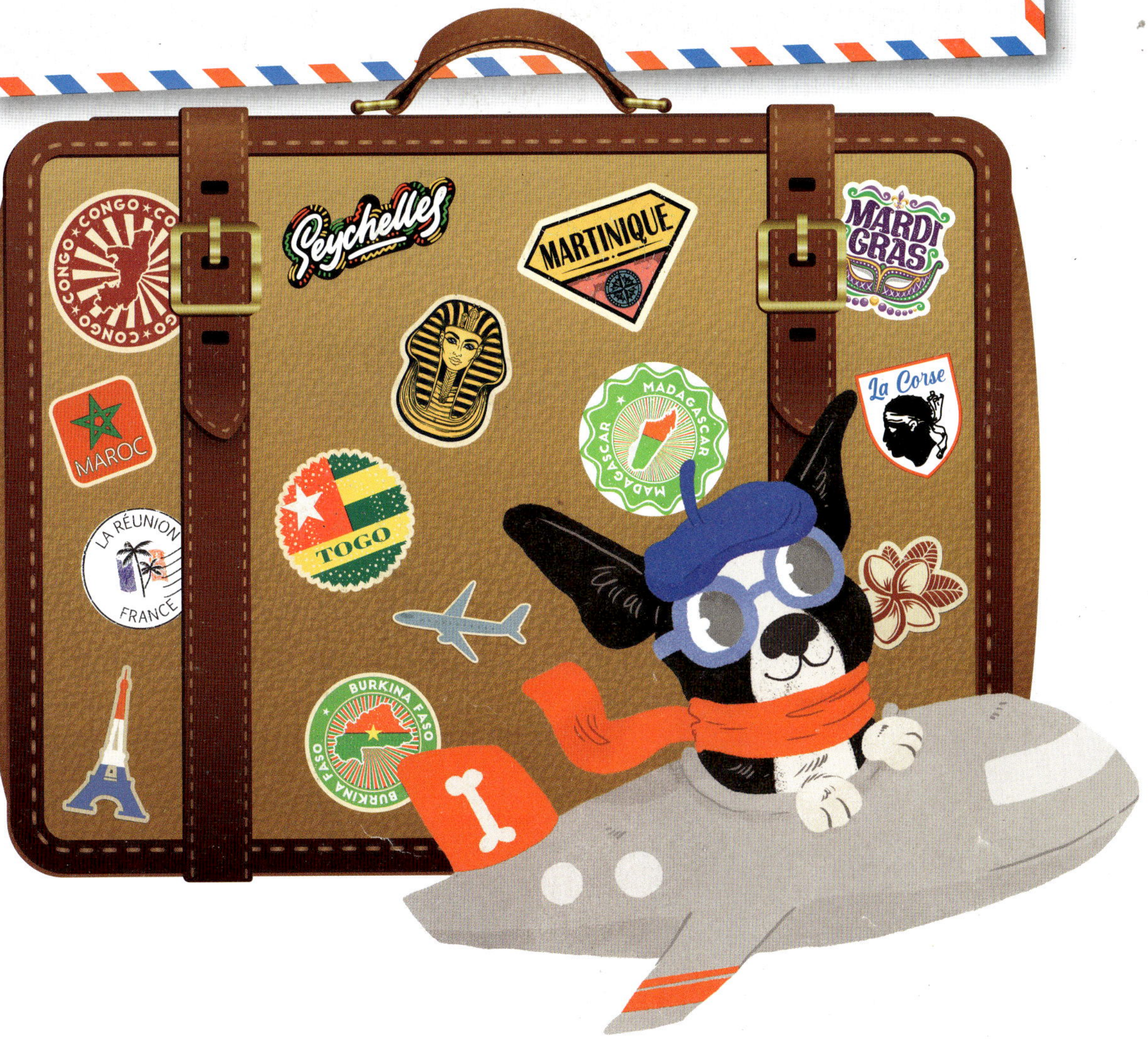

Lisa Bergin & Linda Fogarty

educate.ie

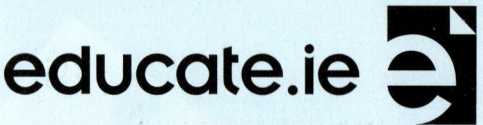

PUBLISHED BY:
Educate.ie
Walsh Educational Books Ltd
Castleisland, Co. Kerry, Ireland
www.educate.ie

DESIGN AND LAYOUT:
Kieran O'Donoghue
Karyn Moynihan

PRINTED AND BOUND BY:
Walsh Colour Print, Castleisland

© Lisa Bergin & Linda Fogarty 2022

Without limiting the rights under copyright, this book is sold subject to the condition that it shall not, by way of trade or otherwise, be reproduced, stored in or introduced into a retrieval system, or transmitted, in any form or by any means (electronic, mechanical, photocopying, recording or otherwise), or otherwise circulated, without the publisher's prior consent, in any form other than that in which it is published and without a similar condition, including this condition, being imposed on the subsequent publisher. The author and publisher have made every effort to trace all copyright holders, but if some have been inadvertently overlooked, we would be happy to make the necessary arrangements at the first opportunity.

ISBN: 978-1-913698-66-9

Table des matières

Contents grid iv
Introduction vi
Features to Look Out For in *Allons-y 2* vii

1 Ma journée 1

2 Faire des projets 39

3 La ville et la campagne 77

4 Le transport 113

5 Les vacances 149

6 Le camping 189

7 La cuisine 225

8 La santé 263

9 La technologie 303

10 Le monde du travail 339

11 L'actualité 379

Acknowledgements 415

Allons-y 2

	Vocabulaire 🔑	Grammaire	Culture	Évaluation en classe
1 Ma journée	The morning routine .... 2 Time .... 7 School transport .... 18 The 24-hour clock .... 22 The school day 24	Reflexive verbs (**les verbes pronominaux**) .... 3 Reflexive verbs in the negative form .... 10 Revision of regular verbs in the present tense (**au présent**) .... 12 Revision of irregular verbs in the present tense ...... 16 The irregular verb **prendre** 19	Back to school in France .... 14 Getting to school around the world .... 21 The francophone file: Burkina Faso .... 30 Authentic text: a magazine article – '24 hours in the life of Lady Gaga' 37	Classroom-Based Assessment: Create a vlog about your school 38
2 Faire des projets	Introducing oneself .... 40 Zodiac signs .... 49 Looking for a penpal ..... 51 Invitations 62	Adjectives .... 42 The irregular verbs **savoir** and **connaître** in the present tense .... 46 The future simple (**le futur simple**) .... 53 Irregular verbs in the future simple tense 57	The Césars .... 56 The francophone file: La Réunion .... 66 Authentic text: a synopsis of the film *Sing Street* 75	Classroom-Based Assessment: Create a role play – an invitation to a party 76
3 La ville et la campagne	Living in the town or the country .... 78 Signs .... 89 On the farm .... 91 Some tips for protecting the planet ..... 98 Zoo animals 100	The imperative (**l'impératif**) .... 85 Plural nouns 93	Beauval Zoo .... 103 The francophone file: Madagascar .... 104 Authentic text: an infographic – endangered animals 111	Classroom-Based Assessment: Research and report – an animal 112
4 Le transport	Modes of transport ...... 114 At the train station ...... 116 Travelling by boat .... 126 At the airport .... 130 The car 133	The irregular verbs **venir** and **partir** .... 124 The recent past (**le passé récent**) .... 128 The irregular verb **conduire** 134	The Paris Métro .... 122 The car in France .... 135 The francophone file: Corsica .... 140 Authentic text: a poster – 'Le Challenge de la Mobilité' 147	Classroom-Based Assessment: Create a role play – travelling in France 148
5 Les vacances	Countries .... 150 Nationalities .... 155 Weather in the future tense .... 160 Packing the suitcase .... 162 At the hotel .... 164 Postcards 176	The prepositions **en**, **au** and **aux** before country names .... 150 The past tense (**le passé composé**) with **avoir** 1 .... 170 The past tense in the negative form 174	Holidays in France .... 157 The francophone file: The Seychelles .... 180 Authentic text: pool rules 187	Classroom-Based Assessment: Create a role play – at the front desk of a hotel 188

Junior Cycle French – Second and Third Year

	Vocabulaire	Grammaire	Culture	Évaluation en classe
6 Le camping	At the campsite .... 190 Making a complaint....... 205 At the tourist office........ 210	The past tense (**le passé composé**) with **avoir** 2 .... 200 Writing a formal letter... 208	Camping in France........ 193 Holiday camps in France....................... 213 The francophone file: Martinique .... 216 Authentic text: a typical day at a holiday camp .. 223	Classroom-Based Assessment: Create a role play – travelling to France 224
7 La cuisine	The kitchen .... 226 Cooking.......................... 229 World cuisine................. 240 Food waste.................... 248	The past tense (**le passé composé**) with **être** 244	Julia Child: a champion of French cooking .... 238 Food waste in France ... 250 The francophone file: Morocco....................... 252 Authentic text: a poster – 'Food waste tales'......... 261	Classroom-Based Assessment: Make a presentation – French cuisine 262
8 La santé	The head........................ 264 The body........................ 267 At the pharmacy .... 272 The Covid-19 pandemic .... 275 At the doctor's .... 280 Taking care of your teeth .... 287 Writing a note .... 288 At the hospital 290	To have a sore … (**avoir mal à …**) .... 270 Reflexive verbs in the past tense (**le passé composé**).................... 276 The negative form of reflexive verbs in the past tense 278	French discoveries in medicine .... 292 The francophone file: Egypt .... 294 Authentic text: an infographic – Covid-19 301	Classroom-Based Assessment: Create a role play – at the pharmacy/at the doctor's......................... 302
9 La technologie	Technology .... 304 The mobile phone .... 312 Emails .... 319 Life online 322	Adverbs......................... 310 The imperfect tense (**l'imparfait**) .... 316 How to type French accents .... 321 Demonstrative adjectives (**les adjectifs démonstratifs**)........... 325	The smartphone in France.......................... 315 French slang................. 327 The francophone file: Democratic Republic of the Congo................ 330 Authentic text: a poster – online bullying 337	Classroom-Based Assessment: Create a TikTok video................ 338
10 Le monde du travail	Professions................... 340 Pocket money.............. 354 Work placement........... 356 My part-time job .... 358 Applying for a job .... 360 Job interview 365	Gender of the words for professions................... 341 Professions and articles .... 344 The conditional (**le conditionnel**) 363	French surnames .... 346 The francophone file: Togo............................. 368 Authentic text: a poster – 'Operation Summer Jobs'............................. 377	Classroom-Based Assessment: Make a presentation – my dream job 378
11 L'actualité	The newspaper .... 380 Giving your opinion....... 390 Natural disasters .... 392 Being a good citizen..... 400	The adjective **tout**........ 385 Object pronouns (**les pronoms objets**)........ 388 The pronoun **y** .... 396 Interrogative adjectives (**les adjectifs interrogatifs**) 398	Newspapers in France.......................... 384 A French novel: *No et moi* .... 402 The francophone file: Louisiana, USA............. 404 Authentic text: a poster – 'Don't play with fire' 412	Classroom-Based Assessment: Make a video – a news bulletin 414

Introduction

Bonjour et bienvenue à la deuxième édition de *Allons-y 2* !

Throughout the book, you will be introduced to the French language and to francophone culture, preparing you to explore the French-speaking world.

Icon Key

As you work your way through *Allons-y*, you will see a number of icons. These represent different types of exercises, information and instructions.

 Reading exercise
 Writing exercise
 Listening exercise

 Oral exercise
 Pair exercise
 Group exercise

 Mon chef d'œuvre exercise
 Ma trousse de grammaire exercise
 Digital exercise

 Classroom-Based Assessment exercise
 Grammar information
 Culture information

 Key words
 Self-assessment

Package

As well as this textbook, you have the following books:

Mon chef d'œuvre, which will be a record of your learning in the form of creative exercises and self-evaluation for each textbook chapter. It also contains exam-style questions and a place to reflect on the CBA-style tasks you complete.

Ma trousse de grammaire, where you can practise the grammar you have learned in a chapter.

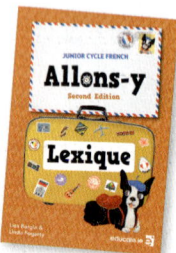

From the *Allons-y 1* package you have a *Lexique*, which is a useful reference for the vocabulary and verbs covered in *Allons-y 1* and *2*.

Allons-y 2 app

All the audio you need to complete the listening exercises in each chapter is available using the *Allons-y 2* app.

The app also allows you to practise Junior Cycle French on the go!

Chapter-based lessons include:

- Translations (English to French)
- Fill in the blanks
- Multiple-choice challenges
- Word jumbles

Review your progress as you work.

Available on and offline across most major operating systems.
Visit **https://educateplus.ie/allons-y-2-app** for more details.

Junior Cycle French – Second and Third Year

Features to Look Out For in *Allons-y 2*

This box tells you the main **topics and vocabulary** that you will study in a chapter.

This box tells you which aspects of French and francophone **culture** you will learn about in a chapter. These boxes appear throughout each chapter and include information about the lifestyles, interests and traditions of native French speakers.

This box tells you about the **grammar** that will be covered in a chapter. These boxes appear throughout each chapter and include information about important verbs, adjectives, articles, pronouns, accents and other technical features of the French language.

The **Retenez !** feature contains useful hints and tips for learning the French language.

This icon prompts you to go to your *Trousse de grammaire* to complete more tasks related to the grammar you have just learned in a chapter.

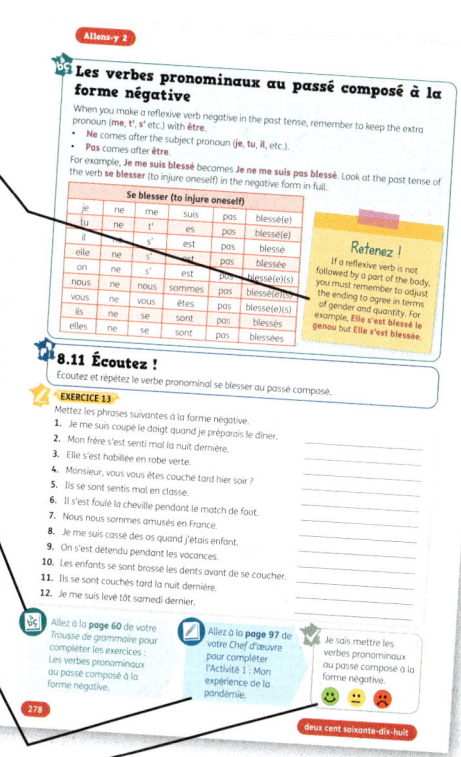

This icon prompts you to go to your *Chef d'œuvre* to complete a creative task related to what you have just learned in a chapter.

Self-assessment checks throughout the chapters ensure that you are happy with your understanding of a topic before moving on to the next one.

vii

Allons-y 2

Le dossier francophone at the end of each chapter details the landmarks, food, traditions, famous people and interesting facts about places around the world where French is a common language.

Résumé sections contain exercises to help you revise the vocabulary and grammar you have learned in a chapter. When you have completed them, you will be prompted to go to your *Chef d'œuvre* to evaluate your learning in the chapter.

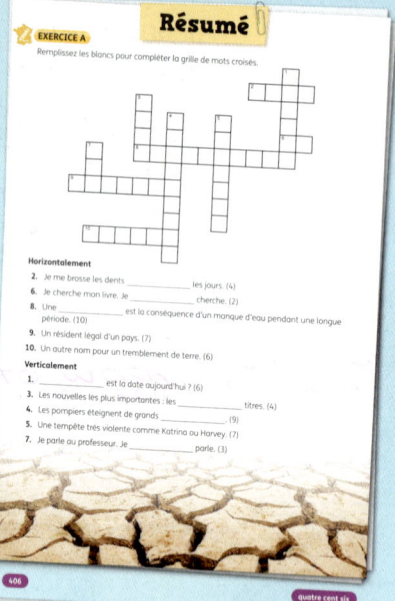

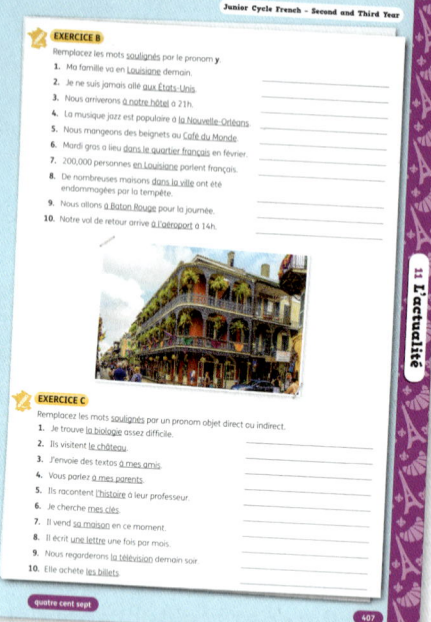

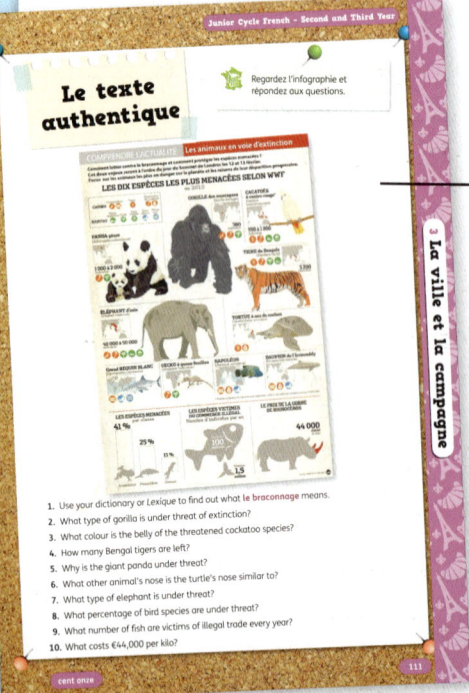

Le texte authentique feature is a real-life sample of French writing, such as a poster, an infographic, a magazine article, a schedule or signage.

The **Évaluation en classe** at the end of each chapter is a Classroom-Based Assessment (CBA) style task related to the topic of the chapter. You will reflect on the task in your *Chef d'œuvre*.

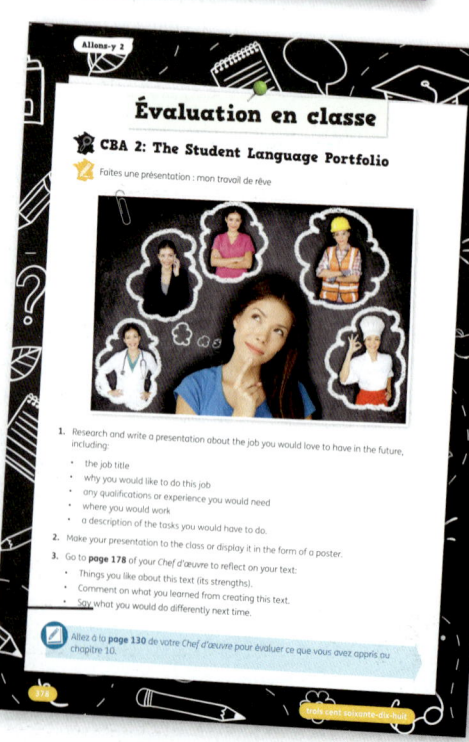

1 Ma journée

Dans ce chapitre, vous allez étudier :
In this chapter, you will study:

- La routine du matin 2
  The morning routine
- L'heure 7
  Time
- Les transports scolaires 18
  School transport
- Le système horaire sur 24 heures 22
  The 24-hour clock
- La journée scolaire 24
  The school day

Je me lève tôt !

Grammaire
Grammar

- Les verbes pronominaux 3
  Reflexive verbs
- Les verbes pronominaux à la forme négative 10
  Reflexive verbs in the negative form
- Révision des verbes réguliers au présent 12
  Revision of regular verbs in the present tense
- Révision des verbes irréguliers au présent 16
  Revision of irregular verbs in the present tense
- Le verbe irrégulier **prendre** 19
  The irregular verb prendre

Culture
Culture

- La rentrée scolaire en France 14
  Back to school in France
- Aller à l'école à travers le monde 21
  Getting to school around the world
- Le dossier francophone : Le Burkina Faso 30
  The francophone file: Burkina Faso
- Le texte authentique : un article de magazine – « 24 heures de la vie de Lady Gaga » 37
  Authentic text: a magazine article – '24 hours in the life of Lady Gaga'

- Résumé 32
  Revision
- Évaluation en classe : Créez un vlog sur votre école 38
  Classroom-Based Assessment: Create a vlog about your school

un 1

Allons-y 2

La routine du matin

se réveiller — to wake up	se lever — to get up
se laver — to wash yourself	se brosser les cheux / se brosser les dents — to brush ones teeth
se raser — to shave	se doucher — to shower yourself
se maquiller — to do your make-up	s'habiller — to dress yourself

1.1 Écoutez !

Écoutez et répétez les verbes de la routine du matin.

EXERCICE 1

Par deux, mimez les actions et devinez la routine du matin.

2   deux

reflexive verbs

Les verbes pronominaux

The verbs used to describe the morning routine all have an extra pronoun at the start: **se** or, if the verb begins with a vowel or a silent h, **s'**. These are called reflexive verbs.

This object pronoun changes depending on the subject pronoun (**je**, **tu**, **il**, **elle**, etc.). The ending of the verb also changes, as usual. The object and the subject of a reflexive verb are always the same – the person/thing is doing the action to themselves (e.g. 'He washes himself', 'She showers herself'). Once you know the object pronouns, reflexive verbs are really very simple to use. After all, the very first phrase you learned in French – **je m'appelle** – uses a reflexive verb!

Let's look at examples using the verbs **se laver** (to wash oneself) and **s'appeler** (to call oneself).

Retenez !
When you look up a reflexive verb in the dictionary, search under the letter that the verb itself begins with, not the object pronoun. For example, you will find **se laver** under the letter 'l', not under 's'.

Se laver (to wash oneself)	
je me lave	I wash myself
tu te laves	you wash yourself (informal)
il se lave	he washes himself
elle se lave	she washes herself
on se lave	one washes oneself
nous nous lavons	we wash ourselves
vous vous lavez	you wash yourselves/self (more than one person/formal)
ils se lavent	they wash themselves (masculine)
elles se lavent	they wash themselves (feminine)

S'appeler (to call oneself)	
je m'appelle *me*	I am called
tu t'appelles *te*	you are called (informal)
il s'appelle *se*	he is called
elle s'appelle *se*	she is called
on s'appelle *se*	one is called
nous nous appelons	we are called
vous vous appelez	you are called (more than one person/formal)
ils s'appellent *se*	they are called (masculine)
elles s'appellent *se*	they are called (feminine)

Retenez !
Note that the verb **s'appeler** is irregular – most parts gain an extra 'l' (e.g. **Il s'appelle**), except **vous** and **nous** (e.g. **Nous nous appelons**).

Allons-y 2

Below is a list of some other useful reflexive verbs. You have already met some of them.

s'amuser	to enjoy oneself
s'asseoir	to sit down
se casser	to break (a limb)
se coucher	to go to bed
se demander	to wonder
se dépêcher	to be in a hurry
se détendre	to relax
se disputer	to argue
se fâcher	to get angry
s'occuper	to take care
se promener	to walk
se souvenir de	to remember
se téléphoner	to call (on the phone)

Nous nous promenons tous les jours.

1.2 Écoutez !

Écoutez et répétez les verbes pronominaux **se laver** et **s'appeler**.

EXERCICE 2

Complétez les phrases avec le verbe **s'appeler**.

1. Je __m'appelle__ Eva.
2. Ma sœur __s'appelle__ Justine.
3. Tu __t'appelles__ Fabien.
4. Vous __vous appelez__ Léo et Claude.
5. Mes grands-parents __s'appellent__ Marie et Frédéric.
6. Mon frère __s'appelle__ Louis.
7. On __s'appelle__ Carine et Isabelle.
8. Nous __nous appelons__ Clara et Jacques.

EXERCICE 3

Remplissez les blancs avec les pronoms corrects.

1. Je __me__ lave le matin et le soir.
2. Il __se__ réveille tôt le matin.
3. Elle __se__ brosse les cheveux.
4. Tu __t'__ habilles en uniforme.
5. Nous __nous__ amusons au cinéma.
6. Vous __vous__ maquillez tous les matins.
7. Ils __se__ rasent une fois par semaine.
8. Je __me__ couche à vingt-trois heures tous les soirs.

Je sais utiliser des verbes pronominaux.

1.3 Écoutez !

Écoutez et cochez (✓) la case correcte.

1. Charles parle de

☐ ☐ ✓

2. Sophie et sa mère parlent de

☐ ✓ ☐

3. Luc et Henri parlent de

☐ ☐ ✓

1 Ma journée

Allons-y 2

EXERCICE 4

Reliez les images aux descriptions des routines du matin de ces adolescents.

Cinq adolescents décrivent quelque chose qu'ils font tous les matins

1. 	**Pierre**	a. Chaque matin, je me douche. Je dois aller à la salle de bains avant ma sœur parce qu'elle passe beaucoup de temps à se maquiller !
2. 	**Nicole**	b. Je m'entraîne tous les matins avant le petit déjeuner. Je me lève tôt, mais j'adore être en forme et c'est bon pour l'esprit aussi.
3. 	**Louis**	c. Chaque matin, je prends mon petit déjeuner avec ma mère. Pendant la semaine je mange des céréales, mais le week-end nous mangeons des crêpes.
4. 	**Delphine**	d. Avant l'école, j'aime me promener à la campagne avec mon chien. J'adore le paysage mais aussi le calme.
5. 	**Marcel**	e. Mon passe-temps préféré est la musique, surtout la musique jazz. J'adore écouter de la musique dans ma chambre le matin. Je me détends, c'est mon havre de paix.

1.	2.	3.	4.	5.
e	a	d	c	b

L'heure

Il est six heures

Il est six heures cinq

Il est six heures dix

Il est six heures et quart
quinze

Il est six heures vingt

Il est six heures vingt-cinq

Il est six heures et demie
trente

Il est sept heures moins vingt-cinq
Il est six heures trente-cinq

Il est sept heures moins vingt
six heures quarante

Il est sept heures moins le quart
six heures quarante-cinq

Il est sept heures moins dix
six heures cinquante

Il est sept heures moins cinq
six heures cinquante-cinq

24h/60mn
21:15

EXERCICE 5

Mettez les phrases suivantes dans le bon ordre.

✓ Je mange mon petit-déjeuner à huit heures moins dix. [6]

✓ J'arrive à l'école à huit heures et demie. [8]

✓ À sept heures vingt, je me lève. [2] se lever

✓ Je m'habille à huit heures moins vingt. [4] s'habiller

✓ Je me brosse les dents à huit heures moins vingt-cinq. [5] se brosser

✓ Je me douche à sept heures et demie. [3] se doucher

✓ Je me réveille à sept heures et quart. [1] se réveiller

✓ Je vais à l'école à huit heures. [7]

sept

Allons-y 2

EXERCICE 6

Décrivez les images en écrivant une phrase.

Exemple

Je me réveille à six heures et demie.

1.

Il _____

2.

Elle _____

3.

Tu _____

4.

Nous _____

5.

Vous _____

6.

Ils _____

1.4 Écoutez !

Écoutez et remplissez les grilles.

| 1. Michelle ||
Time	Activity
07:00	wakes up ✓
07:10 ✓	gets up ✓
07:15 ✓	Gets dressed
07:20 ✓	brushes teeth ✓
07:25 ✓	washes her face ✓
07:45 ✓	leaves for school

| 2. Loïc ||
Time	Activity
05:50 ✓	wakes up ✓
06:05 ✓	gets up ✓
06:15 ✓	showers ✓
06:20 ✓	shaves ✓
06:45 ✓	gets dressed ✓
07:00 ✓	eats breakfast ✓

Je comprends l'heure en français.

huit

Junior Cycle French – Second and Third Year

EXERCICE 7

Lisez la conversation par texto et répondez aux questions en anglais.

AUJOURD'HUI *arreter means to stop*

Thibault : Hervé, où es-tu ? J'attends à l'arrêt de bus.

Hervé : Je viens de me réveiller ! Quelle heure est-il ? *just woke up*

Thibault : Il est huit heures et quart. Dépêche-toi ou tu vas être en retard à l'école.

Hervé : Je me brosse tout de suite les dents. Mais je n'ai pas le temps de me doucher !

Thibault : Alors ne t'assois pas à côté de moi en classe aujourd'hui ! 😂

1. Where is Thibault waiting for Hervé?
   - At school ☐
   - At the bus stop ☑
   - At the train station ☐
2. Why is Hervé late? *because he has just woke up*
3. Find the phrase that means 'Hurry up or you will be late for school'. *Dépêche-toi ou tu vas être en retard à l'école*
4. What time is it?
   - 8.15 a.m. ☑
   - 8.20 a.m. ☐
   - 8.30 a.m. ☐
5. What does Hervé say he is going to do straight away? *brush his teeth*
6. Why does Thibault tell Hervé not to sit beside him today? *because he didn't shower*

Allez à la **page 2** de votre *Chef d'œuvre* pour compléter l'Activité 1 : Ma routine du matin.

Des mots clés

| faire la grasse matinée | to have a lie-in |

EXERCICE 8

Par deux, parlez de votre routine du matin.
- À quelle heure te réveilles-tu ?
- À quelle heure te lèves-tu ?
- Que fais-tu tous les matins ?
- Fais-tu la grasse matinée le week-end ?

Je peux décrire ma routine du matin.

1 Ma journée

Allons-y 2

Les verbes pronominaux à la forme négative

As you know, in French you need to put the words **ne** and **pas** around a verb to make it negative (e.g. **Je ne vais pas**).

When you make a reflexive verb negative, the extra pronoun stays with the verb. The **ne** comes after the subject pronoun and the **pas** comes after the verb. For example, **Je me souviens** becomes **Je ne me souviens pas**.

Let's look at the verbs **se coucher** and **s'habiller** in full.

\multicolumn{4}{c	}{Se coucher (to go to bed)}
je	ne	me couche	pas
tu	ne	te couches	pas
il	ne	se couche	pas
elle	ne	se couche	pas
on	ne	se couche	pas
nous	ne	nous couchons	pas
vous	ne	vous couchez	pas
ils	ne	se couchent	pas
elles	ne	se couchent	pas

\multicolumn{4}{c	}{S'habiller (to dress oneself)}
je	ne	m'habille	pas
tu	ne	t'habilles	pas
il	ne	s'habille	pas
elle	ne	s'habille	pas
on	ne	s'habille	pas
nous	ne	nous habillons	pas
vous	ne	vous habillez	pas
ils	ne	s'habillent	pas
elles	ne	s'habillent	pas

Je ne me rase pas.

1.5 Écoutez !

Écoutez et répétez les verbes **se coucher** et **s'habiller** à la forme négative.

EXERCICE 9

Remplissez les grilles avec les verbes **s'amuser** et **se réveiller** à la forme négative.

S'amuser (to enjoy oneself)			
je	ne	m'amuse	pas
on			
		s'amusent	

Se réveiller (to wake up)			
			pas
tu			
		nous réveillons	
	ne		

EXERCICE 10

Mettez les phrases à la forme négative.

1. Je me réveille tôt tous les matins.
   _____

2. Il se brosse les dents.
   _____

3. Vous vous rasez tous les jours.
   _____

4. Les clowns du cirque se maquillent.
   _____

5. Tu t'entraînes tous les jours.
   _____

6. Ils se douchent après l'entraînement.
   _____

7. Elle se lave.
   _____

8. Nous nous disputons.
   _____

Allez à la **page 1** de votre *Trousse de grammaire* pour compléter les exercices : Les verbes pronominaux.

Je sais mettre les verbes pronominaux à la forme négative.

Allons-y 2

Révision des verbes réguliers au présent

Below is a reminder of regular –er, –ir and –re verb endings in the present tense.

	–er	–ir	–re
je	e	is	s
tu	es	is	s
il	e	it	–
elle	e	it	–
on	e	it	–
nous	ons	issons	ons
vous	ez	issez	ez
ils	ent	issent	ent
elles	ent	issent	ent

Because they follow patterns, you can treat any new regular verbs you meet in the same way.

EXERCICE 11

Remplissez la grille avec les verbes réguliers au présent.

Arriver	Finir	Attendre
j'arrive		
	tu finis	
on arrive		
	nous finissons	
		elles attendent

Nous arrivons à l'école à 10h.

EXERCICE 12

A. Utilisez votre dictionnaire pour traduire ces verbes réguliers.

1. Penser   _____
2. Préparer   _____
3. Goûter   _____
4. Nourrir   _____
5. Remplir   _____
6. Descendre _____
7. Dépendre   _____

B. Choisissez quatre verbes dans la liste ci-dessus et écrivez quatre phrases sur votre matinée.

EXERCICE 13

Remplissez les blancs en conjuguant les verbes réguliers en –er au présent.

1. Je (détester) _____ le matin.
2. Alena et Shauna (écouter) _____ de la musique.
3. Ma mère (travailler) _____ dans une banque.
4. Vous (habiter) _____ en France.
5. Mon père (préparer) _____ le petit-déjeuner.
6. Il (goûter) _____ le café.
7. Ils (jouer) _____ au hockey après l'école.
8. Le magasin (fermer) _____ le dimanche.
9. Je (penser) _____ que le français est amusant.
10. Nous (porter) _____ un uniforme scolaire.

EXERCICE 14

Remplissez les blancs en conjuguant les verbes réguliers en –ir au présent.

1. J' (obéir) _____ aux règles de l'école.
2. Elle (nourrir) _____ le chat. *to feed*
3. Nous (bâtir) _____ une nouvelle maison.
4. Tu (choisir) _____ un dessert à la cantine.
5. Mon frère (grandir) _____ trop vite. *to grow/grow up*
6. Ils (remplir) _____ les valises.
7. Ma sœur (blanchir) _____ ses dents.
8. Les cours (finir) _____ à quinze heures.
9. Mes grands-parents (vieillir) _____. *to age/get older*
10. Je (rougir) _____ quand le prof me pose une question.

EXERCICE 15

Remplissez les blancs en conjuguant les verbes réguliers en –re au présent.

1. Je (descendre) _____ à huit heures.
2. Ils (répondre) _____ aux questions en classe.
3. Marie (répandre) _____ du jus de fruit sur la table. *to spill*
4. Vous (attendre) _____ l'autobus.
5. Je (rendre) _____ visite à mon amie.
6. Nous ne (vendre) _____ pas notre voiture.
7. Tu (perdre) _____ ton stylo.
8. Mon père (tondre) _____ la pelouse. *to mow the lawn*
9. J' (étendre) _____ les jambes.
10. Je (dépendre) _____ du train pour aller à l'école.

 Allez à la **page 5** de votre *Trousse de grammaire* pour compléter les exercices : Révision des verbes réguliers au présent.

 Je sais utiliser les verbes réguliers au présent.

1 Ma journée

treize

Allons-y 2

La rentrée scolaire en France

Comme en Irlande, le début de l'année scolaire en France est au début du mois de septembre. C'est ce qu'on appelle « la rentrée », parce que beaucoup de personnes reviennent des vacances que de nombreux Français prennent en août.

En France, tous les élèves reçoivent une liste de fournitures scolaires à la fin de l'année scolaire, détaillant la papeterie et d'autres fournitures scolaires dont ils ont besoin pour l'année à venir. Une liste de suggestions est publiée par le ministère de l'Éducation nationale chaque année.

 EXERCICE 16

Lisez la liste des fournitures scolaires et répondez aux questions.

Liste de fournitures scolaires classe de 5ème
Collège Victor Hugo

Fournitures communes	2 cahiers de brouillon, 5 stylos de couleur noire, 10 crayons, 1 règle, 1 gomme, 4 surligneurs, 1 taille-crayon
Français	1 classeur (A4), un paquet de feuilles perforées (A4)
Anglais	1 cahier sans spirale (96 pages), dictionnaire Harrap's Collège français–anglais / anglais–français
Maths	1 cahier sans spirale (96 pages), 1 calculatrice (CASIO Collège)
EPS	2 tee-shirts, 1 short, 1 survêtement (sans poches), 1 maillot de bain
Dessin	1 pinceau fin, 1 pinceau gros, 1 crayon graphite sec, 1 crayon graphite gras, 1 feutre noir, 3 tubes de gouache (rouge, vert, bleu)
Musique	1 cahier de musique, 1 flûte à bec

Bonnes vacances !
La rentrée : lundi 3 septembre

1. What year group is this list for?
2. What colour pen is required for all classes?
3. How many highlighters must be bought?
4. What is specified about the notebooks needed for English and maths?
5. What else do students need for English?
6. What item of clothing must be without pockets for PE?
7. How many paint brushes are required for art?
8. What colours of paint are needed?
9. What instrument is required for music?
10. What date is back to school?

EXERCICE 17

Des élèves français parlent de la rentrée. Cochez (✓) la case correcte pour dire si leur opinion est positive ou négative.

La rentrée

1. ✓

Nicolas @nicolalala
J'adore la rentrée parce que je peux rencontrer mes amis et rigoler avec eux. Je les vois tous les jours.

positif ✓   négatif ☐

2. ✓

Fabrice @fabrice15
La rentrée est pénible ! Il est si difficile de se réveiller tôt ! Pendant les vacances d'été, je fais la grasse matinée presque tous les jours.

positif ☐   négatif ✓

3. ✓

Clara @clarabelle
J'aime les fournitures scolaires, alors j'adore acheter un nouveau cartable et une nouvelle trousse. C'est un nouveau départ !

positif ✓   négatif ☐

4. ✓

Philippe @philippe3
Les devoirs et les examens sont ma bête noire. Je préfère faire du sport et regarder la télé.

positif ☐   négatif ✓

EXERCICE 18

Lisez le mél et répondez aux questions en anglais.

De	capucine@wemail.ie
À	audrey@lite.fr
Sujet	Bonne rentrée !

Salut Audrey,

Bonne rentrée ! Cette année est un peu différente pour moi car je suis en Irlande pour le premier trimestre. Tout est différent ici. Les cours commencent à neuf heures et ils finissent à seize heures. Les journées sont plus courtes ici. Les cours durent seulement quarante minutes, mais en France ils durent une heure.

Ici, on déjeune à treize heures, mais les élèves vont en ville avec leurs amis pour manger. Alors qu'en France nous mangeons à la cantine. Les élèves portent un uniforme scolaire ici. C'est bizarre ! C'est un pantalon bleu marine, un pull bleu, une chemise blanche et une cravate. Je n'aime pas ça du tout !

Je m'amuse bien ici et je me suis déjà fait de nouveaux amis. C'est une très bonne expérience !

Réponds vite !

Capucine

1. Why is back to school different for Capucine this year?
2. What time do classes start?
3. How long does each class last in France? ☐ 50 minutes ☐ 40 minutes ☐ an hour
4. What is different about lunchtime?
5. Describe the school uniform.

Allez à la **page 3** de votre *Chef d'œuvre* pour compléter l'Activité 2 : Une journée scolaire en France et en Irlande.

1 Ma journée

quinze   15

Allons-y 2

Révision des verbes irréguliers au présent

You learned the following irregular verbs in *Allons-y 1*.

aller (to go)	avoir (to have)	boire (to drink)	devoir (to have to/must)
je vais	j'ai	je bois	je dois
tu vas	tu as	tu bois	tu dois
il va	il a	il boit	il doit
elle va	elle a	elle boit	elle doit
on va	on a	on boit	on doit
nous allons	nous avons	nous buvons	nous devons
vous allez	vous avez	vous buvez	vous devez
ils vont	ils ont	ils boivent	ils doivent
elles vont	elles ont	elles boivent	elles doivent

être (to be)	faire (to make/to do)	lire (to read)	manger (to eat)
je suis	je fais	je lis	je mange
tu es	tu fais	tu lis	tu manges
il est	il fait	il lit	il mange
elle est	elle fait	elle lit	elle mange
on est	on fait	on lit	on mange
nous sommes	nous faisons	nous lisons	nous mangeons
vous êtes	vous faites	vous lisez	vous mangez
ils sont	ils font	ils lisent	ils mangent
elles sont	elles font	elles lisent	elles mangent

mettre (to put)	pouvoir (to be able to/can)	sortir (to go out)	voir (to see)	vouloir (to want)
je mets	je peux	je sors	je vois	je veux
tu mets	tu peux	tu sors	tu vois	tu veux
il met	il peut	il sort	il voit	il veut
elle met	elle peut	elle sort	elle voit	elle veut
on met	on peut	on sort	on voit	on veut
nous mettons	nous pouvons	nous sortons	nous voyons	nous voulons
vous mettez	vous pouvez	vous sortez	vous voyez	vous voulez
ils mettent	ils peuvent	ils sortent	ils voient	ils veulent
elles mettent	elles peuvent	elles sortent	elles voient	elles veulent

EXERCICE 19

En classe, dites une phrase chacun à votre tour en utilisant les verbes ci-dessus.

Exemple

Personne 1 : Je vais à l'école à vélo.

Personne 2 : Nous avons trente étudiants dans notre classe.

Personne 3 : Vous buvez de l'eau pendant l'EPS.

Personne 4 : On doit ranger ses affaires après les cours.

16　　　　　　　　　　　　　　　　　　　　　　　　　　　　　　　　　seize

Junior Cycle French – Second and Third Year

EXERCICE 20

Remplissez les blancs en conjuguant les verbes irréguliers au presént.

1. Nathalie (être) _____ très bavarde.
2. Nous (aller) _____ à l'école en voiture.
3. Je (faire) _____ mes devoirs après l'école.
4. Tu (avoir) _____ les yeux bleus.
5. Nous (mettre) _____ la trousse dans le cartable.
6. Le prof (voir) _____ les élèves dans la cour.
7. Ils (devoir) _____ porter un uniforme scolaire.
8. Elle (voir) _____ des livres sur la table.

EXERCICE 21

Remplissez la grille avec les verbes irréguliers au presént.

Aller	Avoir	Être	Faire
			je fais
		tu es	
	il a		
on va			
		ils sont	
elles vont			elles font

 Allez à la **page 7** de votre *Trousse de grammaire* pour compléter les exercices : Révision des verbes irréguliers au présent.

 Je connais les verbes irréguliers au présent.

1 Ma journée

dix-sept · 17

Allons-y 2

Les transports scolaires

– Comment vas-tu à l'école ?
– Je vais à l'école …

à pied	à vélo

en voiture	en autobus

en train	en scooter

1.6 Écoutez !
Écoutez et répétez les différentes façons d'aller à l'école.

Retenez !
A good way to remember if a mode of transport takes the preposition **en** or **à** is 'If it has an **en**gine, it has an **en**.'

1.7 Écoutez !
Écoutez et remplissez la grille.

		Transport to school	How long it takes	Time they arrive at school
1.	Claire	bike	5 minutes	7:50
2.	Nathalie	bus	25 minutes	7:55
3.	Bertrand	car	40 minutes	8:30
4.	Thomas	walks	10 minutes	8:50

Le verbe irrégulier prendre

Prendre (to take) is a common French verb. It is useful for talking about transport.

Prendre (to take)	
je prends	I take
tu prends	you take (informal)
il prend	he takes
elle prend	she takes
on prend	one takes
nous prenons	we take
vous prenez	you take (more than one person/formal)
ils prennent	they take (masculine)
elles prennent	they take (feminine)

Je prends le train pour aller à l'école.

As **prendre** is similar to the verbs **apprendre** (to learn) and **comprendre** (to understand), once you learn it you will also know these verbs!

1.8 Écoutez !
Écoutez et répétez le verbe **prendre**.

EXERCICE 22

Remplissez les blancs avec les verbes **prendre**, **comprendre** et **apprendre**.

1. Ma sœur (prendre) _____ l'autobus pour aller à l'école.
2. Je (prendre) _____ le bateau-mouche à Paris.
3. Pour le petit-déjeuner ils (prendre) _____ du jus d'orange.
4. Nous (prendre) _____ le train pour rendre visite à mes grands-parents.
5. Tu (prendre) _____ une douche après le match de hurling.
6. (prendre) _____-vous du sucre dans votre café ?
7. Vous n' (apprendre) _____ pas les paroles de la chanson.
8. Je (comprendre) _____ les verbes français.

Allez à la **page 11** de votre *Trousse de grammaire* pour compléter les exercices : Le verbe irrégulier prendre.

Je connais le verbe irrégulier **prendre**.

1 Ma journée

dix-neuf

Allons-y 2

Des mots clés

C'est rapide.	It's fast.
Ce n'est pas cher / c'est cher.	It's not expensive/it's expensive.
C'est pratique.	It's practical.
C'est bon / mauvais pour l'environnement.	It's good/bad for the environment.
C'est confortable.	It's comfortable.
C'est reposant.	It's relaxing.
C'est lent.	It's slow.
Il y a des retards.	There are delays.
Il y a trop de circulation.	There's too much traffic.
C'est difficile de trouver un stationnement.	It's difficult to find a parking space.
Il y a trop de gens.	There are too many people.
Il n'y a pas assez de pistes cyclables.	There are not enough cycle lanes.

1.9 Écoutez !

Écoutez et remplissez la grille.

	Name	Mode of transport	Positive	Negative
1.	Charlotte			
2.	Jean-Marc			
3.	Adeena			
4.	Michel			
5.	Isabelle			

Allez à la **page 4** de votre *Chef d'œuvre* pour compléter l'Activité 3 : Sondage sur les différentes façons d'aller à l'école.

 **EXERCICE 23**

Par deux, parlez de la façon dont vous allez à l'école.
- Comment vas-tu à l'école ?
- Combien de temps ça prend ?
- Qu'est-ce que tu aimes dans ce mode de transport ?
- Qu'est-ce que tu n'aimes pas dans ce mode de transport ?

 Je sais dire comment je vais à l'école.

Aller à l'école à travers le monde

1. Certains élèves en Inde prennent un pousse-pousse pour aller à l'école. C'est un petit véhicule à trois roues, qui peut se déplacer rapidement dans la circulation.

2. À Tokyo, au Japon, beaucoup d'enfants de l'école primaire prennent le métro tout seuls ! Le Japon est un pays très sûr et les parents veulent rendre leurs enfants indépendants.

3. Aux États-Unis, la plupart des enfants prennent les bus scolaires jaunes. Vous les avez probablement vus dans les films !

4. Sur le lac Tonlé Sap au Cambodge, il existe une « école flottante ». Tout le bâtiment est un bateau ! Les élèves vont à l'école en canoë-kayak.

Des mots clés

| déplacer | to move | sûr | safe |

EXERCICE 24

Lisez le texte « Aller à l'école à travers le monde » et répondez aux questions.
1. What type of vehicle is a **pousse-pousse**? (Section 1)
2. Why do parents send their children to school on the Tokyo Metro alone? (Section 2)
3. Where does the text say you have probably seen the American school buses? (Section 3)
4. What is strange about the school on Cambodia's Tonlé Sap Lake? (Section 4)
5. How do the Tonlé Sap pupils reach their school? (Section 4)

EXERCICE 25

Recherchez comment les enfants d'un autre pays vont à l'école.
- Select a picture and write a sentence about it in French.
- Present it to the class.

1 Ma journée

vingt et un

Allons-y 2

Le système horaire sur 24 heures

When talking about their daily routine, French people are likely to use the 24-hour clock. Let's look at the example of 1 p.m. (13h) as a reminder of how it works.

1.00 p.m.	treize heures	1.30 p.m.	treize heures trente
1.05 p.m.	treize heures cinq	1.35 p.m.	treize heures trente-cinq
1.10 p.m.	treize heures dix	1.40 p.m.	treize heures quarante
1.15 p.m.	treize heures quinze	1.45 p.m.	treize heures quarante-cinq
1.20 p.m.	treize heures vingt	1.50 p.m.	treize heures cinquante
1.25 p.m.	treize heures vingt-cinq	1.55 p.m.	treize heures cinquante-cinq

Retenez !

When expressing time using the 24-hour clock, remember to use **quinze** for quarter past, **quarante-cinq** for quarter to and **trente** for half past.

EXERCICE 26

Traduisez en anglais.

1. Je prends le déjeuner à treize heures trente. — I have lunch at 1:30pm
2. Il se couche à dix-neuf heures quinze. — He goes to bed at 7:15pm
3. Le film commence à vingt et une heures cinq. — The film starts at 9:05pm
4. Vous prenez le train à dix-huit heures trente-cinq. — You take the train at 6:35pm
5. Les cours finissent à seize heures vingt. — Classes end at 4:20pm
6. Elles rentrent de l'école à dix-sept heures. — They come back from school at 5.
7. Nous regardons la télévision jusqu'à vingt-deux heures. — We watch tv until 10pm
8. Tu joues au football à quatorze heures quarante-cinq. — You play football at 2:45pm

1.10 Écoutez !

Écoutez et répondez aux questions.

1. What time is the next train leaving Lyon?
2. What time are they meeting in front of the cinema?
3. What time does Lucie train?
4. What time does James work?

vingt-deux

1.11 Écoutez !

Écoutez et répondez aux questions.

1. Who is making the announcement?
2. What is the special event?
3. Name two classes that have been cancelled.
4. At what time will lunch take place?
5. How will the students get to the event?
6. How much is the entry fee?
7. Where is the shop located?
8. Spell the address of the website where students can find out more information.

| w | w | w | . | | | | | | | | | | | | | | | . | f | r |

EXERCICE 27

Par deux, regardez l'emploi du temps puis posez des questions et répondez, chacun à votre tour.

08h05	APPEL
08h10	Allemand
09h05	Musique
09h55	PAUSE
10h20	Français
11h15	Histoire
12h10	DÉJEUNER
14h20	Maths
15h00	Dessin
16h05	Informatique

Exemple

– À quelle heure est le cours d'allemand ?

– Le cours d'allemand est à huit heures dix.

 Je comprends le système horaire sur 24 heures.

Allons-y 2

La journée scolaire

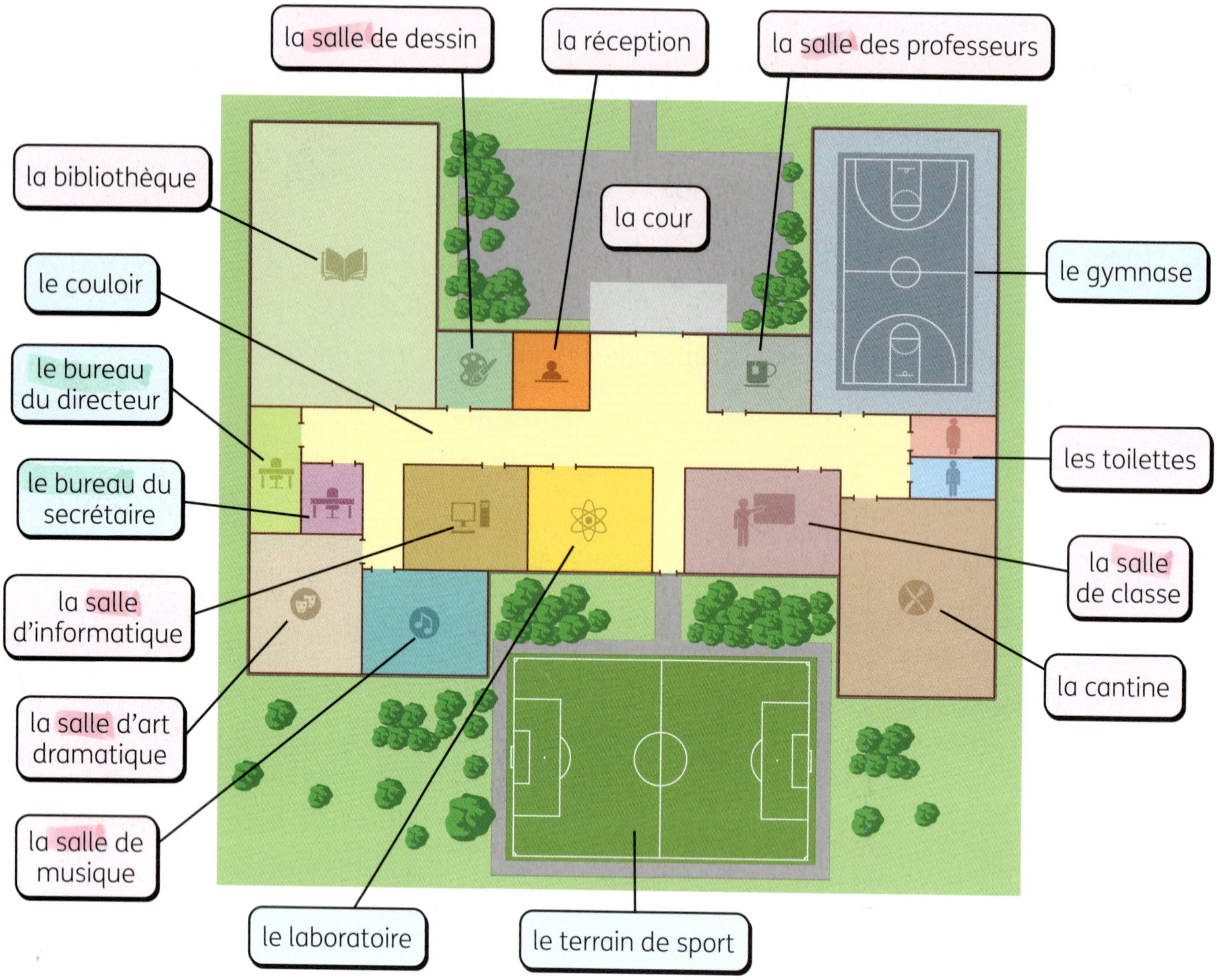

- la salle de dessin
- la réception
- la salle des professeurs
- la bibliothèque
- la cour
- le couloir
- le gymnase
- le bureau du directeur
- les toilettes
- le bureau du secrétaire
- la salle de classe
- la salle d'informatique
- la cantine
- la salle d'art dramatique
- la salle de musique
- le laboratoire
- le terrain de sport

 1.12 Écoutez !
Écoutez et répétez les salles de l'école.

EXERCICE 28

Par deux, utilisez le plan de l'école pour demander et expliquez où se trouvent les salles.

Prépositions utiles : devant, en face de, à côté de, entre, près de, derrière
(in front of, opposite, beside, between, near, behind)

Exemple

– Où se trouve le bureau du secrétaire ?

– Le bureau du secrétaire se trouve à côté du bureau du directeur.

24   vingt-quatre

1.13 Écoutez !

De quelles salles d'école parlent-ils ? Écoutez et cochez (✓) la case correcte.

1. Élodie parle de

☐ ☐ ✓ ☐

2. Liam parle de

être en forme = to be fit
tir à l'arc = artery

☐ ☐ ☐ ✓

3. Shauna parle de

☐ ✓ ☐ ☐

Je sais identifier les salles de l'école.

EXERCICE 29

Regardez le bulletin scolaire et répondez aux questions.

BULLETIN SCOLAIRE DE :
Raphaël Canet

Matière	Note	Appréciations des professeurs
Anglais	17,6	Travail sérieux et appliqué. Bonne participation.
Français	15,2	Très bon trimestre. Continuez !
Espagnol	16,6	Excellent travail à l'écrit comme à l'oral. Continuez ainsi !
EPS	10,2	Ne fait pas le maximum.
Dessin	18,6	Élève très créatif avec beaucoup de potentiel.
Musique	19	Élève très doué pour la musique et qui chante très bien.
Histoire	11,5	C'est un bon trimestre si on ne compte pas les bavardages incessants en cours.
Commerce	7,8	Manque d'organisation dans le travail.
Chimie	12,4	Poursuivez vos efforts !

1. What subject did Raphaël get his best mark in?
2. What subject did he get his lowest mark in?
3. What comments has the teacher given him for art?
4. What comments has the teacher given him for music?
5. What does Raphaël do in history class?
6. What kind of term has he had in French?
7. How is he getting on in PE?
8. Describe two differences between French and Irish school reports.

1.14 Écoutez !

Écoutez et remplissez la grille.

	Name	Get-up time	Transport to school	Favourite subject	Evening pastime	Bedtime
1.	Noah	6:45 ✓	bus ✓	geography ✓	plays football ✓	10:30 ✓
2.	Grace	7:30 ✓	walks with her sister ✓	english ✓	goes to the library ✓	8:30 ✓
3.	Alex	8 ✓	train ✓	physics ✓	plays video games & does his homework ✓	11 ✓
4.	Marie	7:15 ✓	car ✓	art ✓	plays the guitar ✓	9:45 ✓

26   vingt-six

EXERCICE 30

Lisez le texte.

La journée typique de Sabine

Bonjour ! Je m'appelle Sabine. J'habite dans un petit village en Bretagne, dans le nord-ouest de la France.

Je me lève à sept heures chaque matin. Je m'habille et je me brosse les dents. Pour mon petit-déjeuner, je mange des céréales et je bois du thé.

Je vais à l'école à pied. J'habite près de l'école. D'habitude, j'arrive à huit heures quarante. Avant les cours, je bavarde avec mes amis dans le couloir. Les cours commencent à neuf heures.

Nous avons dix cours chaque jour. Ma journée préférée est le mardi parce que nous avons deux heures d'EPS au gymnase. C'est ma matière préférée.

Nous déjeunons à la cantine à treize heures. Normalement, je prends de la soupe et un sandwich. Chaque vendredi, je mange des pâtes à la sauce tomate et du fromage. Les cours finissent à seize heures.

Quand je rentre de l'école, je passe deux heures à faire mes devoirs. J'ai beaucoup de devoirs cette année parce que je suis en quatrième ! Nous mangeons tous ensemble à dix-neuf heures. Puis je dois faire la vaisselle – je déteste ça !

Le soir, je tchatte avec mes amis sur Snapchat et je regarde mes émissions préférées à la télé. Je me couche à vingt et une heures trente.

A. Répondez « vrai » ou « faux » aux affirmations.   Vrai   Faux
1. Sabine se lève à 07h30.
2. Elle mange du pain grillé pour son petit-déjeuner.
3. Elle arrive à l'école à 08h45.
4. Sa journée préférée est le lundi.
5. Elle déteste faire la vaisselle.
6. Elle se couche à 21h30.

B. Répondez aux questions en français.
7. Où habite Sabine ?
8. Que fait-elle avant le premier cours ?
9. Elle a combien de cours chaque jour ?
10. Qu'est-ce qu'elle mange au déjeuner chaque vendredi ?
11. Que fait-elle le soir pour se détendre ?
12. Elle se couche à quelle heure ?

Allons-y 2

EXERCICE 31

Dans chaque phrase ci-dessous, cochez (✓) la case correcte.

1. Notre école
   - s'appelle ☐
   - m'appelle ☐
   - s'appellons ☐

   Our Lady's Secondary School.

2.
   - C'est ☐
   - Il y a ☐
   - Ils sont ☐

   une école mixte.

3.
   - Il y a ☐
   - Il a ☐
   - C'est ☐

   environ 500 élèves.

4. Les cours
   - commencent ☐
   - commence ☐
   - commençons ☐

   à neuf heures.

5. Il y a
   - des ☐
   - un ☐
   - une ☐

   terrain de sport.

6. La cantine
   - est ☐
   - a ☐
   - sont ☐

   au premier étage, à côté de la cuisine.

7.
   - Ma ☐
   - Mon ☐
   - Mes ☐

   matière préférée est l'anglais.

Allez à la **page 5** de votre *Chef d'œuvre* pour compléter l'Activité 4 : Un profil de notre école.

EXERCICE 32

Lisez la lettre d'Aaron et répondez aux questions.

Cannes, le 2 avril

Salut Liam,

Me voici à Cannes dans le sud-est de la France. Je suis en échange scolaire chez mon correspondant Luc. La journée d'école est plus longue ici ! Les cours finissent à cinq heures et il y a une demi-journée de cours le samedi. Mais on ne porte pas d'uniforme scolaire !

Chaque matin, nous nous levons à sept heures. Nous mangeons une tartine pour le petit-déjeuner. C'est une baguette avec du beurre et de la confiture. Nous prenons le bus scolaire pour aller à l'école. Il y a trop de circulation au centre-ville !

L'école est très grande, avec quarante salles de classe, un gymnase et deux terrains de sport. Il y a beaucoup de couloirs et il est facile de se perdre ! Les amis de Luc sont vraiment gentils et les cours sont intéressants.

À treize heures, tout le monde prend le déjeuner à la cantine. La nourriture ici est très différente, mais j'aime bien essayer les plats typiques comme le coq au vin ou la quiche lorraine, et bien sûr les desserts !

Après l'école, nous passons une heure et demie à faire nos devoirs. Puis, nous pouvons nager dans la mer chaque soir. Il fait beau ici.

Normalement, nous dînons à vingt heures. C'est très tard pour moi et nous passons beaucoup de temps à table. Nous mangeons du pain avec chaque repas.

Comme en Irlande, je me couche tôt, vers vingt-deux heures. La vie en France est très agréable.

Luc va venir en Irlande l'été prochain. Nous allons assister à un match de hurling à Croke Park. J'attends ça avec impatience !

À bientôt

Aaron

1. Name two differences Aaron points out about school in France in the first paragraph.
2. What time do Aaron and Luc get up in the morning?
3. What do they eat for breakfast?
4. How do they travel to school?
5. How many classrooms does the school have?
6. What happens at 1 p.m.?
7. What do Aaron and Luc do after their homework?
8. What is the weather like in Cannes?
9. What does Aaron say about dinnertime?
10. What do they have with every meal?
11. What time does Aaron go to bed?
12. When will Luc come to Ireland and what will they do?

Allez à la **page 6** de votre *Chef d'œuvre* pour compléter l'Activité 5 : Ma journée.

Le dossier francophone : Le Burkina Faso

Le drapeau :

La population : 16,3 millions

La capitale : Ouagadougou

C'est intéressant !

La langue officielle du Burkina Faso est le français. Mais il existe plus de soixante dialectes locaux, le gourma et le môoré.

La monnaie : Le franc CFA (Communauté Financière Africaine)

Des montagnes : Tanlallé, Kantolo, Tonvo, Kanso, Koèl

Des rivières : La Volta Noire, la Volta Rouge, la Volta Blanche

Le temps : Très chaud et humide en été ; chaud et sec en hiver

Des personnes célèbres : Jacky Ido (acteur), Idrissa Ouedrago (réalisateur), Mahamoudou Kéré (joueur de football)

La nourriture : Riz gras (le riz à l'huile), tô (à base de farine avec une sauce aux tomates, poivrons et carottes), la viande de chèvre, de mouton, le poulet-bicyclette (poulet local aux longues jambes, grillé à l'ail)

Des fêtes : Le festival des Masques et des Arts (février-mars), la semaine Nationale de la Culture (mars-avril), la fête de Tabaski (la date dépend des phases de la lune), le Festival International de la Culture Hip Hop (octobre)

Étude de cas

1. Voici Dassa. Il a quatorze ans. Il habite dans une banlieue de Ouahigouya, une grande ville au nord du Burkina Faso. Il se réveille au chant des coqs du village à cinq heures trente chaque matin.

2. Dassa a de la chance car il va à l'école. Beaucoup d'enfants de son quartier travaillent. Dassa va au Lycée Yamwaya. Il est en cinquième. Il y a environ quatre-vingt-cinq élèves dans sa classe. C'est beaucoup ! Ils étudient le français, les maths, l'histoire, la géographie et les sciences. Son professeur s'appelle Madame Lompo.

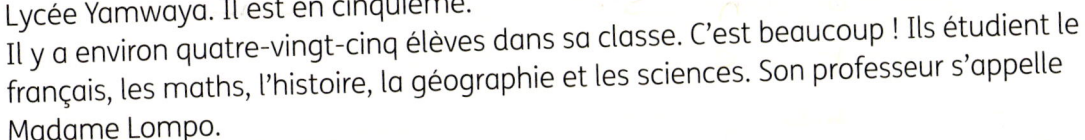

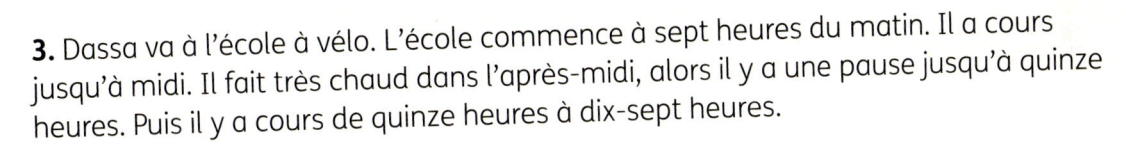

3. Dassa va à l'école à vélo. L'école commence à sept heures du matin. Il a cours jusqu'à midi. Il fait très chaud dans l'après-midi, alors il y a une pause jusqu'à quinze heures. Puis il y a cours de quinze heures à dix-sept heures.

4. Chaque soir, Dassa fait ses devoirs et quelquefois il joue au foot avec ses voisins. Il se couche à vingt heures.

5. Son école est fermée le jeudi et Dassa travaille avec son père tous les jeudis et dimanches. Sa famille a des chèvres et des poules. Il aide sa famille surtout quand il est en vacances. Plus tard, Dassa veut devenir médecin.

1. Where does Dassa live? (Section 1)
2. What time does he wake up? (Section 1)
3. How many students are in Dassa's class? (Section 2)
4. What subjects do they study? (Section 2)
5. How does Dassa travel to school? (Section 3)
6. Why is there a break from noon until 3 p.m.? (Section 3)
7. What does Dassa do in the evenings? (Section 4)
8. What time does he go to bed? (Section 4)
9. On what days does Dassa work with his father? (Section 5)
10. What job does he want to do in the future? (Section 5)

trente et un

Allons-y 2

Résumé

EXERCICE A

Remplissez les blancs des définitions. Puis complétez la grille de mots croisés avec les mots manquants dans les définitions.

Horizontalement

7. Mes notes sont bonnes dans mon b<u>ulletin scolaire</u> (8, 8)
9. Je <u>ne</u>lève tôt le matin. (2)
10. Ma matière préférée est le d<u>essin</u>. (6)

Verticalement

1. Je c<u>omprends</u> le français. (9)
2. Ils p<u>rennent</u> le train pour aller en ville. (8)
3. Je ne suis pas bon en c<u>himie</u>. (6)
4. Je lis dans la b<u>ibliotheque</u>. (12)
5. À l'école, je mange à la c<u>antine</u> (7)
6. Je vais à l'école à p<u>ied</u>. (4)
8. Nous nous a<u>musons</u> pendant le cours de musique. (7)

EXERCICE B

Par deux, posez des questions et répondez, chacun à votre tour.

1. Comment tu t'appelles ?
2. Comment s'appelle ton école ?
3. Comment s'appelle le / la prof de français ?
4. Comment s'appelle la directrice / le directeur ?
5. Comment s'appellent tes grands-parents ?

EXERCICE C

Remplissez les blancs en conjuguant les verbes pronominaux au présent.
1. Je (se laver) me lave à 07h30.
2. Tu (se réveiller) te réveilles plus tard le week-end.
3. Il (se raser) se rase tous les deux jours.
4. Elle (se maquiller) se maquille avant la fête.
5. Nous (se doucher) nous douchons après le rugby.
6. Vous (se détendre) vous détendez en vacances.
7. Pierre et Carine (s'amuser) s'amusent au parc.
8. Elles (se brosser) se brossent les dents avant de se coucher.
9. Tu (se disputer) te disputes avec ta sœur.
10. Je (se demander) me demande quelle est la réponse.

EXERCICE D

Traduisez en français.
1. I wash every morning.
   Je me lave tôt matin.
2. She gets up at six o'clock.
   Elle se lève a six heures.
3. He shaves once a week.
   Il se rase une foise par semaine.
4. We go to bed early.
   Nous nous couchons tôt.
5. They (f.) brush their teeth after breakfast.
   Elles se brossent les dents apre le petit-déjeuner
6. They (m.) wake up early on Thursday.
   Il se réveillent tôt jeudi
7. You (pl) have fun at the park.
   Vous vous amusez au parc.
8. I put on make-up.
   Je me maquille
9. You (sing.) get dressed before school.
   Tu te hailles avant l'école.
10. He fights with his sister.
    Il se bat avec sa sœur.

1 Ma journée

EXERCICE E

Reliez les nombres avec les lettres.

1. à vélo	a. [bus]	4. en train	d. [bicycle]
2. en voiture	b. [pedestrians]	5. à pied	e. [scooter]
3. en autobus	c. [train]	6. en scooter	f. [car]

1.	d
2.	f
3.	a
4.	c
5.	b
6.	e

EXERCICE F

Regardez les horaires des trains et répondez « vrai » ou « faux » aux affirmations.

TRAINS AU DÉPART

Heure	Destination	Quai
08H48	ANTIBES	01
09H05	CANNES	04
09H19	NICE VILLE	05
11H30	ST RAPHAËL VALESCURE	03
12H26	LES ARCS DRAGUIGNAN	02
13H10	TOULON	04
14H45	MARSEILLE ST CHARLES	05

	Vrai	Faux
1. Le train pour Marseille part du quai numéro cinq.	✓	
2. Le train pour Nice part à neuf heures quarante-huit.		✓
3. Le train pour Toulon part à treize heures dix.	✓	
4. Le train pour Antibes part à neuf heures cinq.		✓
5. Le train pour Cannes part du quai numéro quatre.	✓	
6. Le train pour St Raphaël part du quai numéro deux.		✓
7. Le train pour Les Arcs Draguignan part à douze heures vingt-six du quai numéro deux.	✓	
8. Le train pour Marseille part à quatorze heures quarante-cinq du quai numéro cinq.	✓	

EXERCICE G

Mettez les mots dans le bon ordre pour trouver les phrases.

1. à je heures matin du me lève sept — *Je me lève à sept heures du matin*
2. passes à tu deux faire devoirs heures tes — *Tu faire tes devoirs passes à deux heures*
3. il des prend pour céréales petit-déjeuner son — *Pour petit-déjuner son il prend des céréales*
4. commencent les à cours heures neuf — *Les cours commencent à neuf heures*
5. les finissent cours heures quatre à — *Les cours finissent à quatre heures*
6. me à je heures couche dix — *Je me couche à dix heures*
7. à je l'école vélo vais à — *Je vais à vélo à l'école*

EXERCICE H

Écoutez Laure parler de sa routine quotidienne. Mettez les choses qu'elle fait dans le bon ordre en les numérotant de 1 à 5.

Watches TV	5 ✓
Starts classes	2 ✓
Does homework	3 ✓
Leaves the house	1 ✓
Plays video games	4 ✓

EXERCICE I

À quelle salle de l'école correspond chaque définition ?

1. C'est la salle où on lit des livres. — *la bibliothèque*
2. C'est la salle où on trouve les ordinateurs. — *la salle d'informatique*
3. C'est la salle où on prend le déjeuner. — *la cantine*
4. C'est la salle où on fait de la musique. — *la salle de musique*
5. C'est la salle où le secrétaire travaille. — *le bureau du secrétaire*
6. C'est la salle où on fait du sport. — *le gymnaise*
7. C'est la salle où les professeurs font une pause. — *la salle des professeurs*
8. C'est la salle où on fait des expériences. — *la laboratoire*

trente-cinq

Allons-y 2

EXERCICE J

Écoutez l'élève et remplissez les blancs.

Je m'appelle Léo. J'ai __quatorze__ ans et je suis en cinquième. Je __fais__ au collège Jeanne d'Arc. C'est un __grand__ collège, avec cinq cent quarante élèves et quarante-six professeurs.

Mon école est très bien équipée. Nous avons une __bibliothèque__ où on peut emprunter des livres. Il y a un gymnase aussi et des __terrains__ de sport. C'est super car moi, je suis très __sportif__. Je joue au __hoca__ (hockey) et au foot. Malheureusement, nous n'avons pas de __piscine__, mais on peut faire de la natation à la piscine municipale. Il y a aussi une salle d' __informatique__ (deux) et des laboratoires de sciences (quatre). Notre collège est __mixte__ et il y a une bonne ambiance ici. Il se trouve en centre-ville, __près__ de la gare. Beaucoup d'élèves __prennent__ (prends) le train (bus) pour aller au collège tous les matins. Moi, j'y vais à __pied__. J'habite en face de l'école, alors je ne me __lève__ pas trop tôt. Les cours commencent à huit __heures__ (8h50). Ma matière préférée est le __dessin__. Je suis __créatif__.

EXERCICE K

Écoutez la conversation et remplissez la grille en français.

	Nathalie	Grégory
Âge	quinze ans	quatorze ans
Transport pour l'école	l'autobus	la voiture
Matière préférée	la geographie	l'histoire
Nombre d'élèves dans sa classe	trente	vingt-cinq
Ce qu'il / elle fait après l'école	écoute la musique	jouer à la x-box avec ses amis

EXERCICE L

Par deux, posez des questions et répondez, chacun à votre tour.

1. À quelle heure te réveilles-tu le matin ?
2. À quelle heure te lèves-tu le matin ?
3. À quelle heure t'habilles-tu le matin ?
4. À quelle heure te brosses-tu les dents le matin ?
5. À quelle heure te couches-tu le soir ?

Le texte authentique

Lisez l'article du magazine *Grazia* « 24 heures de la vie de Lady Gaga », puis répondez aux questions.

06h30 : Stefani Joanne Angelina Germanotta se lève. Son coach fitness et nutrition patiente dans la salle de gym. Pas de temps à perdre.

06h39 : C'est parti pour vingt-cinq minutes de cardio, puis d'exercices de musculation.

08h01 : Même pas essoufflée, elle file sous la douche.

08h18 : Stefani Gaga se regarde dans le miroir.

08h20 : Elle s'habille avec un jean et un joli t-shirt. Elle se maquille : un peu de blush sur le visage. Elle peut sortir de chez elle.

08h36 : Il y a des paparazzi plantés en bas de son immeuble. D'abord elle prend les journaux (pour son scrapbook perso), ensuite elle va au supermarché.

09h52 : Stefani Gaga est rentrée. Elle range ses courses et fait la vaisselle.

10h19 : Elle consulte ses méls.

11h45 : C'est l'heure de déjeuner. Là, elle s'est concocté son menu préféré : une tartine de marshmallow grillée, quelques champignons et une soupe à la pomme de terre. Elle a un show ce soir, elle doit être en forme.

13h31 : Stefani Gaga entre en phase de méditation / brainstorming.

16h22 : Elle va à la salle de concert. Il y a beaucoup à faire avant que le spectacle commence.

16h51 : Elle a quatre heures pour répéter avec ses danseurs, s'habiller, se coiffer, se maquiller.

20h56 : Lady Gaga est prête.

23h14 : Elle salue chaleureusement ses « petits monstres ».

00h31 : Déshabillée et démaquillée, elle se couche.

A. Répondez en anglais.
1. Where is Lady Gaga's fitness coach waiting when she wakes up?
2. How many minutes of cardio does Lady Gaga do?
3. What does she do at 8.18 a.m.?
4. What does she dress in at 8.20 a.m.?
5. Where are the paparazzi at 8.36 a.m.?
6. What does she have for lunch at 11.45 a.m.?
7. What time does Lady Gaga go to the concert hall?
8. What does she do in the four hours between 4.51 p.m. and 8.56 p.m.?

B. Répondez en français.
1. À quelle heure Lady Gaga se lève-t-elle ?
2. À quelle heure se douche-t-elle ?
3. Quelles tâches ménagères fait-elle à 9h52 ?
4. À quelle heure se couche-t-elle ?

Évaluation en classe

CBA 2: The Student Language Portfolio

Créez un vlog sur votre école.

1. In groups, create a 5-minute vlog about a typical day at your school. It should contain:
   - times when things (e.g. classes, breaks, lunch) happen
   - where things take place (e.g. the gym, the canteen)
   - any other interesting details you want to include.

2. Play your vlog to the class.

3. Go to **page 169** of your *Chef d'œuvre* to reflect on your text:
   - Things you like about this text (its strengths).
   - Comment on what you learned from creating this text.
   - Say what you would do differently next time.

Allez à la **page 8** de votre *Chef d'œuvre* pour évaluer ce que vous avez appris au chapitre 1.

2 Faire des projets

Je t'invite à ma fête !

Dans ce chapitre, vous allez étudier :
In this chapter, you will study:

- Se présenter 40
  Introducing oneself
- Les signes du zodiaque 49
  Zodiac signs
- Chercher un(e) correspondant(e) 51
  Looking for a penpal
- Des invitations 62
  Invitations

Grammaire
Grammar

- Les adjectifs 42
  Adjectives
- Les verbes irréguliers au présent **savoir** et **connaître** 46
  The irregular verbs savoir and connaître in the present tense
- Le futur simple 53
  The future simple
- Des verbes irréguliers au futur simple 57
  Irregular verbs in the future simple tense

Culture
Culture

- Les Césars 56
  The Césars
- Le dossier francophone : La Réunion 66
  The francophone file: La Réunion
- Le texte authentique : un synopsis du film *Sing Street* 75
  Authentic text: a synopsis of the film *Sing Street*

- Résumé 68
  Revision
- Évaluation en classe : Créez un jeu de rôle – une invitation à une fête 76
  Classroom-Based Assessment: Create a role play – an invitation to a party

trente-neuf 39

Allons-y 2

Se présenter

EXERCICE 1
Lisez les messages suivants, puis effectuez les exercices.

Michel Leroy

Bonjour ! Je m'appelle Michel. J'ai quatorze ans. Mon anniversaire est le premier mai. J'ai les yeux gris et les cheveux bruns et mi-longs. Je suis compréhensif et sportif. Je m'entraîne beaucoup à la salle de gym et j'aime regarder l'athlétisme à la télévision. Ma matière préférée est l'EPS, bien sûr. Je suis sociable et j'aime sortir avec mes amis le week-end.

Manouchka Rondel

Salut ! Je m'appelle Manouchka. J'ai quinze ans et mon anniversaire est le quinze février. J'ai les yeux marron et les cheveux longs et noirs. Je suis bavarde et ambitieuse. J'adore vraiment la musique, surtout la musique pop. Je vais aux concerts chaque week-end et je suis membre d'un groupe. Je joue de la batterie. Je suis très créative. Ma matière préférée est la musique.

James de Laurens

Hé ! Je m'appelle James. J'ai treize ans et demi. Mon anniversaire est le cinq juillet. Je suis assez petit pour mon âge. J'ai les yeux bleus et les cheveux blonds et bouclés. Je suis intelligent mais parfois trop paresseux ! Nous habitons dans une ferme à la campagne. J'adore les animaux et le week-end j'aime aider à la ferme. Ma matière préférée est la géographie et après l'école, je veux voyager à travers le monde.

Alice Gréteau

Bonjour ! Je m'appelle Alice. Je vais avoir quatorze ans la semaine prochaine. Mon anniversaire est en hiver, le dix-sept novembre. Je suis grande avec les yeux noisette et je porte des lunettes. J'ai les cheveux roux et raides. Je suis gentille. J'adore la technologie. Je me connecte sur Facebook chaque jour et je lis des livres sur mon Kindle avant de me coucher. Ma matière préférée est l'anglais, surtout la poésie.

A. Remplissez la grille.

	1. Michel	2. Manouchka	3. James	4. Alice
Âge				
Anniversaire				
Yeux				
Cheveux				
Personnalité				
Passe-temps				
Matière préférée				

B. Répondez aux questions.
1. Qui a le premier anniversaire de l'année ?
2. Où Michel s'entraîne-t-il ?
3. Qui joue d'un instrument de musique ?
4. Qu'est-ce que James veut faire après l'école ?
5. Qui habite à la campagne ?
6. Quand Alice lit-elle des livres sur son Kindle ?

C. Soulignez tous les adjectifs dans les messages.

Des mots clés

beaucoup	a lot	assez	quite/fairly
un peu	a bit	trop	too/too much
très	very	surtout	especially
vraiment	really		

EXERCICE 2

Traduisez en français.
1. He spends too much time on the computer. _____
2. She is a bit quiet. _____
3. I'm quite tall for my age. _____
4. Caroline really loves football. _____
5. We like to go to the cinema, especially for action movies. _____
6. Paul is very funny. _____
7. I'm too lazy to play sports. _____
8. I read a lot of novels. _____

2 Faire des projets

quarante et un

Les adjectifs

When you are describing yourself and your pastimes, you will use lots of adjectives. In French, an adjective must agree in gender (masculine, feminine or plural) and number with the noun (person, place or thing) it describes.

The following table is a reminder of how common adjectives behave when a noun is masculine, feminine, singular or plural.

	Masculin singulier	**Féminin singulier**	**Masculin pluriel**	**Féminin pluriel**
Most adjectives	vert bleu fatigué	verte bleue fatiguée	verts bleus fatigués	vertes bleues fatiguées
Ending in –e	jeune timide	jeune timide	jeunes timides	jeunes timides
Ending in –eux	paresseux ennuyeux	paresseuse ennuyeuse	paresseux ennuyeux	paresseuses ennuyeuses
Ending in –f	sportif créatif	sportive créative	sportifs créatifs	sportives créatives
Ending in –er	premier dernier	première dernière	premiers derniers	premières dernières
Exceptions	beau (*bel) bon nouveau (*nouvel) vieux (*vieil) gros blanc violet marron doux mignon favori gentil long	belle bonne nouvelle vieille grosse blanche violette marron douce mignonne favorite gentille longue	beaux bons nouveaux vieux gros blancs violets marron doux mignons favoris gentils longs	belles bonnes nouvelles vieilles grosses blanches violettes marron douces mignonnes favorites gentilles longues

In French, adjectives generally come after the nouns they describe. So, in English we say 'A blue car' but in French we say 'A car blue': **une voiture bleue**. However, there are exceptions to the rule: e.g. **un vieil homme, un nouveau film**.

The acronym BANGS will help you to remember the adjectives that come before the nouns they describe.

Beauty — beau / belle, joli(e)

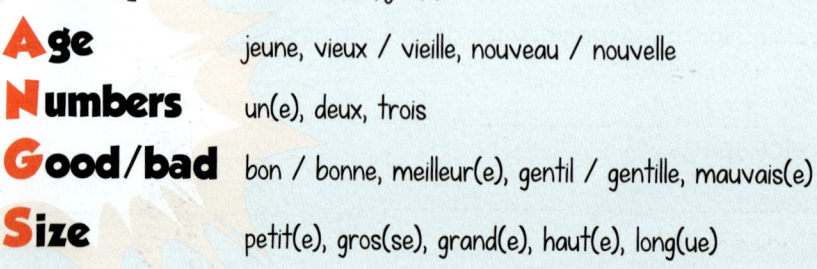

Age — jeune, vieux / vieille, nouveau / nouvelle

Numbers — un(e), deux, trois

Good/bad — bon / bonne, meilleur(e), gentil / gentille, mauvais(e)

Size — petit(e), gros(se), grand(e), haut(e), long(ue)

Des mots clés

sympa	friendly	élégant(e)	elegant
facile à vivre	easygoing	charmant(e)	charming
calme	calm	gourmand(e)	greedy
sensible	sensitive	méchant(e)	mean/nasty
adorable	adorable	ouvert(e)	open
agréable	pleasant	exigeant(e)	demanding
énervante	irritating	têtu(e)	stubborn
sociable	sociable	distrait(e)	distracted
fidèle	loyal	original(e)	original
réservé	reserved	obstiné(e)	strong-willed
sincère	sincere	organisé(e)	organised
modeste	modest	spontané(e)	spontaneous
honnête	honest	gâté(e)	spoilt
perfectionniste	perfectionist	jaloux(se)	jealous
pessimiste	pessimistic	curieux(se)	curious
indépendant(e)	independent	ambitieux(se)	ambitious
patient(e)	patient	grincheux(se)	grumpy
amusant(e)	amusing	courageux(se)	courageous
distant(e)	distant/aloof	généreux(se)	generous
strict(e)	strict	fier(ère)	proud

2.1 Écoutez !

Écoutez et répétez les adjectifs.

EXERCICE 3

Mettez les mots dans le bon ordre pour trouvez les phrases.

1. sportif est il très
   _____
2. suis je sportive intelligente et
   _____
3. ma est et généreuse amie fidèle meilleure
   _____
4. cousin mignon mon nouveau est
   _____
5. professeur strict mais notre est juste
   _____
6. généreuses filles les assez sont
   _____
7. vieille l' est église vraiment
   _____
8. chat le petit est paresseux
   _____

EXERCICE 4

Quels traits de caractère sont décrits par ces expressions ?

1. Voir la vie en rose.
2. Voir la vie en noir.
3. Avoir le cœur sur la main.
4. Avoir la tête dans les nuages.
5. Avoir un caractère de chien.
6. Être vieux-jeux.
7. Manger comme un cochon.
8. Être têtu comme une mule.

Allons-y 2

EXERCICE 5

Placez les adjectifs dans les colonnes qui conviennent.

| patiente amusant ambitieux gourmand blanche paresseuse charmante sportif longue gentil énervante grise créatif gâtée distraite exigeant compréhensive heureuse vieux petit |

Masculin	Féminin

EXERCICE 6

Remplissez la grille.

Masculin singulier	Féminin singulier	Masculin pluriel	Féminin pluriel
amusant			
têtu			
élégant			
fier			
obstiné			
curieux			
fidèle			
grincheux			
sincère			
original			
spontané			
jaloux			

2.2 Écoutez !

Écoutez et cochez (✓) l'adjectif que vous entendez.

1. ☐ vert   ☐ verte   ☐ verts   ☐ vertes
2. ☐ sportif   ☐ sportive   ☐ sportifs   ☐ sportives
3. ☐ gentil   ☐ gentille   ☐ gentils   ☐ gentilles
4. ☐ blanc   ☐ blanche   ☐ blancs   ☐ blanches
5. ☐ ennuyeux   ☐ ennuyeuse   ☐ ennuyeuses
6. ☐ bleu   ☐ bleue   ☐ bleus   ☐ bleues
7. ☐ fatigué   ☐ fatiguée   ☐ fatigués   ☐ fatiguées
8. ☐ nouveau   ☐ nouvelle   ☐ nouveaux   ☐ nouvelles

EXERCICE 7

Accordez les adjectifs et traduisez en anglais.

1. Mes frères sont (sportif) _____ et (jeune) _____.
   _____

2. Sa trousse est (petit) _____ et (violet) _____.
   _____

3. Leur maison est (spacieux) _____ et (moderne) _____.
   _____

4. Je mange des pommes (délicieux) _____.
   _____

5. C'est une (grand) _____ ville dans le nord de la France.
   _____

6. Nous vivons dans une (grand) _____, (nouveau) _____ maison.
   _____

7. Emma est (charmant) _____, (facile à vivre) _____ et très (organisé) _____.
   _____

8. Mon école est assez (vieux) _____ et les règles sont vraiment (strict) _____.
   _____

9. Ma meilleure amie est (bavard) _____, (actif) _____ et (gentil) _____.
   _____

10. Mon meilleur ami est (fidèle) _____, (ambitieuse) _____ et (créative) _____.
    _____

2.3 Écoutez !

Écoutez les gens qui décrivent leurs meilleurs amis et remplissez la grille.

		Name	Age	Physical description	Personality	Hobbies
1.	Mathieu					
2.	Céline					
3.	Sylvain					
4.	Violaine					

Allez à la **page 14** de votre *Trousse de grammaire* pour compléter les exercices : Les adjectifs.

Je sais utiliser les adjectifs.

2 Faire des projets

Allons-y 2

Les verbes irréguliers au présent savoir et connaître

The verbs **savoir** and **connaître** both mean 'to know' in French. However, the verb you use depends on what you are talking about knowing.

- **Savoir** is used to talk about knowing facts or how to do something. It is usually followed by the infinitive verb (e.g. **Je sais parler francais**, **Je sais chanter**), by **que** (e.g. **Je sais que tu aimes le football**, **Je sais que Nice est dans le sud de la France**) or by a question word such as **qui**, **quoi**, **où**, **quand** or **pourquoi** (e.g. **Je sais qui il est**, **Je sais ce que je veux**, **Je sais où est la piscine**).

- **Connaître** is used to talk about knowing (i.e. being familiar with) a person or a place. It is followed by a noun (e.g. **Je connais Anne**, **Je connais la France**, **Je connais l'hôtel de ville**).

Both of these verbs are irregular, so their endings have to be learned.

Savoir (to know)	
je sais	I know
tu sais	you know (informal)
il sait	he knows
elle sait	she knows
on sait	one knows
nous savons	we know
vous savez	you know (more than one person/formal)
ils savent	they know (masculine)
elles savent	they know (feminine)

Connaître (to know)	
je connais	I know
tu connais	you know (informal)
il connaît	he knows
elle connaît	she knows
on connaît	one knows
nous connaissons	we know
vous connaissez	you know (more than one person/formal)
ils connaissent	they know (masculine)
elles connaissent	they know (feminine)

The following verbs follow the same pattern as connaître:

reconnaître	to recognise
naître	to be born
apparaître	to appear
disparaître	to disappear
paraître	to seem

Je sais cuisiner.

Je connais Paris.

Retenez !
A useful trick is to check if 'to be familiar with' works just as well in the sentence as 'know'. If it does, the verb you are looking for is **connaître**.

2.4 Écoutez !

Écoutez et répétez les verbes **savoir** et **connaître** au présent.

EXERCICE 8

Remplissez les blancs avec le verbe **savoir** ou **connaître**.

1. Je _____ M. Lebrun.
2. Tu _____ jouer du piano.
3. Nous _____ vos parents.
4. Il _____ que j'aime les fleurs.
5. _____-vous Dublin ?
6. Elles _____ les capitales de nombreux pays.
7. Je ne _____ pas.
8. David et Simon _____ mon frère.
9. Lucie _____ nager.
10. Est-ce que tu _____ pourquoi ?

Junior Cycle French – Second and Third Year

2.5 Écoutez !

Écoutez et cochez (✓) la case correcte.

1. Fionn parle de

☐   ☐   ☐

2. Marie et Louise parlent de

☐   ☐   ☐

3. Cian et Ryan parlent de

☐   ☐   ☐

Allez à la **page 19** de votre *Trousse de grammaire* pour compléter les exercices :
Les verbes irréguliers au présent savoir et connaître.

Je sais utiliser les adjectifs et les verbes **savoir** et **connaître** correctement.

quarante-sept

2 Faire des projets

Allons-y 2

EXERCICE 9

Par deux, parlez des photos de « BFFs » des célébrités.

- Décrivez-les physiquement.
- Que font-ils sur la photo ?
- Que savez-vous d'autre sur ces amis (par exemple, l'âge, l'anniversaire, la personnalité, la profession, la famille, le domicile) ?

Harry Styles et James Corden

Kendall Jenner et Gigi Hadid

Demi Lovato et Selena Gomez

Taylor Swift et Ed Sheeran

Exemple

- Je sais que Demi Lovato est une popstar et une actrice. Elle a les cheveux longs et bruns et les yeux marron. Sur cette image, elle porte une robe jaune. Selena Gomez et elle s'amusent beaucoup ensemble !

- Elles se connaissent bien ! Elles se ressemblent beaucoup. Selena Gomez a aussi les cheveux longs et bruns et les yeux marron. Et elle porte aussi une robe jaune. Je sais qu'elle habite à Los Angeles.

Les signes du zodiaque

EXERCICE 10

Lisez l'horoscope et répondez aux questions.

Bélier (21 mars–20 avril) Tu es très honnête et toujours de bonne humeur. Tu vas gagner beaucoup d'argent au loto.	**Taureau** (21 avril–20 mai) Tu es souvent distrait(e). Tu vas avoir un petit accident cet été. Fais attention !	**Gémeaux** (21 mai–21 juin) Tu es sociable et tu vas tomber amoureux(se) d'un homme sportif / d'une femme sportive. Reste optimiste !
Cancer (22 juin–22 juillet) Tu es très fidèle mais obstiné(e), surtout au travail. Reste calme et repose-toi.	**Lion** (23 juillet–22 août) Tu es trop ambitieux(se) et tu passes trop de temps à travailler. Passe plus de temps avec ta famille.	**Vierge** (23 août–22 septembre) Tu es spontané(e). L'année prochaine, tu vas voyager et tu vas rencontrer un homme célèbre qui a les cheveux blonds.
Balance (23 septembre–22 octobre) Tu es très organisé(e) mais le week-end prochain tu vas perdre quelque chose d'important.	**Scorpion** (23 octobre–21 novembre) Tu es trop gentil(le) et souvent trop timide quand tu sors avec tes amis. Essaie d'être plus spontané(e).	**Sagittaire** (22 novembre–21 décembre) Prends la vie comme elle vient et ne t'inquiète pas ! Tu dois devenir plus facile à vivre.
Capricorne (22 décembre–20 janvier) Tu es vieux-jeux et trop fier(ère). Sors et pars en vacances avec tes amis : cet été, tu vas vivre une aventure inoubliable.	**Verseau** (21 janvier–18 février) Tes amis pensent que tu es très gâté(e) et égoïste. Tu vas perdre un ami si tu ne changes pas.	**Poissons** (19 février–20 mars) Tu es sympa et tu aides tout le monde. Tu vas recevoir un grand cadeau de tes amis.

1. Quel signe est représenté par les jumeaux ?
2. Quel est le signe de quelqu'un né le 27 janvier ?
3. Quel signe va perdre quelque chose ce week-end ?
4. Quel signe doit passer plus de temps en famille ?
5. Quel signe est trop gâté ?
6. Quel est le conseil donné aux Scorpions ?
7. Pourquoi les Poissons vont recevoir un cadeau ?
8. Quel est le conseil donné aux Sagittaires ?

2.6 Écoutez !

Écoutez et répétez les signes du zodiaque.

Allons-y 2

2.7 Écoutez !

Écoutez et remplissez la grille.

	Name	Date of birth	Zodiac sign	Personality	Lucky number	Lucky colour
1.	Luc					
2.	Erika					
3.	François					
4.	Hazel					

Des mots clés

Je crois que — I believe that   Je pense que — I think that

EXERCICE 11

Lisez les caractéristiques typiques pour votre signe du zodiaque et parlez de vos impressions par deux.

Signe du zodiaque	Caractéristiques positives	Caractéristiques négatives
Bélier	fidèle, ambitieux(se), sportif(ve)	gourmand(e), impatient(e), arrogant(e)
Taureau	réaliste, généreux(se), versatile	obstiné(e), égoïste, paresseux(se)
Gémeaux	amusant, bavard(e), sociable	têtu(e), superficiel(le), sarcastique
Cancer	sympa, fidèle, sensible	grincheux(se), anxieux(se), reservé(e)
Lion	courageux(se), spontané(e), charmant(e)	fier(ère), arrogant(e), exigeant(e)
Vierge	intelligent(e), calme, modeste	perfectionniste, vaniteux(se), gâté(e)
Balance	sociable, romantique, facile à vivre	extravagant(e), paresseux(se), méchant(e)
Scorpion	ambitieux(se), patient(e), courageux(se)	jaloux(se), obstiné(e), exigeant(e)
Sagittaire	ouvert(e), curieux(se), intellectuel(le)	impatient(e), superficiel(elle), trop confiant(e)
Capricorne	organisé(e), patient(e), ambitieux(se)	resérvé(e), obstiné(e), pessimiste
Verseau	créatif(ve), indépendant(e), original(e)	distant(e), têtu(e), distrait(e)
Poissons	gentil(le), fidèle, généreux(se)	trop sensible, paresseux(se), grincheux(se)

- Croyez-vous aux signes du zodiaque ? (Je crois / ne crois pas que…)
- Votre personnalité correspond-elle à votre signe ? Expliquez pourquoi ou pourquoi pas.
- La personnalité de votre partenaire correspond-elle à son signe ? Expliquez pourquoi ou pourquoi pas.

Exemple
- Quel est ton signe du zodiaque ?
- Mon signe du zodiaque est Verseau. Je crois que les signes du zodiaque sont vrais parce que je suis très indépendante, mais quelquefois aussi un peu distante. Et toi ? Quel est ton signe du zodiaque ?
- Mon anniversaire est le 30 juin, donc je suis Cancer. Je ne crois pas aux signes du zodiaque. Le mien dit que je suis réservée, mais je suis vraiment très confiante.
- C'est vrai, mais je pense que tu es sympa et très fidèle.
- Merci !

Je connais les signes du zodiaque.

Chercher un(e) correspondant(e)

Aujourd'hui, il y a beaucoup de communautés en ligne pour trouver un(e) correspondant(e). C'est une excellente façon de s'entraîner aux langues étrangères et de découvrir d'autres cultures.

EXERCICE 12

Lisez les annonces suivantes, puis effectuez les exercices.

Domicile : Marseille   **Âge :** 15

Langues : Français (langue maternelle), anglais (intermédiaire)

Salut ! Je m'appelle Fabrice et je suis français. Je suis balance. Je cherche un correspondant pour améliorer mon anglais. J'étudie l'anglais depuis cinq ans. Je suis sportif, spontané et fidèle. Je suis très facile à vivre et je cherche un correspondant qui me ressemble.

Fabrice ♂

Domicile : Winnipeg   **Âge :** 16

Langues : Français (langue maternelle), anglais (avancé), gaélique (débutant)

Je m'appelle Danielle. Je cherche une correspondante irlandaise de quinze à dix-sept ans. J'adore les langues. Je parle le français, l'anglais et aussi quelques mots de gaélique car mon père est irlandais ! J'adore la culture irlandaise et j'aime voyager. Je voudrais aller en Irlande en vacances l'année prochaine.

Danielle ♀

Domicile : Bruges   **Âge :** 14

Langues : Français (langue maternelle), néerlandais (intermédiaire supérieur), anglais (intermédiaire)

Je m'appelle Louis et je suis belge. J'ai quatorze ans. J'adore le sport, surtout le football (Allez les Belges !). Je suis optimiste, sympa et ambitieux. J'ai le cœur sur la main ! Je cherche un(e) correspondant(e) de mon âge.

Louis ♂

Domicile : Zürich   **Âge :** 16

Langues : Français (langue maternelle), allemand (avancé), anglais (pré-intermédiaire)

Je m'appelle Justine et je viens de Suisse. Je cherche un(e) correspondant(e) qui a les mêmes goûts que moi. J'adore la lecture et le cinéma, surtout la science-fiction. Mes amis disent que je suis intelligente et réservée. J'attends vos réponses avec impatience !

Justine ♀

cinquante et un

Allons-y 2

A. Répondez « vrai » ou « faux » aux déclarations.

	Vrai	Faux
1. Justine is looking for a penpal who is outgoing.	☐	☐
2. Louis is looking for a penpal who is older than him.	☐	☐
3. Danielle's father is from Ireland.	☐	☐
4. Fabrice has been studying French for five years.	☐	☐
5. Danielle is looking for a male penpal.	☐	☐
6. Fabrice is a Libra.	☐	☐

B. Répondez aux questions.

1. Why is Fabrice looking for a penpal?
2. How does Fabrice describe his personality?
3. What would Danielle like to do next year?
4. How does Louis describe his personality?
5. What languages does Justine speak?
6. What do Justine's friends say about her?

EXERCICE 13

Écrivez une annonce pour l'adolescent suivant :
Seán, 14, from Dublin. Speaks English fluently, Irish well and is new to French. Looking for a penpal the same age. Is friendly and independent. Likes reading fantasy novels and going to the cinema with his friends.

Domicile :   **Âge :**

Langues :

Seán ♂

2.8 Écoutez !

Un adolescent français décrit les qualités qu'il recherche chez un(e) correspondant(e). Classez-les par ordre de préférence (1 étant la qualité la plus importante, 5 étant la moins importante).

Honest	
Patient	
Intelligent	
Funny	
Friendly	

Allez à la **page 12** de votre *Chef d'œuvre* pour compléter l'Activité 1 : Chercher un(e) correspondant(e).

Je peux chercher un(e) correspondant(e).

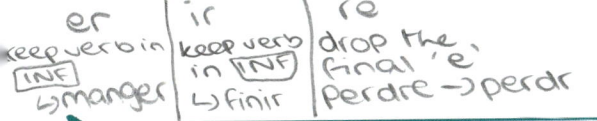

Le futur simple

In *Allons-y 1*, we looked at how to form **le futur proche**, which is used to say something is going to happen by using the verb **aller**. **Le futur simple** tells us that something will happen.

To form the future simple for regular **–er** and **–ir** verbs:

1. Choose the personal pronoun (**je**, **tu**, **il**, etc.).
2. Add a new ending to the infinitive of the verb. These are shown in the table below.

Je	–ai	Il	–a	On	–a	Vous	–ez		
Tu	–as	Elle	–a	Nous	–ons	Ils	–ont	Elles	–ont

Let's look at examples using the verbs **chercher** (to look for) and **finir** (to finish).

Chercher (to look for) au futur simple	
je chercherai	I will find
tu chercheras	you will find *(informal)*
il cherchera	he will find
elle cherchera	she will find
on cherchera	one will find
nous chercherons	we will find
vous chercherez	you will find *(more than one person/formal)*
ils chercheront	they will find *(masculine)*
elles chercheront	they will find *(feminine)*

Finir (to finish) au futur simple	
je finirai	I will finish
tu finiras	you will finish *(informal)*
il finira	he will finish
elle finira	she will finish
on finira	one will finish
nous finirons	we will finish
vous finirez	you will finish *(more than one person/formal)*
ils finiront	they will finish *(masculine)*
elles finiront	they will finish *(feminine)*

To form the future simple for regular –re verbs:

1. Choose the personal pronoun (**je**, **tu**, **il**, etc.).
2. Chop –e off the end of the infinitive of the verb.
3. Add the new ending. These are the same as those shown above.

Let's look at an example using the verb **attendre** (to wait for).

Attendre (to wait for) au futur simple	
j'attendrai	I will wait for
tu attendras	you will wait for
il attendra	he will wait for
elle attendra	she will wait for
on attendra	one will wait for
nous attendrons	we will wait for
vous attendrez	you will wait for *(more than one person/formal)*
ils attendront	they will wait for *(masculine)*
elles attendront	they will wait for *(feminine)*

Retenez !
All verbs in the **futur simple** have an 'r' before the ending, just like the word **futur**!

Allons-y 2

2.9 Écoutez !

Écoutez et répétez les verbes **chercher**, **finir** et **attendre** au futur simple.

The **futur simple** is formed this way for all regular verbs. Note that a number of useful irregular –**ir** and –**re** verbs also follow this simple pattern:

sortir (to go out)	je sortirai, tu sortiras, etc.	partir (to leave)	je partirai, tu partiras, etc.
boire (to drink)	je boirai, tu boiras, etc.	prendre (to take)	je prendrai, tu prendras, etc.
mettre (to put)	je mettrai, tu mettras, etc.	dire (to say)	je dirai, tu diras, etc.
lire (to read)	je lirai, tu liras, etc.	écrire (to write)	j'écrirai, tu écriras, etc.

Je partirai à 08h.

EXERCICE 14

Remplissez la grille avec les verbes au futur simple.

Donner (to give)	Choisir (to choose)	Prendre (to take)
je donnerai		
	tu choisiras	
	nous choisirons	
vous donnerez		
		elles prendront

EXERCICE 15

Conjuguez les verbes au futur simple et traduisez en anglais.

1. Philippe et Sara _liront_ des romans en vacances. (lire) — Philippe + Sara will read books on holiday
2. Je _choisirai_ le français pour mon bac. (choisir) — I will choose French for my
3. Tu _finira_ l'école tôt cette année. (finir) — You will finish school
4. Il _arrivera_ à l'heure. (arriver)
5. Isabelle _bavardera_ en classe. (bavarder)
6. Nous _vendrons_ notre voiture. (vendre)
7. Vous _punirez_ le chien. (punir)
8. Ils _boiront_ beaucoup d'eau. (boire)
9. Je _louerai_ un vélo. (louer)
10. Paul _prendra_ le train. (prendre)

Des mots clés

demain	tomorrow	la semaine prochaine	next week
demain matin	tomorrow morning	l'été prochain	next summer
demain soir	tomorrow evening	le mois prochain	next month
le week-end prochain	next weekend	l'année prochaine	next year

EXERCICE 16

Utilisez les mots ci-dessus pour mettre les phrases au futur simple.

Exemple

Aujourd'hui, je parle avec mes amis. — Demain, je parlerai avec mes amis.

1. Aujourd'hui, tu finis les sciences à dix heures.
2. Aujourd'hui, elle danse pendant l'EPS.
3. Aujourd'hui, nous faisons le ménage.
4. Aujourd'hui, ils rendent visite à leur tante à Dublin.
5. Aujourd'hui, je regarde la télé.
6. Aujourd'hui, tu choisis le pain grillé pour le petit-déjeuner.
7. Aujourd'hui, elle joue au foot.
8. Aujourd'hui, vous mangez des légumes.
9. Aujourd'hui, ils travaillent à la boulangerie.
10. Aujourd'hui, elles boivent du thé.

EXERCICE 17

Traduisez en français.

1. I will watch television this evening.
2. I will work in the cinema next summer.
3. They will arrive next week.
4. We will take the train tomorrow.
5. They will sell their house next year.
6. He will wait for the bus after school.
7. They will visit the Eiffel Tower next month.
8. He will play football next week.

Allez à la **page 21** de votre *Trousse de grammaire* pour compléter les exercices : Le futur simple.

Je comprends le futur simple.

2 Faire des projets

Les Césars

Depuis 1973, la cérémonie des Césars se tient chaque année en février à Paris. C'est une célébration du cinéma français. La nuit des Césars est comme les Oscars français. Des prix sont décernés pour le « meilleur film », « meilleur réalisateur », « meilleure actrice », « meilleur acteur » et beaucoup d'autres catégories. Marion Cotillard, Guillaume Canet et le dessin animé *Persepolis* ont reçu un César.

Le trophée porte le nom de son sculpteur, César Baldaccini. Contrairement aux Oscars, les gagnants ne sont pas soumis à aucune contrainte de temps pour leurs discours !

La cérémonie est aussi une soirée importante dans le monde de la mode. Les vedettes portent des costumes et des robes de grands couturiers tels que Chanel et Yves Saint Laurent. C'est un festival d'élégance et de style sur le tapis rouge.

EXERCICE 18

Répondez aux questions.

1. In what month are the Césars held?
2. What do the awards celebrate?
3. Name two awards that are presented on the night.
4. Who is the trophy named after?
5. The winners have no time constraints on their speeches. True or false?
6. Find the French phrase for 'the red carpet'.

EXERCICE 19

Reliez les gagnants des Césars du « meilleur film » à leur titre anglais.

1.	*On Connaît la chanson* (1998)	a.	*The Last Metro*
2.	*De Battre mon cœur s'est arrêté* (2016)	b.	*Too Beautiful for You*
3.	*Trop Belle pour toi* (1990)	c.	*The Taste of Others*
4.	*Le Dernier métro* (1981)	d.	*Goodbye, Children*
5.	*Le Goût des autres* (2001)	e.	*Same Old Song*
6.	*Au Revoir, les enfants* (1988)	f.	*The Beat That My Heart Skipped*

1.	2.	3.	4.	5.	6.

Des verbes irréguliers au futur simple

Although some irregular verbs follow the standard **futur simple** rules, a number of very important future tense irregular verbs do not. They take the same **futur simple** endings (see page 53), but the main part of the verb (the stem) changes.

First, let's look at **être** (to be), **avoir** (to have) and **aller** (to go) in full, as these are the most commonly used verbs.

Être (to be) au futur simple	
je serai	I will be
tu seras	you will be (informal)
il sera	he will be
elle sera	she will be
on sera	one will be
nous serons	we will be
vous serez	you will be (more than one person/formal)
ils seront	they will be (masculine)
elles seront	they will be (feminine)

Avoir (to have) au futur simple	
j'aurai	I will have
tu auras	you will have (informal)
il aura	he will have
elle aura	she will have
on aura	one will have
nous aurons	we will have
vous aurez	you will have (more than one person/formal)
ils auront	they will have (masculine)
elles auront	they will have (feminine)

Aller (to go) au futur simple	
j'irai	I will go
tu iras	you will go (informal)
il ira	he will go
elle ira	she will go
on ira	one will go
nous irons	we will go
vous irez	you will go (more than one person/formal)
ils iront	they will go (masculine)
elles iront	they will go (feminine)

cinquante-sept

Allons-y 2

The following verbs also have a new stem in the **futur simple**.

faire (to do)	je ferai, tu feras, etc.	**envoyer** (to send)	j'enverrai, tu enverras, etc.
vouloir (to want)	je voudrai, tu voudras, etc.	**savoir** (to know)	je saurai, tu sauras, etc.
pouvoir (to be able to)	je pourrai, tu pourras, etc.	**venir** (to come)	je viendrai, tu viendras, etc.
devoir (to have to)	je devrai, tu devras, etc.	**recevoir** (to receive)	je recevrai, tu recevras, etc.
voir (to see)	je verrai, tu verras, etc.	**pleuvoir** (to rain)	il pleuvra

Retenez !
Note that **pouvoir**, **voir** and **envoyer** gain an extra 'r' before the ending.

2.10 Écoutez !

Écoutez et répétez les verbes irréguliers **être**, **avoir** et **aller** au futur simple.

Allez à la **page 23** de votre *Trousse de grammaire* pour compléter les exercices : Les verbes irréguliers au futur simple.

Je connais des verbes irréguliers au futur simple.

EXERCICE 20

Remplissez la grille avec les verbes irréguliers au futur simple.

Faire	Pouvoir	Vouloir
je ferai		
	tu pourras	
		on voudra
nous ferons		
	vous pourrez	
		ils voudront

58 cinquante-huit

EXERCICE 21

Conjuguez les verbes irréguliers au futur simple.

1. Le week-end prochain je __serai__ très fatigué. (être)
2. L'année prochaine tu __auras__ quinze ans. (avoir)
3. Il __fera__ ses devoirs après l'école. (faire)
4. Ils __iront__ en vacances en juin après les examens. (aller)
5. Nous __voudrons__ un portable pour notre anniversaire. (vouloir)
6. Jean __verra__ son groupe préféré samedi prochain. (voir)
7. __Pourrez__-vous me donner un coup de main à la maison ? (pouvoir) *(to give a hand)*
8. Je __viendrai__ tard à l'école demain matin. (venir)
9. Il __pleuvra__ samedi prochain. (pleuvoir)
10. Notre équipe __devra__ essayer de mieux jouer la prochaine fois. (devoir)

EXERCICE 22

Traduisez en français.

1. I will go on holiday next week. — J'irai en vacances la semaine prochaine.
2. She will make a cake for her birthday. — Elle fera un gâteau pour son anniversaire.
3. They will see a comedy in the cinema. — Ils verront une comédie au cinéma.
4. It will rain next week. — Il pleuvra la semaine prochaine.
5. I will send a text. — J'enverrai une texto.
6. You will receive a lot of presents. — Tu recevras beaucoup de cadeaux.
7. He will have to help the teacher. — Il devra pour aider le prof.
8. They will be able to go out next weekend. — Ils pourront sortir le week-end prochain.

2.11 Écoutez !

Écoutez et répondez aux questions.

1. When is Hugo going on holiday?
2. Where is he going?
3. Where will he stay?
   - At a hotel ☐
   - At his grandparents' ☐
   - At his aunt's ☐
4. Name one thing he plans to do at the beach.
5. What does Simon say about the weather?

Allons-y 2

2.12 Écoutez !

Écoutez les gens qui parlent de leurs projets et remplissez la grille.

		Plan	When?
1.	Clément		
2.	Margaux		
3.	Sébastien		
4.	Lilou		

EXERCICE 23

Par deux, parlez de vos projets. Chacun à votre tour, indiquez :

- Un projet pour la semaine prochaine (par exemple, « La semaine prochaine, je me lèverai plus tôt le matin. »)
- Un projet pour le mois prochain (par exemple, « Le mois prochain, j'achèterai un cadeau pour l'anniversaire de ma mère. »)
- Un projet pour l'année prochaine (par exemple, « L'année prochaine, j'apprendrai à nager. »)
- Un projet pour l'avenir (par exemple, « Plus tard, j'habiterai en France et je parlerai français tous les jours ! »)

C'est intéressant !

Le philosophe français Nostradamus est célèbre pour avoir fait de nombreuses prédictions qui se sont réalisées. Il est l'auteur du poème suivant, qui d'après certains, prédit la mort du roi Henri II (représenté ici par « le vieux lion »). Il est écrit en vieux français :

Le lyon ieune le vieux surmontera,

En champ bellique par singulier duelle,

Dans cage d'or les yeux luy creuera,

Deux classes vne, puis mourir, mort cruelle.

Allez à la **page 13** de votre *Chef d'œuvre* pour compléter l'Activité 2 : C'est écrit dans les étoiles !

EXERCICE 24

En France, la rentrée est l'occasion de prendre de bonnes résolutions. Lisez les résolutions de ces élèves et répondez aux questions.

Sandrine

Pendant l'été, j'ai de mauvaises habitudes en ce qui concerne la nourriture. Pour moi, la rentrée est une bonne occasion de recommencer à manger sainement. Je mangerai des repas équilibrés à l'école et je boirai aussi deux litres d'eau chaque jour. Je préparerai des repas à l'avance. Les journées sont trop chargées à l'école, mais je mangerai beaucoup de fruits et de légumes pour avoir de l'énergie. Un esprit sain dans un corps sain !

Léon

Pendant l'été, je suis assez paresseux mais une nouvelle année est une bonne occasion de développer de nouvelles habitudes. Cette année, je ferai plus d'exercise. En fait, j'irai à l'école à pied au lieu d'y aller en voiture avec mon père. J'aime aussi faire du vélo, alors je vais m'inscrire au club de cyclisme de l'école. En plus, je m'organiserai mieux à l'école. J'aurai toutes mes affaires pour chaque cours et je ne serai jamais en retard ! J'ai de bonnes intentions en tout cas !

Bertrand

J'habite à la campagne et pour moi l'été est un peu ennuyeux ! J'aime bien la rentrée parce que je serai heureux de revoir tous mes amis. Nous avons beaucoup de nouveaux animaux dans notre ferme, alors j'aiderai plus. Je donnerai à manger aux animaux tous les matins avant d'aller à l'école. Après l'école, je me ferai à dîner quand mes parents seront occupés. Ma vraie résolution est que je ne me plaindrai plus ! Je sens que cette année à l'école s'annonce bien pour moi !

Mathilde

Je n'aime pas la rentrée. C'est difficile de trouver un nouveau rythme. Pendant l'été, j'aime bien les grasses matinées. Les jours d'école, je dois me lever à six heures et demie ! Cette année, je me coucherai plus tôt pendant la semaine. Ma mère me dit que je suis accro à mon portable, alors j'essaierai de lâcher mon portable le soir. Je vivrai moins dans le monde virtuel et je me ferai de vrais amis ! J'aurai des examens importants à la fin de cette année et je travaillerai dur.

1. What steps will Sandrine take towards a healthier diet?
2. Find the French equivalent of 'a healthy body is a healthy mind'.
3. How does Léon describe his attitude during the summer?
4. What kind of exercise does Léon plan to do this year?
5. What steps will he take to be more organised?
6. How does Bertrand describe his summer?
7. Why will he be happy to get back to school?
8. How is Bertrand going to help out more at home?
9. Find the French phrase for 'I will not complain'.
10. What time does Mathilde get up for school?
11. What does she plan to do during the week this year?
12. What does she say about 'the virtual world'?

Allez à la **page 15** de votre *Chef d'œuvre* pour compléter l'Activité 3 : Mes bonnes résolutions pour la rentrée.

Allons-y 2

Des invitations

Des mots clés

Peux-tu me retrouver au métro / cinéma ?	Can you meet me at the metro/cinema?
On se retrouve. *Où? Where are we meeting*	Let's meet.
Tu es libre ?	Are you free?
Veux-tu aller au cinéma / à la piscine / au magasin ?	Do you want to go to the cinema/swimming pool/shop?
Veux-tu faire de la natation / du shopping ?	Do you want to go swimming/shopping?
Je t'invite à mon anniversaire / à ma fête. *chez moi*	I am inviting you to my birthday/my party.
J'ai hâte d'y être !	I can't wait to be there!

J'ai hâte de + INF = I can't wait to do something

EXERCICE 25

Lisez les textos et répondez aux questions.

1. Messages — Sophie — Contact

- Salut, Lou ! Je vais au cinéma ce soir avec toute la bande. Tu es libre ?
- Oui, je viendrai ! Quel film verrons-nous ?
- La nouvelle comédie avec Zac Efron. Le film commencera à 19h30.
- Parfait ! J'adore Zac. Où nous retrouverons-nous ?
- En face du cinéma à 19h15.
- Cool. Je ne serai pas en retard !

2. Messages — Pierre — Contact

- Hé, Arnaud. Mes parents vont sortir ce soir. Veux-tu venir chez moi ?
- Bien sûr. À quelle heure ?
- Après 18h. J'inviterai Simon aussi.
- Cool. J'ai un nouveau jeu vidéo. Je l'apporterai.
- Génial ! N'oublie pas le chocolat !
- Tu as toujours faim, Pierre ! À plus tard !

3. Messages — Lisa — Contact

- Jeanne ! Je serai en ville ce soir. Peux-tu me retrouver ?
- Désolée, je ne pourrai pas ! Je ferai du babysitting.
- Pas de problème. Es-tu libre samedi après-midi ?
- Oui. Quel est le plan ?
- Allons au parc avec les chiens. Il fera beau.
- Ça sera amusant ! Je t'enverrai un texto samedi matin pour organiser un rendez-vous.

a. What question does Sophie ask Lou in her first text? *If he is free*

b. What film are they going to see? *new comedy film with Zac Efron*

c. Where and when will they meet?
- [✓] In front of the cinema at 7.15 p.m.
- [ ] In front of the cinema at 7.30 p.m.
- [ ] Inside the cinema at 7.15 p.m.

a. What time is Arnaud to go over? *after 6:00 pm*

b. What does Arnaud say he will bring?
- [ ] A board game
- [✓] A new video game
- [ ] A movie

c. What else does Pierre ask him to bring? *chocolate*

a. Why can't Jeanne meet Lisa this evening? *She is babysitting*

b. When do they rearrange to meet?
- [✓] Saturday afternoon
- [ ] Saturday morning
- [ ] Sunday afternoon

c. What will they do? *go to the park with their dogs*

Allez à la **page 16** de votre *Chef d'œuvre* pour compléter l'Activité 4 : Des textos à mon ami.

Junior Cycle French – Second and Third Year

à 11h00 = at
vers 11h00 = at around

l'hôtel de ville / la Mairie,
l'arrêt de bus, école
or l'autobus
collège   lycée

2.13 Écoutez !

Écoutez les gens qui parlent de leurs projets et remplissez la grille.

ch. 7 book 1

		Where?	Day	Meeting place	Time
1. ✓	Marc and André	swimming pool	Monday evening	in front of train station	18:30 or 6:30
2. ✓	Céline and Albert	cinema	Sunday	in front of the town hall	15:15
3. ✓	Nicole and Marie	park	Wednesday	bus stop	around 11:00
4. ✓	Sophie and Laura	library	Thursday	front of the school	12:00

EXERCICE 26

ça te dit de + INF

Par deux, utilisez les informations ci-dessous pour avoir les conversations téléphoniques.

	Where?	Day	Meeting place	Time
1.	Cinema	Thursday evening	Your house	8.30 p.m.
2.	Swimming pool	Tomorrow morning	Bus stop	9.00 a.m.
3.	Restaurant Chez Claude	Saturday evening	In front of the city hall	9.00 p.m.

2.14 Écoutez !

Écoutez les conversations et répondez aux questions.

1.
a. What event is Paul telling David about? concert
b. What date is the event on? 13 March
c. How much are the tickets? his birthday
d. When are the tickets available? next Friday - 9:00
e. What does David offer to do? €75
f. How will they get there? by car
g. Where will they meet? ~~at the night club before the concert~~ at David's house

2.
a. Why have Nadine and Caroline not seen each other in a while? because Nadine was doing exams
b. What is Nadine inviting Caroline to? her party
c. What day will the event take place? Saturday
d. What time will it start? 21:00 / 9:00
e. What two things does Nadine say will be at the event? music and food
f. What does Caroline offer to help with? decorations
g. What will Nadine wear? her new yellow dress

2 Faire des projets

soixante-trois   63

Allons-y 2

EXERCICE 27

Lisez les invitations et répondez aux questions.

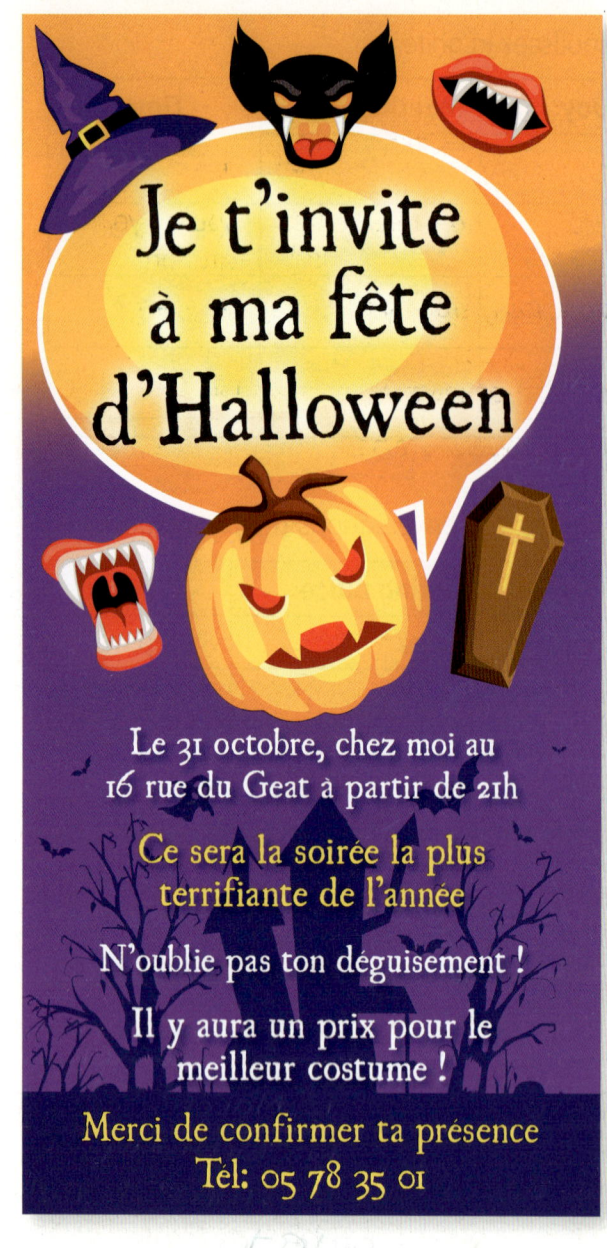

Je t'invite à ma fête d'Halloween

Le 31 octobre, chez moi au 16 rue du Geat à partir de 21h

Ce sera la soirée la plus terrifiante de l'année

N'oublie pas ton déguisement !

Il y aura un prix pour le meilleur costume !

Merci de confirmer ta présence
Tél : 05 78 35 01

C'est la fête !

Luc aura 18 ans !

Nous espérons que vous viendrez nombreux pour célébrer l'événement avec nous le **samedi 17 juillet à 20h30 au 28 avenue des Arts**.

Mais chuuuut … c'est une surprise !

Merci de donner votre réponse avant le 10 juillet à Marianne au 06 77 89 13 30.

1. What date and time is the Halloween party? *31st October at 9:00pm*
2. Where is the Halloween party taking place? *16 rue du Geat*
3. What should Halloween partygoers not forget? *don't forget a costume*
4. How is the Halloween party described?
5. How old will Luc be?
6. What date and time is the birthday party?
7. What date should guests to the birthday party reply by?
8. What is it important to know about the birthday party?

Allez à la **page 17** de votre *Chef d'œuvre* pour compléter l'Activité 5 : Une invitation à une fête.

Je sais rédiger une invitation et répondre à une invitation.

Quand vous connaîtrez bien votre correspondant(e) francophone, vous pourrez l'inviter à séjourner avec vous en Irlande. Ou peut-être qu'il ou elle vous invitera dans son pays.

Des mots clés

Peux-tu me retrouver au métro / cinéma ?	Can you meet me at the metro/cinema?	J'accepte ton invitation avec plaisir.	I accept your invitation with pleasure.
Je t'écris pour t'inviter …	I am writing to invite you …	Merci pour la gentille invitation.	Thank you for your kind invitation.
J'aimerais t'inviter à venir passer une semaine / l'été	I would like to invite you to come and spend a week/the summer	Je suis désolé(e), mais je ne peux pas accepter ton invitation.	I'm sorry, but I cannot accept your invitation.
Est-ce que tu peux venir me voir en juin ?	Can you visit me in June?	Je regrette, mais je ne peux pas venir cet été.	I'm sorry, but I cannot come this summer.

EXERCICE 28

Lisez la lettre d'Aidan et répondez aux questions.

Dublin, le 23 août

Cher Alain,

Ça va ? J'espère que tout va bien chez toi. Tout va bien ici, mais je n'aime pas l'école en ce moment. C'est difficile après les vacances, surtout le matin. Je me réveille à sept heures et demie et le premier cours commence à neuf heures. Nous sommes déjà occupés, parce que j'aurai des examens le mois prochain. Ma matière préférée est le français et je déteste les maths. Quelle est ta matière préférée à l'école ?

C'est l'anniversaire de mon ami Daniel ce week-end et pour fêter ça toute la bande ira au stade pour voir un match de rugby. L'Irlande jouera contre l'Italie. Après le match, nous irons au restaurant pour manger de la pizza. Nous prendrons l'autobus au match. Daniel aura seize ans. As-tu des projets pour ce week-end ?

Je t'écris pour t'inviter à venir passer quelques jours chez moi en octobre. Nous n'aurons pas école pendant une semaine. Nous pourrons aller au stade pour voir un match de rugby. Je sais que tu adores le rugby, et devine quoi ? La France jouera contre l'Irlande !

J'espère que tu pourras venir. M'envoyer ta réponse la semaine prochaine.

Dis bonjour à ton père et ton frère de ma part.

À bientôt,

Aidan

1. What time does Aidan wake up?
2. Why is he already busy at school?
3. What is his favourite subect?
4. Where will Aidan go this weekend?
5. How will they get there?
6. When does Aidan ask Alain to visit him?
7. What does Aidan say they can do when Alain visits?
8. When does he tell him to respond?

Allez à la **page 18** de votre *Chef d'œuvre* pour compléter l'Activité 6 : Cher Aidan.

Allons-y 2

Le dossier francophone : La Réunion

Le drapeau :

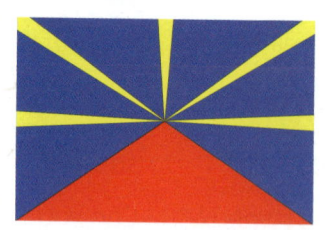

La population : 850,996

La préfecture : Saint-Denis

C'est intéressant !

Le Piton de la Fournaise est un des volcans les plus actifs au monde.

C'est intéressant !

La Réunion est une région d'outre-mer française, elle est donc aussi représentée par le tricolore français.

La monnaie : L'euro

Des montagnes : Le Piton de la Fournaise, le Piton des Neiges, le Gros Morne, le Dimitile

Des rivières : La rivière Saint-Denis, la rivière des Pluies, la rivière du Mât, la rivière Sainte-Suzanne

Le temps : La Réunion a un climat tropical. Il y a deux saisons : la saison des pluies entre janvier et mars, et la saison sèche entre mai et novembre. Il y a plus de précipitations dans l'est du pays que dans l'ouest.

Des personnes célèbres : Dimitri Payet (joueur de football), Michel Houellebecq (écrivain), Jérémy Florès (surfeur pro)

La nourriture : Le rougail boucané (du curry avec du porc fumé), le cabri massalé (un plat épicé à base de chèvre)

Des fêtes : Le Cavadee (janvier), le grand Boucan (juin), le Carnaval de Saint-Gilles-les-Bains (juin), la fête agricole du Vacoa (août), le Festival des Fleurs (octobre) et le Dipavali (octobre)

Étude de cas

Lisez le texte et répondez aux questions.

1. La Réunion a une culture diversifiée et riche. C'est parce qu'elle est depuis longtemps une terre d'accueil pour les populations d'origines chinoise, indienne et africaine. En conséquence, de nombreux festivals intéressants ont lieu sur l'île.

2. Le premier jour de l'année lunaire, on célèbre le Nouvel An Chinois. Avant le Nouvel An, les gens nettoient et décorent leurs maisons avec des pétards pour chasser les mauvais esprits. Dans les défilés, il y a des dragons, des démonstrations d'arts martiaux et des spectacles de danse et de musique. On distribue aux enfants des enveloppes rouges remplies d'argent pour leur souhaiter chance et richesse.

3. Dipavali est la grande fête de la lumière, célébrée par la communauté indienne en octobre ou novembre. C'est une fête colorée et tellement belle ! Les croyants portent des costumes traditionnels et font des promenades nocturnes à la bougie. Pendant la journée, tout le monde rend visite à ses voisins et sa famille et on échange des pâtisseries.

4. Le 20 décembre, la Fèt Kaf (ou Fête de la Liberté) commémore l'abolition de l'esclavage. Ce jour a beaucoup d'importance pour les Réunionnais et ils le célèbrent avec joie chaque année. Il y a beaucoup d'événements organisés, comme des défilés, des concerts, des danses traditionnelles et des ateliers sur l'histoire de l'esclavage. Pendant la Fèt Kaf, c'est la tradition de manger du riz.

1. Why does Réunion have a diverse culture? (Section 1)
2. How do people prepare their houses for the Chinese New Year? (Section 2)
3. Name two things you would see at the Chinese New Year parade. (Section 2)
4. What are **enveloppes rouges**? (Section 2)
5. Which community on the island celebrates Deepavali? (Section 3)
6. What adjectives are used to describe the festival? (Section 3)
7. What do the people celebrating Deepavali wear? (Section 3)
8. What do they do during the day to mark the occasion? (Section 3)
9. What historic event does Fèt Kaf commemorate? (Section 4)
10. Name two events organised to celebrate the day. (Section 4)
11. What is it traditional to eat on this day? (Section 4)

Allez à la **page 20** de votre *Chef d'œuvre* pour compléter l'Activité 7 : Bonjour de La Réunion !

Résumé

EXERCICE A

Complétez la grille de mots croisés avec les verbes au futur simple.

Horizontalement

4. Elles (will go) _____ (5)
7. Il (will help) _____ (6)
8. Elle (will take) _____ (7)
9. Je me (wake up) _____ (11)
11. Il (will rain) _____ (7)
14. Nous (will make) _____ (6)

Verticalement

1. J' (will listen) _____ (9)
2. Tu (will sell) _____ (7)
3. Nous (will visit) _____ (10)
5. Elle (will receive) _____ (7)
6. Vous (will live) _____ (9)
10. Il (will see) _____ (5)
12. Tu (will read) _____ (5)
13. Vous (will blush) _____ (8)

EXERCICE B

Remplissez la grille avec les adjectifs en français.

	Masculin singulier	Féminin singulier	Masculin pluriel	Féminin pluriel
Tall				
Small				
Lazy				
Fat				
Creative				
Loyal				
Patient				
Kind				
Cute				
Beautiful				

EXERCICE C

Traduisez en français.

1. The small cat is lazy.
2. The white flower is pretty.
3. I have long, blonde hair.
4. His daughter is pretty and intelligent.
5. The new house is very big.
6. They eat delicious bread every morning.
7. Her son is young and creative.
8. The ambitious girls are very chatty.

EXERCICE D

Mettez les adjectifs au féminin.

1. Nouveau
2. Long
3. Petit
4. Sportif
5. Beau
6. Vieux
7. Timide
8. Bavard
9. Bon
10. Gentil
11. Doux
12. Compréhensif

EXERCICE E

Il y a deux erreurs dans chaque phrase. Corrigez-les.

1. Mon frere est dix ans.
   _____

2. Mon sœur est sportif.
   _____

3. J'adore ma petit maison avec deux chambre.
   _____

4. Il ne arrive à l'école.
   _____

5. Les jeunes est sympa.
   _____

6. J'irai au Paris avec mon famille.
   _____

7. Je vais a le restaurant pour diner.
   _____

8. Je mange beaucoup des bonbons et je boit du jus d'orange.
   _____

9. Je adore fait du ski.
   _____

10. Je se lave tout les jours.
    _____

11. Erika est un quatrième cette annee.
    _____

12. Écrit-moi bientot.
    _____

EXERCICE F

Remplissez les blancs avec les verbes **savoir** et **connaître** au présent.

1. Il _____ bien Paris.
2. Tu ne _____ pas personne ici.
3. Nous _____ lire.
4. Vous _____ nager.
5. Ils _____ bien mon père.
6. Je _____ cette chanson par cœur.
7. Il _____ télécharger les chansons.
8. Tu _____ faire du ski.
9. Vous _____ le livre Le Petit Prince ?
10. Mon frère _____ ta sœur.

EXERCICE G

Conjuguez les verbes au futur simple et traduisez les phrases en anglais.

1. Je _____ avec mon groupe préféré. (chanter)
   _____

2. Les filles _____ des croissants pour le déjeuner. (manger)
   _____

3. Tu _____ ton livre demain. (finir)
   _____

4. Luc _____ des céréales pour son petit-déjeuner. (prendre)
   _____

5. Le garçon _____ quand il parlera avec la fille du voisin. (rougir)
   _____

6. Vous _____ le match contre notre équipe. (perdre)
   _____

7. Ils _____ un film français au cinéma. (choisir)
   _____

8. Les parents _____ leur enfant quand il sera méchant. (punir)
   _____

EXERCICE H

Complétez le texte suivant en utilisant les verbes ci-dessous.

> passera mangera gagnerai ferai aiderai irons sortirai fera regarderons
> commencera prendrons irai verrons devrai ferai aurai retrouverons

Le week-end prochain

J'_____ en ville avec mes amis.

Nous nous _____ devant la mairie samedi matin à 11h30. Mon amie Laura et moi _____ le train. Toute la bande _____ au Macdo, et après nous _____ au cinéma. Nous _____ le nouveau film *Wonder Woman*. Le film _____ à 15h.

Je _____ rentrer chez moi à 18h, car je _____ du babysitting. Je _____ dix euros de l'heure. J'_____ de l'argent pour sortir pendant les vacances. Dimanche matin, je _____ la grasse matinée. J'_____ mon père à faire le ménage. Je _____ les poubelles, mon frère _____ l'aspirateur et ma sœur _____ la cuisine. Dimanche soir nous _____ la télévision ensemble.

EXERCICE I

Utilisez les morceaux de phrases des deux colonnes pour créer dix phrases complètes.

Cet été j'irai à la plage	au bord de la mer.
Tu assisteras à un concert	quand il pleut.
Il portera un manteau	pour mon petit-déjeuner.
Elle me téléphonera	à quatre heures moins dix.
J'aurai quatorze ans	et demie quand je prends le déjeuner.
Il sera midi	quand il fera beau.
Je boirai du thé	à Croke Park.
Les cours finiront	quand elle sera de retour.
Noelwyn passera trois jours	le vingt-cinq juin.
Cédric louera un emplacement	dans un terrain de camping.

Allons-y 2

EXERCICE J

Écoutez et remplissez les blancs.

1. Je m'appelle Sofia. J'ai _____ ans et mon anniversaire est le _____ avril. J'habite _____ la banlieue de _____. Nous habitons au rez-de-chaussée d'un _____ immeuble. Ma _____ amie s'appelle Amélie. Nous _____ à la même école. Amélie est _____ créative et _____. Son anniversaire est le _____ janvier, donc elle est _____. Elle est douée pour le _____ et la musique. Amélie est très _____ aussi. Elle a les cheveux longs et _____ et elle a les _____ bleus.

Elle est _____. Nous aimons la _____ et la musique. Moi, je joue du _____ et elle joue de la _____. Ce week-end nous _____ au concert en _____. J'attends cette soirée avec impatience !

2. Je m'appelle Antoine. Mon anniversaire est le _____ février, donc je suis _____. Je suis un Poisson _____. Je suis _____, généreux, _____ et patient. J'habite à Toulouse dans le _____ de la France. Mon _____ ami s'appelle Pierre. Il habite _____ de chez moi. Il a _____ ans et il est _____, amusant et _____. Il adore les sciences à l'école, _____ la chimie. Ma matière _____ est l'anglais.

Pierre fait du _____ presque tous les jours et nous _____ au tennis ensemble en _____. Ce week-end nous _____ en boîte pour fêter l'anniversaire de Pierre. Ce _____ formidable.

EXERCICE K

Lisez le texte.

Ma meilleure amie s'appelle Ruth. Je la connais depuis dix ans. Comme moi, elle a quatorze ans. Son anniversaire est le vingt-sept février. Elle a les cheveux bruns et les yeux gris. Elle habite près de chez moi dans le Comté d'Offaly. Elle est très facile à vivre et toujours de bonne humeur. Elle vient d'une grande famille. Elle a trois frères et deux sœurs. Elle est la cadette de sa famille.

Ruth n'est pas sportive mais elle adore la peinture et elle est douée pour la musique. En fait, elle joue de la guitare depuis cinq ans. Son groupe préféré s'appelle Kodaline. Nous assisterons à un concert à Dublin cet été. Elle est ambitieuse et travailleuse à l'école. Ses notes sont toujours bonnes. J'ai de la chance parce qu'elle est fidèle et elle me fait rire. C'est une vraie amie!

Trouvez dans le texte:
1. A possessive adjective: _____
2. A plural possessive adjective: _____
3. A verb in the present tense: _____
4. A verb in the negative: _____
5. A reflexive verb: _____
6. A feminine adjective: _____
7. A verb in the **futur simple**: _____

EXERCICE L

Écoutez et répondez aux questions.

1. What has Marianne won?
2. What type of film will she and Michelle see?
   - [ ] A comedy
   - [ ] A cartoon
   - [ ] A drama
3. What day of the week are they going?
4. How will they get there?
   - [ ] Bus
   - [ ] Car
   - [ ] Walk
5. Where will they meet?
6. What time will they meet?
   - [ ] 7.15 p.m.
   - [ ] 7.30 p.m.
   - [ ] 7.45 p.m.

2 Faire des projets

soixante-treize

Allons-y 2

EXERCICE M

A. Dans le mél de Mathilde, remplissez les blancs avec les mots.

> parents   chère   inviter   peux   aller   moi   soir   pourrons   Noël
> irons   bonjour   sais   fête   fera   sera   piscine

De: mathildeleprince2008@orange.ie
À: Mary Carey
Sujet: Invitation chez moi

_____ Mary,

Un grand bonjour de Paris. J'espère que tout va bien chez toi. J'aimerais t'_____ chez moi pendant les vacances de _____. Il _____ froid à Paris en décembre. Nous _____ faire du ski. Nous _____ chez mes amis pour une grande _____.

Je _____ que tu es sportive et j'habite tout près d'une _____. Nous pourrons y aller et aller aussi au centre sportif. Le _____, nous pourrons _____ au cinéma. Ce _____ chouette.

Écris-_____ vite pour me dire si tu _____ venir. Dis _____ à tes _____ de ma part.

Gros bisous,

Mathilde

Envoyé depuis mon smartphone

B. Lisez le texte ci-dessus et répondez aux questions.

1. How does Mathilde describe the weather in Paris in December?
   - [ ] Cold
   - [ ] Rainy
   - [ ] Fair
2. Name one thing Mathilde tells Mary they will do.
3. Name two places Mathilde suggests they can go.
4. Why does Mathilde ask Mary to write back quickly?

Le texte authentique

Regardez l'affiche et le synopsis de *Sing Street* et répondez aux questions en anglais.

Date de sortie : 26 octobre 2016

Genres : Comédie dramatique, comédie musicale

Synopsis :

Sing Street est un film de l'écrivain et réalisateur irlandais John Carney. L'action se déroule à Dublin dans les années 80. *Sing Street* raconte l'histoire d'un garçon qui s'appelle Conor et qui vient d'une famille de la classe moyenne. Ses parents sont en train de divorcer. Il doit quitter son école privée pour aller dans une école publique.

Au début, c'est très difficile pour Conor: certains élèves sont violents et certains profs sont sévères. Mais il finit par s'habituer. Il rencontre une belle fille mystérieuse qui s'appelle Raphina. Elle est plus âgée que lui et c'est le coup de foudre.

Pour échapper à ses problèmes, il montera un groupe de rock. Il trouvera des membres pour son groupe et essayera de gagner l'affection de Raphina.

Regardez l'affiche.
1. List three adjectives used on the poster to describe the film.
2. Which two films by the same director are named on the poster?
3. Which two genres is the film categorised under?

Lisez le synopsis.
4. What decade is the film set in?
5. Where is the film set?
6. What kind of school does Conor move to?
7. What does he decide to do?
8. Find two adjectives that describe Raphina.

Évaluation en classe

CBA 1: Oral Communication

Créez un jeu de rôle – une invitation à une fête

1. Split into pairs.
2. Using the vocabulary you have learned in chapter 2, plan and write a short role play (approximately three minutes) imagining a conversation in which one person invites the other to a party. It should contain:
   - the reason for the party
   - when and where the party will take place
   - at least two things that will happen at the party
   - anything else you want to include.

   Note that the person playing the invitee should ask the other person for some of these details.
3. Perform your role play.
4. Your teacher will ask you some questions about your role play and give you feedback.
5. Go to **page 170** of your *Chef d'œuvre* to reflect on your part in the role play:
   - Comment on how you used the vocabulary you've learned so far in your role play.
   - Give one important thing you learned from doing the task.
   - Say what things you would change or try to improve on.

Allez à la **page 22** de votre *Chef d'œuvre* pour évaluer ce que vous avez appris au chapitre 2.

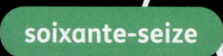

3 La ville et la campagne

J'adore la campagne ! Il y a beaucoup de bâtons !

Dans ce chapitre, vous allez étudier :
In this chapter, you will study:

- Habiter en ville ou à la campagne 78
  Living in the town or the country
- Les panneaux 89
  Signs
- À la ferme 91
  On the farm
- Quelques conseils pour préserver la planète 98
  Some tips for protecting the planet
- Les animaux du zoo 100
  Zoo animals

Grammaire
Grammar
- L'impératif 85
  The imperative
- Les noms au pluriel 93
  Plural nouns

Culture
Culture
- Le ZooParc de Beauval 103
  Beauval Zoo
- Le dossier francophone : Madagascar ... 104
  The francophone file: Madagascar
- Le texte authentique : une infographie – les animaux en voie d'extinction 111
  Authentic text: an infographic – endangered animals

- Résumé 106
  Revision
- Évaluation en classe : Recherchez et faites un compte-rendu – un animal 112
  Classroom-Based Assessment: Research and report – an animal

soixante-dix-sept 77

Allons-y 2

Habiter en ville ou à la campagne

EXERCICE 1

Placez chaque phrase dans la bonne colonne.

A.

- Il y a trop de circulation.
- Il y a trop de gens dans le train.
- Les rues sont sales.
- Il y a trop de bruit.
- Il y a tous les services nécessaires.
- L'air est pollué.
- Il y a beaucoup de magasins.
- Je vais à l'école à pied.
- On est près de tout.
- On manque d'espaces verts.

Pour la vie en ville	Contre la vie en ville

B.

- Je n'aime pas l'odeur de la ferme.
- On a besoin d'une voiture pour tout.
- Je suis loin de tout.
- J'adore la nature et le paysage.
- Je dois aller en ville pour voir mes amis.
- Il y a plus d'espace.
- Il n'y a pas beaucoup de choses à faire.
- On est souvent isolé.
- Il n'y a rien à faire.
- L'air n'est pas pollué.

Pour la vie à la campagne	Contre la vie à la campagne

3.1 Écoutez !

Écoutez et remplissez la grille.

		Where they live	Advantage	Disadvantage
1.	Justin			
2.	Chantelle			
3.	Noah			
4.	Heidi			

Junior Cycle French – Second and Third Year

EXERCICE 2

Lisez les textes et répondez aux questions.

Marseille : une grande ville française

Marseille est située dans le sud-est de la France, en Provence. C'est la deuxième plus grande ville de France, avec une population d'environ 900,000 habitants. C'est aussi la plus ancienne ville de France, fondée il y a 2,600 ans par des marins grecs. Marseille reste encore un port important de commerce et de passage. Marseille a un climat typiquement méditerranéen, avec 300 jours de soleil par an.

Pour les touristes, il y a beaucoup à faire et à voir, comme la magnifique Basilique Notre-Dame de la Garde, le Vieux Port, des restaurants délicieux, des magasins, des musées, de belles plages et de beaux parcs.

Il y a de nombreux transports en commun de qualité, mais malheureusement Marseille est la ville la plus embouteillée de France après Paris.

Cluny : un village de campagne

Cluny est un petit village médiéval d'environ 5,000 habitants. Il est situé dans la région Bourgogne-Franche-Comté, dans l'est de la France. C'est un village charmant, joli et historique. Beaucoup de touristes visitent Cluny pour voir l'Abbaye et pour se promener dans les ruelles étroites.

Les environs de Cluny sont connus pour leur agriculture et leurs paysages pittoresques. Il y a une belle voie verte qui permet de découvrir la beauté de la région, à vélo ou à pied.

Tous les samedis matins, il y a un marché sur la place de Cluny, où les artisans et producteurs locaux vendent leurs produits, comme du vin, du fromage et du miel.

Ce village prend des initiatives pour préserver l'environnement et conserver la biodiversité de la région, comme par exemple réduire le niveau de pesticides dans les fermes.

1. Where in France is Marseille situated?
2. What is the weather like in Marseille?
3. Name three things tourists can see in the city.
4. What drawback of Marseille is mentioned?
5. What three adjectives are used to describe Cluny in the sentence beginning **C'est un village …?**
6. What is the village's surrounding area known for?
7. What two transport methods are suggested for exploring the area?
8. What takes place in the village every Saturday?

3 La ville et la campagne

soixante-dix-neuf

Allons-y 2

Des mots clés

les transports en commun	public transport	le bruit	noise
les champs	fields	les divertissements	entertainment
les voisins	neighbours	manquer	to miss

3.2 Écoutez !

Écoutez et cochez (✓) la case correcte.

1. Natalie parle de

2. Vincent parle de

3. Ruth parle de

Allez à la **page 27** de votre *Chef d'œuvre* pour compléter l'Activité 1 : Les grandes villes de France.

80 quatre-vingts

EXERCICE 3

Lisez les textes et répondez aux questions.

Je m'appelle Fatou et j'ai quatorze ans. Je suis originaire du Sénégal. J'habite dans la banlieue de Paris avec ma famille. J'habite dans un appartement au sixième étage. Nous sommes cinq dans ma famille et nous avons deux chambres. Il est difficile d'avoir un peu de solitude ! Mais j'aime vivre à Paris.

Dans une grande ville, on est près de tout et la vie est plus dynamique. Je me suis fait plusieurs amis et il y a beaucoup de choses à faire pour les jeunes. Le week-end, je peux aller au cinéma ou dans le centre-ville avec mes amis. Les transports en commun sont géniaux. Malheureusement, il y a des problèmes sociaux dans mon quartier. C'est très bruyant le soir et les rues sont sales. Il y a aussi trop de circulation en ville.

Je m'appelle Cédric. J'ai quinze ans. J'habite à la campagne, près de Bourg-en-Bresse dans l'est de la France. Le paysage est beau et j'adore les champs verts et l'air frais. Je connais tous mes voisins, il y a plus d'espace, l'air n'est pas pollué et il n'y a pas d'embouteillages comme en ville.

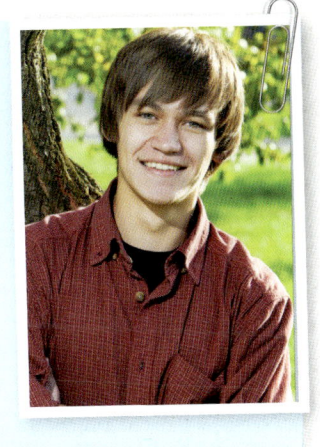

Cependant, il y a des inconvénients, en particulier pour les ados comme moi. Tous mes amis habitent en ville et je suis très isolé. Je pense qu'on manque de divertissements et de services publics comme des magasins, un club de jeunes, un centre sportif ou des transports en commun. Parfois, on s'ennuie à mourir, surtout en hiver. Mes parents ne comprennent pas ! Plus tard, je pense que je vais aller à l'université en ville.

1. Where is Fatou from and where does she live now?
2. What floor is Fatou's apartment on?
3. Name three advantages of life in the city, according to Fatou.
4. Name three disadvantages of life in the city, according to Fatou.
5. Where does Cédric live?
6. Name three advantages of life in the countryside, according to Cédric.
7. Name three disadvantages of life in the countryside, according to Cédric.
8. What does Cédric say about the future?

3.3 Écoutez !

Au cours d'une enquête, on a demandé aux gens ce qu'ils détestent le plus dans la vie en ville. Mettez-les dans l'ordre, de 1 à 5.

Busy trains	
Pollution	
Dirty streets	
Traffic	
Lack of green space	

3 La ville et la campagne

quatre-vingt-un

Allons-y 2

3.4 Écoutez !

Écoutez et remplissez les blancs.

Je m'appelle Grace. Je suis _____. Je viens d'un petit _____ qui s'appelle Drom dans le comté de Tipperary. En Irlande, j'habite dans une _____ typique. La vie est _____ et les champs sont _____.

Je passe l'été en France chez ma _____, Lucie. Elle habite dans une _____ maison à Nice. La maison se trouve au _____ de la mer. C'est la maison de mes rêves, avec une _____. Le centre-ville est très _____ et il y a beaucoup de _____ à faire, mais les _____ ne sont pas toujours propres parce qu'il y a tellement de petits _____ !

C'est la canicule ici : il fait souvent 35 degrés. Parfois, il fait _____ chaud pour moi ! Alors, malgré la _____ et la belle maison à Nice, j'_____ mon retour en Irlande avec impatience. La beauté du _____ et les _____ de la ferme me manquent.

EXERCICE 4

Par deux, parlez d'où vous habitez.

- Est-ce que tu habites en ville ou à la campagne ?
- Quels sont les avantages et les inconvénients d'habiter là-bas ?
- Y a-t-il de nombreux divertissements à proximité ?
- Les transports en commun sont-ils bons ?

Allez à la **page 28** de votre *Chef d'œuvre* pour compléter l'Activité 2 : La vie en ville ou vie à la campagne : un débat.

EXERCICE 5

Lisez l'article et répondez aux questions.

BUSINESS INSIDER
www.businessinsider.fr

Les villes au monde avec la meilleure qualité de vie

Économie, Lifestyle

Mercer a publié son étude annuelle sur les villes qui offrent la meilleure qualité de vie dans le monde. Londres et New York ne sont pas dans le haut du classement. Paris occupe la 38e place, derrière Brisbane (37e) et devant Lyon (39e).

Mercer a examiné 450 villes dans le monde sur plusieurs critères pour dresser la liste des villes offrant la meilleure qualité de vie :

- Écoles et éducation (niveaux et disponibilité des écoles internationales …)
- Services publics et transports (électricité, eau, transports en commun, engorgement du trafic …)
- Divertissements (restaurants, théâtres, cinémas, sports et loisirs …)
- Environnement naturel (climat, historique des catastrophes naturelles …)

Business Insider a retenu les cinq premières villes :

5. Vancouver, Canada

Cette ville est l'une des plus denses et ethniquement diverses du Canada, avec 52% de la population qui n'a pas l'anglais pour première langue.

Allons-y 2

4. Munich, Allemagne

Munich est le centre économique de l'Allemagne.

3. Auckland, Nouvelle-Zélande

La ville a une économie bien équilibrée et un environnement idyllique.

2. Zurich, Suisse

La ville est le centre économique et culturel du pays.

1. Vienne, Autriche

Cette ville domine le classement pour la 7e fois consécutive. Située à l'est du Danube, Vienne a une vie culturelle très riche.

1. What does the headline say?
2. Where did Paris come in the ranking?
3. Which city came before Paris on the list?
4. Name two things that were considered under 'Public services and transport'.
5. Name two things that were considered under 'Entertainment'.
6. What does the article say about 52% of the Vancouver population?
7. Which country is the city of Munich in?
8. What does the article say about the city of Auckland?
9. For how many years has Vienna been ranked number one on the list?
10. What does the article say about Vienna's culture?

Je sais parler de la vie en ville et à la campagne.

quatre-vingt-quatre

L'impératif

The imperative is used when giving orders or making suggestions. For example, your teacher is using the imperative when they say **Levez la main !** or **Asseyez-vous !**

To make an imperative statement, you simply use the **tu**, **vous** or **nous** form of a present tense verb and drop the personal pronoun.

Giving orders

When you give an order, the part of the verb you use depends on who you are talking to.

- If you are giving an order to someone you know, use the **tu** form of the verb. Note that you must drop the final 's' from the present tense of –er verbs to form the imperative in the **tu** form (e.g. **tu manges** becomes **Mange !**).

	Present tense	Imperative
–er verbs	Tu aides	Aide !
–ir verbs	Tu choisis	Choisis !
–re verbs	Tu attends	Attends !

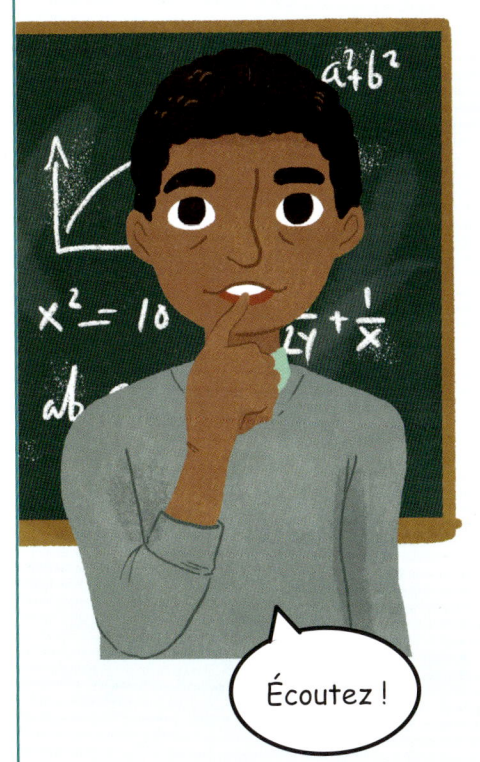

Aide-moi !

- If you are giving an order to someone you don't know well or to more than one person, use the **vous** form of the verb. This is the imperative that you will see on signs in French-speaking countries (e.g. **Tirez !**).

	Present tense	Imperative
–er verbs	Vous aidez	Aidez !
–ir verbs	Vous choisissez	Choisissez !
–re verbs	Vous attendez	Attendez !

Écoutez !

Retenez !
There is also a change when you make a reflexive verb imperative. In this case, **-toi** or **-vous** is added after the verb (e.g. **Tu te réveilles** becomes **Réveille-toi !** and **Vous vous asseyez** becomes **Asseyez-vous !**).

Allons-y 2

Making suggestions

If you make a suggestion, use the **nous** form of the verb.

	Present tense	Imperative
–er verbs	Tu aides	Aide !
–ir verbs	Tu choisis	Choisis !
–re verbs	Tu attends	Attends !

Using this form of the imperative is more like saying 'Let's …', e.g. **Prenons le bus !** (Let's take the bus), **Cachons-nous !** (Let's hide).

Jouons au rugby !

Irregular imperatives

Only three verbs are exceptions to these simple rules.

Être	Avoir	Savoir
Sois !	Aie !	Sache !
Soyons !	Ayons !	Sachons !
Soyez !	Ayez !	Sachez !

Negative imperatives

To make the imperative negative, simply put **ne / n'** in front of the verb and **pas** after the verb (e.g. **Ne fumez pas ! Ne te couche pas !**).

EXERCICE 6

Remplissez les blancs en conjuguant les verbes à l'impératif, à la deuxième personne du singulier (**tu**).

1. Do the washing up! _____ la vaisselle !
2. Don't fall! Ne _____ pas !
3. Eat your lunch! _____ ton déjeuner !
4. Play quietly! _____ doucement !
5. Shut the window! _____ la fenêtre !
6. Speak French, please! _____ français, s'il te plaît !
7. Help your mother! _____ ta mère !
8. Be kind! _____ gentil !

C'est intéressant !

Allons-y !, le titre de ce livre, est à l'impératif !

EXERCICE 7

Remplissez les blancs en conjuguant les verbes à l'impératif, à la deuxième personne au pluriel (**vous**).

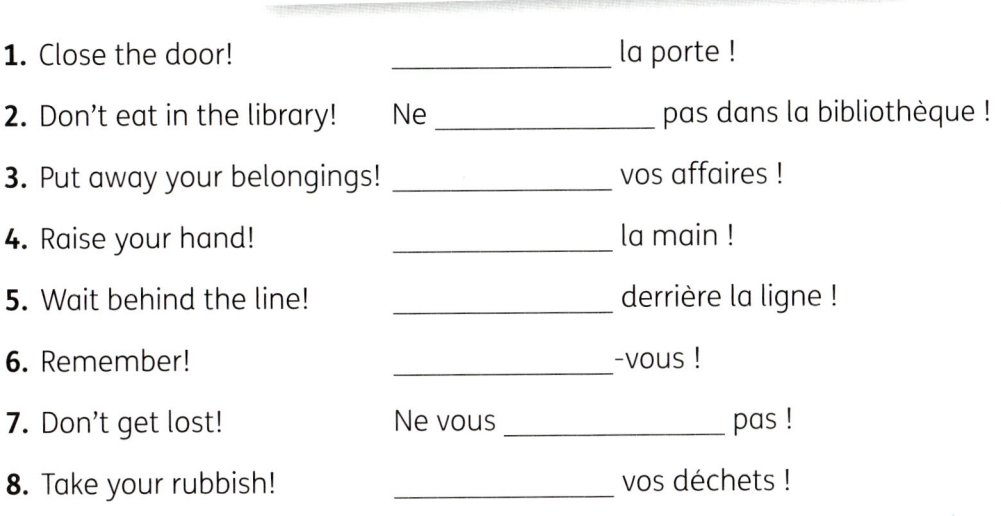

1. Close the door! _____ la porte !
2. Don't eat in the library! Ne _____ pas dans la bibliothèque !
3. Put away your belongings! _____ vos affaires !
4. Raise your hand! _____ la main !
5. Wait behind the line! _____ derrière la ligne !
6. Remember! _____-vous !
7. Don't get lost! Ne vous _____ pas !
8. Take your rubbish! _____ vos déchets !

EXERCICE 8

Remplissez les blancs en conjuguant les verbes à l'impératif, à la première personne au pluriel (**nous**).

1. Let's go! _____-y !
2. Let's play football! _____ au football !
3. Let's dance! _____ !
4. Let's take the train! _____ le train !
5. Let's eat! _____ !
6. Let's not forget the keys! N'_____ pas les clés !
7. Let's go to France this summer! _____ en France cet été !
8. Let's begin soon! _____ bientôt !

Allons-y 2

EXERCICE 9

Transformez les phrases à l'impératif.

Exemple

Tu fais tes devoirs.　　　　　　　　　Fais tes devoirs !

1. Tu mets la table.
2. Vous avez de la patience.
3. Tu finis tes devoirs.
4. Nous lisons les questions.
5. Tu te brosses les dents.
6. Tu donnes ton portable.
7. Nous prenons le train.
8. Tu ne regardes pas la télévision.
9. Tu vas au supermarché.
10. Vous ne marchez pas sur la pelouse.

EXERCICE 10

Choisissez un verbe à l'impératif pour compléter les phrases.

| dors | fermez | faites | regardez |
| chantons | éteins | écoutez | allez |

1. _____ vite en cours.
2. _____ vos devoirs.
3. _____ les chansons.
4. _____ ton portable.
5. _____ le tableau.
6. _____-moi.
7. _____ bien.
8. _____ la fenêtre.

Allez à la **page 29** de votre *Chef d'œuvre* pour compléter l'Activité 3 : Attention les élèves !

Allez à la **page 26** de votre *Trousse de grammaire* pour compléter les exercices : L'impératif.

Je sais comment former l'impératif.

Les panneaux

Lorsque vous explorez une ville francophone, vous devez pouvoir comprendre les panneaux que vous voyez.

A. SORTIE	**B.** ACCUEIL	**C.** SURVEILLANCE VIDEO 24H / 24H
D. DÉFENSE DE FUMER	**E.** STATIONNEMENT INTERDIT	**F.** INTERDIT DE JOUER AU BALLON
G. CHIEN MÉCHANT	**H.** INTERDIT DE MARCHER SUR LES PELOUSES	**I.** INTERDIT AUX CHIENS MÊME TENUS EN LAISSE
J. Ascenseur	**K.** toilettes	**L.** SOLDES
M. PEINTURE FRAICHE	**N.** ATTENTION PORTE AUTOMATIQUE	**O.** ATTENTION SOL GLISSANT

3 La ville et la campagne

EXERCICE 11

Regardez les panneaux ci-dessus et devinez leur traduction en anglais.

1. 24-hour video surveillance. _____
2. No parking! _____
3. Fresh paint. _____
4. No smoking! _____
5. Attention: automatic door. _____
6. Guard dog. _____

quatre-vingt-neuf   89

Allons-y 2

EXERCICE 12

Observez les panneaux de la page 89 et répondez aux questions.

1. Quel panneau voyez-vous si vous prenez votre chien au restaurant ? _____
2. Quel panneau voyez-vous dans un magasin ? _____
3. Quel panneau voyez-vous si vous promenez votre chien au parc ? _____
4. Quel panneau cherchez-vous si vous voulez quitter un bâtiment ? _____
5. Quel panneau cherchez-vous si vous ne voulez pas prendre les escaliers ? _____
6. Quel panneau cherchez-vous si vous avez besoin de faire pipi ? _____
7. Quel panneau cherchez-vous si vous avez besoin d'informations ? _____
8. Quel panneau vous empêche de jouer au football ? _____

> **Retenez !**
> On signs you will also see the imperative expressed using the forms **« interdiction de » + infinitive** (e.g. **Interdit de jouer**) and **« défense de » + infinitive** (e.g. **Défense de fumer**).

3.5 Écoutez !

Écoutez et cochez (✓) la case correcte.

1. Elle parle de

   Ascenseur ☐   Interdit de marcher sur les pelouses ☐   SORTIE ☐

2. Il parle de

   toilettes ☐   SOLDES ☐   ACCUEIL ☐

3. Il parle de

   Stationnement interdit ☐   ↑ ☐   Défense de fumer ☐

4. Elle parle de

   Interdit de jouer au ballon ☐   Interdit aux chiens même tenus en laisse ☐   Vélo ☐

✓ Je reconnais les panneaux français.   🙂 😐 🙁

Junior Cycle French – Second and Third Year

À la ferme

- un papillon
- un cheval
- une poule
- une grange
- un épouvantail
- une clôture
- une vache
- un oiseau
- une dinde
- une chèvre
- un âne
- un mouton
- un agneau
- un cochon
- un coq
- un lapin
- un taureau
- un(e) agriculteur(trice)
- un tracteur
- une abeille
- une grenouille
- un étang
- un canard

3 La ville et la campagne

3.6 Écoutez !
Écoutez et répétez les articles et les animaux de la ferme.

quatre-vingt-onze 91

Allons-y 2

EXERCICE 13

Déchiffrez les mots et mettez l'article défini devant chaque mot.

Exemple
nuotmo   le mouton

1. aauurte   _____   5. inpla   _____
2. aardnc   _____   6. oilvaéuntap   _____
3. avhce   _____   7. ôectulr   _____
4. veèchr   _____   8. eausoi   _____

EXERCICE 14

Nommez chaque animal.

1.	2.	3.	4.

5.	6.	7.	8.

EXERCICE 15

En classe, chantez « Le vieux MacDonald a une ferme ».
Ajoutez un animal pour chaque couplet, à tour de role.

Le vieux MacDonald a une ferme. I-A-I-A-O !
Et dans sa ferme il y a un coq. I-A-I-A-O !
Cocorico ici. Cocorico là-bas.
Cocorico ici. Cocorico partout.
Le vieux MacDonald a une ferme. I-A-I-A-O !

Cocorico !

Le cri des animaux :

une vache	*meuh meuh*	**un canard**	*coin coin*
un cheval	*hiiiiiiii*	**un âne**	*hi han*
un cochon	*groin groin*	**une grenouille**	*coa coa*
une chèvre	*bêê*	**un oiseau**	*cui cui*
un coq	*cocorico*	**une abeille**	*bzzzz*
une poule	*cotcotcot codêêêêt*	**un chat**	*miaou*
une dinde	*glou glou*	**un chien**	*ouaf ouaf*

Retenez !
Animal noises are expressed differently in French than in English. French people also use different noises to call animals. For example, if you want to call a French cat, say **minou-minou-minou** !

Les noms au pluriel

In French, there are a number of ways to make a noun plural.

1. Simply add **–s** to the end of the singular of the noun. This applies to most French nouns.

Singulier	Pluriel
une / la vache	des / les vaches
un / le cochon	des / les cochons

Retenez !
Do not pronounce an 's' that makes a noun plural!

2. A noun that ends in **–al** in the singular ends in **–aux** in the plural.

Singulier	Pluriel
un / l'animal	des / les animaux
un / le cheval	des / les chevaux

3. Add **–x** to the end of a noun that ends in **–eau** in the singular.

Singulier	Pluriel
un / l'oiseau	des / les oiseaux
un / l'agneau	des / les agneaux

4. Do nothing to nouns that already end in **–s**, **–x** or **–z** (e.g. **la souris**, **le prix**, **le riz**).

Retenez !
Adjectives always agree with nouns in French! So if the noun is plural, the adjective will be plural too.

Retenez !
Note that some nouns are always plural in French (e.g. **les vacances**).

Allons-y 2

EXERCICE 16

Mettez les mots suivants au pluriel.

1. une chèvre _____
2. un taureau _____
3. un mouton _____
4. un cheval _____
5. un canard _____
6. un lapin _____
7. un oiseau _____
8. une grenouille _____

3.7 Écoutez !

Écoutez et répondez aux questions.

1. Name two animals at the farm.
2. How long do the workshops last?
   ☐ 30 minutes   ☐ 45 minutes   ☐ 1 hour
3. Name one of the workshops mentioned.
4. Give two more details about services offered by the farm.

EXERCICE 17

Accordez les adjectifs avec les noms des animaux.

1. Les canards sont (curieux) _____.
2. Les cochons sont (gros) _____.
3. Mes chevaux sont très (grand) _____ et (brun) _____.
4. Les chèvres sont (actif) _____.
5. Les grenouilles sont (vert) _____ et (timide) _____.
6. Les lapins sont (gris) _____ et (petit) _____.
7. Les vaches sont (paresseux) _____ et (sympa) _____.
8. Les taureaux sont (bruyant) _____ et (rapide) _____.

Allez à la **page 29** de votre *Trousse de grammaire* pour compléter les exercices : Les noms au pluriel.

Je sais former le pluriel des noms.

EXERCICE 18

Lisez le mél et répondez aux questions en anglais.

De	luc@lite.fr
À	michel@lite.fr
Sujet	Bonne rentrée !

Salut Michel,

Ça va ? J'espère que tout va bien chez toi ! Me voici en vacances chez mon oncle. Il a une grande ferme à la campagne dans le sud-est de l'Irlande. C'est loin de tout ! Mon petit frère et moi sommes ici pour un mois, pour aider mon oncle. Comment se passent tes vacances ?

Il a beaucoup d'animaux : des chèvres, des moutons, des vaches, des poules et des chevaux. C'est beaucoup de travail de s'occuper des animaux, mais c'est aussi très amusant. Il y a beaucoup à faire, surtout au printemps quand tous les nouveaux animaux sont nés. Les agneaux sont si mignons ! (Je joins une photo de mon frère avec un petit agneau !) Quel est ton animal de ferme préféré ? Pourquoi ?

Il fait beau ici et il y a du soleil. Le paysage est très beau à la campagne. Je m'amuse bien mais je suis très fatigué le soir car je me lève très tôt : à six heures du matin ! Préfères-tu la campagne ou la ville ? Pourquoi ?

À bientôt,

Luc

Envoyé depuis mon smartphone

1. Where is Luc's uncle's farm located?
   - [ ] In the south-west of Ireland
   - [ ] In the north-west of Ireland
   - [ ] In the south-east of Ireland
   - [ ] In the north-east of Ireland
2. Who is visiting the farm with Luc?
3. How long will they spend there?
4. Name three farm animals Luc mentions.
5. What does he say about spring?
6. Why is Luc very tired?

Allez à la **page 31** de votre *Chef d'œuvre* pour compléter l'Activité 4 : Cher Luc.

Allons-y 2

3.8 Écoutez !

Écoutez et remplissez la grille.

	Animals owned	Favourite animal	Description	What it eats
1. Zoe				
2. Noé				
3. Mya				
4. François				

EXERCICE 19

Devinez l'équivalent en anglais de ces expressions françaises sur les animaux.

1. Avoir la chair de poule. _____
2. Avoir une force de cheval. _____
3. Passer du coq à l'âne. _____
4. Être heureux comme un poisson dans l'eau. _____
5. Être têtu comme un âne. _____
6. Quand le chat n'est pas là, les souris dansent. _____
7. S'entendre comme chien et chat. _____
8. Revenir à ses moutons. _____

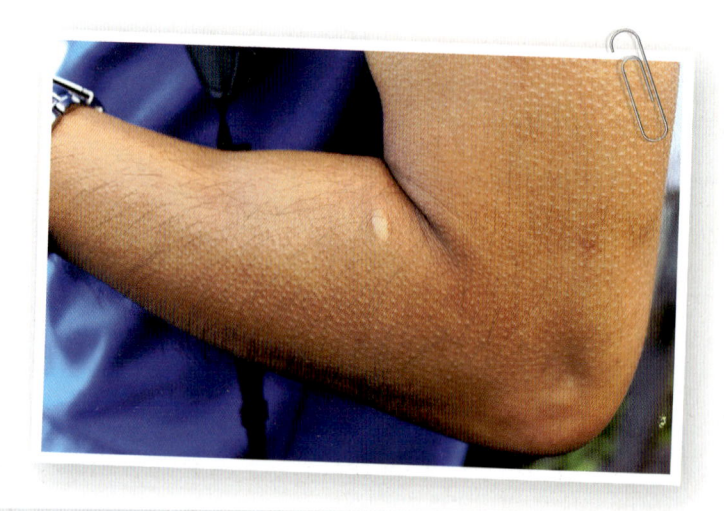

EXERCICE 20

Par deux, parlez de vos animaux préférés.
- Quel est ton animal préféré ?
- Pourquoi est-ce ton animal préféré ?

EXERCICE 21

Lisez le texte et répondez aux questions.

1. Je m'appelle David Gaudin. Je suis agriculteur dans la région du Languedoc, en France. J'habite avec ma femme et mes deux fils dans une grande ferme de quarante hectares. C'est une ferme laitière. Nous avons cinquante-cinq vaches et deux taureaux. Sept jours par semaine, je me réveille à cinq heures du matin.

2. Tout le monde donne un coup de main. Mon fils Jules a vingt ans. Il étudie l'agriculture à l'université. Mon autre fils, Mathias, a dix-huit ans. Chaque matin, il m'aide à la ferme. De temps en temps, il conduit le tracteur.

3. La plupart des terres sont occupées par les vaches, mais nous avons aussi un champ où nous cultivons des légumes. Ma femme, Marie, vend les carottes, les choux-fleurs et les pommes de terre au marché du village tous les mercredis. Tous nos produits sont bio et nous sommes très fiers d'avoir une ferme durable.

4. Chaque soir, je me couche à vingt-deux heures. Les journées sont longues, mais j'adore la nature et le paysage. Il y a plus d'espace ici et je ne peux pas imaginer habiter en ville. Je détesterais le bruit et la pollution. La vie à la ferme est difficile mais plus saine.

1. What size is David's farm? (Section 1)
2. How many cows and bulls are there on the farm? (Section 1)
3. What does David do every morning? (Section 1)
4. What age is his son Jules? (Section 2)
5. What does his son Mathias do from time to time? (Section 2)
6. What does David's wife sell at the village market? (Section 3)
7. On what day is the market held? (Section 3)
8. What does David say about the farm's produce and what are the family proud of? (Section 3)
9. What time does he go to bed at each night? (Section 4)
10. Why can't David imagine living in a city? (Section 4)

Je connais les animaux de la ferme.

Allons-y 2

Quelques conseils pour préserver la planète

Économisez l'eau
Prenez des douches plus courtes et éteignez le robinet lorsque vous vous brossez les dents.

Laissez la voiture à la maison
Déplacez-vous à pied, faites du vélo ou prenez les transports en commun pour réduire les émissions de CO_2.

Réutilisez et recyclez
Réutilisez les sacs et les pots et recyclez le verre, le papier et les vieux vêtements.

Évitez le gaspillage
N'achetez pas d'articles avec beaucoup d'emballage et achetez seulement les quantités nécessaires.

Utilisez des produits respectueux de l'environnement
Renoncez aux aérosols et achetez des produits locaux.

Économisez de l'énergie
Choisissez des sources d'énergie renouvelables, comme l'énergie solaire.

Éteignez et débranchez
Éteignez la télévision et l'ordinateur lorsqu'il n'est pas utilisé et débranchez votre téléphone lorsqu'il est complètement chargé.

Prenez soin de votre quartier
Recyclez les ordures dans votre rue et partagez les conseils avec votre famille et vos voisins !

Des mots clés

économiser	to save	débrancher	to unplug
éteindre	to switch off	le robinet	tap
laisser	to leave	le gaspillage	waste
réutiliser	to reuse	les emballages	packaging
recycler	to recycle	les ordures	rubbish
éviter	to avoid		

Junior Cycle French – Second and Third Year

C'est intéressant !
Les sacs en plastique sont interdits en France depuis 2016.

EXERCICE 22

Lisez les conseils pour préserver la planète de la page 98 et répondez aux questions.

1. How can you save water?
2. What methods of transport should you use instead of a car?
3. What two things should you reuse?
4. What can you do to avoid waste?
5. What source of renewable energy is suggested?
6. What two items should you switch off when not in use?

EXERCICE 23

Placez chaque objet dans la poubelle qui lui correspond.

des fleurs	un livre	une pomme	un tapis	un magazine	des chaussettes
un pull	une bouteille	un journal	un vase	un pot de confiture	du poisson
	une citrouille	une jupe	une brique	de lait	

VERRE	PAPIER	TEXTILES	Déchets organiques

3.9 Écoutez !

Écoutez et remplissez la grille.

		What they do to protect the environment
1.	Violette	
2.	Raphaël	
3.	Chloé	
4.	Djibril	

Allez à la **page 33** de votre *Chef d'œuvre* pour compléter l'Activité 5 : Comment nous pouvons préserver la planète.

✓ Je sais parler de différents moyens de protéger la planète.

La ville et la campagne

quatre-vingt-dix-neuf

Allons-y 2

Les animaux du zoo

un éléphant	un lion	un singe	un ours
un gorille	un serpent	un chameau	un pingouin
un crocodile	un tigre	une girafe	un zèbre
un loup	un hibou	un phoque	un rhinoceros

3.10 Écoutez !

Écoutez et répétez les animaux du zoo.

EXERCICE 24

Rangez les animaux dans la bonne colonne.

> un poisson rouge   un éléphant   un singe   un chat   une vache   un cochon
> un serpent   une chèvre   une girafe   un hamster   un mouton   un lapin   une poule
> un chien   une perruche   un coq   un pingouin   un tigre   un ours   un âne

Les animaux domestiques	Les animaux de la ferme	Les animaux du zoo

3.11 Écoutez !

De quels animaux parlent-ils ? Cochez (✓) la case correcte.

1. Elle parle de

2. Il parle de

3. Elle parle de

Allons-y 2

3.12 Écoutez !

Écoutez et répondez aux questions.

1. When is Luc going to the zoo?
2. Who is he going with?
3. Why can't Marc join him?
   - ☐ He is going on holiday.
   - ☐ He has to work.
   - ☐ He is visiting his grandparents.
4. What three animals does Luc hope he will see?
5. What are his favourite animals and why?
6. Why is he so excited about this trip?

EXERCICE 25

Par deux, observez les images et trouvez les huit différences.

A.

B.

Des mots clés

sur	on	dans	in	près de	near
sous	under	à côté de	beside	loin de	far from
derrière	behind	à gauche de	to the left of	entre	between
devant	in front of	à droite de	to the right of	en face de	opposite

EXERCICE 26

Utilisez l'image A ci-dessus pour réviser les prépositions.

Exemple

Où est la zoologiste ?   La zoologiste est entre le chameau et le phoque.

1. Où est l'ours ?
2. Où est le singe ?
3. Où est le serpent ?
4. Où est le chameau ?
5. Où sont les pingouins ?
6. Où est le crocodile ?
7. Où est la balle ?
8. Où est le tigre ?

Je connais les animaux du zoo.

102   cent deux

Le ZooParc de Beauval

1. Le ZooParc de Beauval est situé à Saint-Aignan, dans le centre de la France. Il a plus de 8,000 animaux du monde entier. Plus de 900,000 personnes visitent le zoo chaque année. C'est une attraction touristique très célèbre dans la région Centre-Val de Loire.

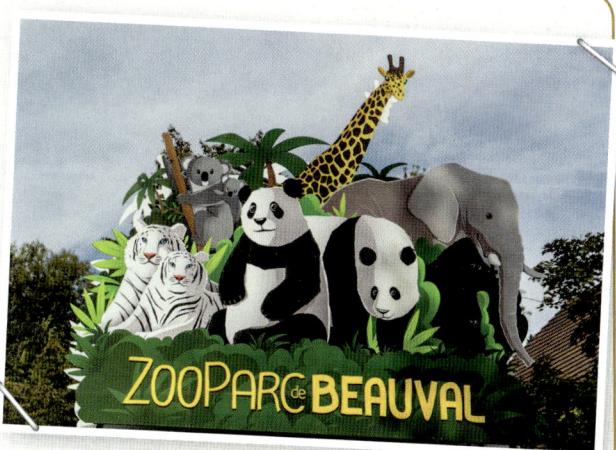

2. Les visiteurs du zoo peuvent voir des gorilles, des lions, des tigres, des girafes et des rhinocéros. Il y a aussi beaucoup de reptiles, comme les crocodiles, les tortues et les serpents ! Le ZooParc de Beauval est le seul zoo en France où l'on peut voir un koala d'Australie.

3. Il y a aussi trois pandas géants au zoo. Ils s'appellent Huan Huan, Yuan Zi et Mini Yuan Zi. On peut aussi voir des tigres blancs très rares. La protection des animaux est très importante pour le ZooParc de Beauval. Chaque année, il y a environ 550 naissances au zoo. Le zoo a des programmes de conservation en Afrique, en Asie et en Amérique du Sud.

EXERCICE 27

Lisez le texte ci-dessus et répondez aux questions.

1. Where is ZooParc de Beauval located? (Section 1)
2. How many animals are in ZooParc de Beauval? (Section 1)
3. Name three animals that visitors to the zoo will see. (Section 2)
4. What types of reptiles are at the zoo? (Section 2)
5. What animal cannot be seen anywhere else in France? (Section 2)
6. What are the giant pandas called? (Section 3)
7. How many animals are born at the zoo each year? (Section 3)
8. In what parts of the world does the zoo have conservation programmes? (Section 3)

Le dossier francophone : Madagascar

Le drapeau :

La population : 24,890 millions

La capitale : Antananarivo

C'est intéressant !

Madagascar produit la plus grande quantité de vanille au monde.

La monnaie : L'ariary

Des montagnes : Le Maromokotro, le pic Boby, le Tsiafajavona

Des rivières : Le Mangoky, l'Onilahy, le Betsiboka, la Sofia, l'Ihosy

Le temps : Madagascar a un climat tropical. L'hiver est froid et sec et l'été est chaud et humide.

Des personnes célèbres : Albert Rakoto Ratsimamanga (scientifique), Jean-Luc Raharimanana (écrivain), Nirina Zubir (actrice), Andry Rajoelina (politicien)

La nourriture : Le romazava (ragoût de bœuf), le ravitoto (porc et lait de coco), le varanga (rôti de bœuf), le sesika (saucisse de poulet), le smalona (anguilles farcie aux champignons, aux olives et aux oignons)

Des fêtes : Madajazzcar (octobre), Hiragasy (juillet), Feria Oramena (juin)

C'est intéressant !

Hiragasy est une fête qui mêle danse, poésie, musique et gastronomie.

Étude de cas

Lisez le texte et répondez aux questions.

1. Madagascar est un pays vraiment unique. Les scientifiques pensent qu'il y a plus de 250,000 espèces sur l'île. Beaucoup de ces plantes et animaux n'existent nulle part ailleurs sur la planète.

2. L'animal le plus connu de Madagascar est le lémurien. Cet animal mignon avec de grands yeux est emblématique de l'île. Il existe 101 espèces différentes de lémuriens à Madagascar. Cependant, 70 sont en danger d'extinction. Ceci est le résultat de la destruction de leur habitat.

3. Un autre animal unique à Madagascar est la grenouille tomate. Elle porte ce nom en raison de sa couleur rouge. Pour obtenir de la nourriture, la grenouille tomate reste très calme et attend que les insectes passent. Une autre grenouille de l'île, la mantella peinte, est noire et verte fluo. Sa couleur avertit les prédateurs qu'elle est toxique.

4. La moitié des espèces de caméléons du monde se trouve à Madagascar. Le caméléon panthère peut atteindre jusqu'à 50 centimètres de long. Sa couleur peut passer du vert, au bleu, à l'orange, au jaune et au rouge, selon son environnement. C'est une belle creature !

---

1. How many species do scientists believe live in Madagascar? (Section 1)
2. How are lemurs described? (Section 2)
3. How many species of lemur are in danger of extinction? (Section 2)
4. Why are lemurs in danger of extinction? (Section 2)
5. Where does the tomato frog get its name from? (Section 3)
6. How does it get its food? (Section 3)
7. What effect does the paint frog's black and bright green skin have? (Section 3)
8. How many of the world's chameleon species are found in Madagascar? (Section 4)
9. How big can the panther chameleon grow? (Section 4)
10. What colours does its skin change to? (Section 4)

Allons-y 2

Résumé

EXERCICE A

Complétez la grille de mots croisés.

Horizontalement

6.  (5) [vache]
7.  (6) [cochon]
9.  (10) [grenouille]
10.  (4) [ours]

Verticalement

1.  (6) [mouton]
2.  (7) [serpent]
3.  (6) [girafe]
4.  (5) [singe]
5.  (6) [chèvre]
8.  (8) [pingouin]

106 cent six

Junior Cycle French – Second and Third Year

EXERCICE B

Je suis un animal. Mais lequel ?

1. Je suis gros, rose et j'adore la boue. _____
2. Je suis grand, j'adore galoper et j'adore les pommes. _____
3. J'habite dans les champs et je suis noir et blanc avec des taches. _____
4. Je suis petite et verte et j'habite dans un étang. _____
5. Je suis très grande avec un long cou et je suis jaune. _____
6. Je suis noire et blanche et j'aime manger du poisson. _____
7. Je suis le roi de la jungle ! _____
8. Je suis grosse et je déteste Noël ! _____

EXERCICE C

Écoutez et remplissez les blancs.

1.

Bonjour. Je m'appelle Emmanuel. J'habite à Rouen, une _____ ville dans le nord de la France. Il y a tant à _____ et à voir à Rouen. Par exemple, dans mon quartier, nous avons un centre _____ pour les jeunes. Je fais de la natation là-bas deux fois par semaine. Il y a un terrain de boules, et un _____ à un kilomètre de ma maison. Nous avons une MJC et un centre commercial et un terrain de sport. C'est très _____ ! J'aime la vie en _____ parce que tous mes amis _____ près de chez moi. On peut aller partout à _____ et la ville est _____. On ne s'ennuie pas. Pour moi, c'est l'_____ !

2.

Salut ! Je m'appelle Cléo et j'_____ dans un coin perdu à la _____. Ma maison se trouve à _____ kilomètres de la ville. C'est un cauchemar ! Je suis très _____ du monde. Nous habitons dans une grande maison avec deux _____, mais je déteste la vie à la campagne. Tous mes amis habitent en ville et ce n'est pas juste ! Je _____ que la campagne manque de _____, comme des magasins, un club pour les jeunes et les transports en _____. On est _____ de tout ici. Je crois que la _____ est trop lente pour moi à la campagne. Nous n'avons même pas de WiFi. J'en ai marre !

3 La ville et la campagne

Allons-y 2

EXERCICE D

Reliez les panneaux à leur signification.

1. SORTIE	a. No parking	4. Déchets organiques	d. No ball games
2. STATIONNEMENT INTERDIT	b. Exit	5. VERRE	e. Recycle organic waste
3. INTERDIT DE MARCHER SUR LES PELOUSES	c. Recycle glass	6. INTERDIT DE JOUER AU BALLON	f. Don't walk on the grass

1.	2.	3.	4.	5.	6.

EXERCICE E

Mettez les noms au pluriel.

	Singulier	Pluriel
1.	un chameau	
2.	une vache	
3.	un arbre	
4.	une poule	
5.	un tracteur	
6.	un singe	
7.	un oiseau	
8.	une poubelle	

EXERCICE F

A quel mode les verbes des phrases suivantes sont-ils conjugués ? Présent, futur simple ou impératif ?

Exemple

Je mange une pomme.   Au présent

1. Ne mangez pas en classe.   _____
2. Ils doivent faire leurs devoirs.   _____
3. Tu feras tes devoirs chaque soir.   _____
4. Regarde le tableau.   _____
5. Copiez la date.   _____
6. Tu as un animal.   _____
7. Regardons ce film.   _____
8. Tu peux ranger tes affaires.   _____
9. Nous allons en ville.   _____
10. Écoutez le professeur.   _____
11. Allons au cinéma ce soir.   _____
12. Tu suivras les instructions.   _____

EXERCICE G

Écoutez et répondez aux questions.

1.
   a. What type of building does Jean live in?
   b. Who does Jean live with?
   c. Why is he fed up?
   d. How often does he go to the zoo?
   e. What are his favourite animals there and why?

2.
   a. Where does Julie live?
   b. How many fields are there?
   c. What animals does she have?
   d. How does she describe her horse's personality?
   e. How many times a week does she go horse riding?

Allons-y 2

EXERCICE H

Dans chaque phrase ci-dessous, cochez (✓) la case correcte.

1. Les cochons est ☐ sont ☐ sommes ☐ gros.

2. Ce sont des cheval ☐ chevaux ☐ rapides.

3. Fermes ☐ Fermez ☐ Ferment ☐ tout de suite la porte.

4. Ne fume ☐ fumons ☐ fument ☐ pas !

5. Le film commence à neuf heures, allons ☐ vont ☐ vais ☐ -y !

6. Quand le cours commence, le prof dit « ouvres ☐ ouvrez ☐ ouvrons ☐ vos livres. »

7. Deux petits oiseau ☐ oiseaux ☐ chantent sur une branche.

110   cent dix

Le texte authentique

Regardez l'infographie et répondez aux questions.

COMPRENDRE L'ACTUALITÉ — Les animaux en voie d'extinction

Comment lutter contre le braconnage et comment protéger les espèces menacées ? Ces deux enjeux seront à l'ordre du jour du Sommet de Londres les 12 et 13 février. Focus sur les animaux les plus en danger sur la planète et les raisons de leur disparition progressive.

LES DIX ESPÈCES LES PLUS MENACÉES SELON WWF
en 2010

CAUSES : Chasse/pêche, Trafic, Destruction de l'habitat
HABITAT : Basse végétation/forêt, Zone habitée, Zone côtière, Pleine mer

- GORILLE des montagnes (Gorilla Beringei) — 380 individus
- CACATOÈS à ventre rouge* (Cacatua haematuropygia) — 550 à 1 200 individus
- PANDA géant (Ailuropoda melanoleuca) — 1 000 à 2 000 individus
- TIGRE du Bengale (Panthera tigris) — 3 200 individus
- ÉLÉPHANT d'asie (Elephas maximus) — 40 000 à 50 000 individus
- TORTUE à nez de cochon (Carettochelys insculpta)
- Grand REQUIN BLANC (Carcharodon carcharias)
- GECKO à queue feuillue (Uroplatus fimbriatus)
- NAPOLÉON (Cheilinus undulatus)
- DAUPHIN de l'Irrawaddy (Orcaella brevirostris)

*Plusieurs espèces de cacatoès sont menacées, celle-ci est celle qui compte le moins d'individus

LES ESPÈCES MENACÉES par classe : 41 % Amphibiens, 25 % Mammifères, 13 % Oiseaux

LES ESPÈCES VICTIMES DU COMMERCE ILLÉGAL Nombre d'individus par an : Poissons 100 millions ; Oiseaux 1,5 million

LE PRIX DE LA CORNE DE RHINOCÉROS : 44 000 euros le kilo

Sources : WWF, UICN, CITES, RWF

1. Use your dictionary or *Lexique* to find out what **le braconnage** means.
2. What type of gorilla is under threat of extinction?
3. What colour is the belly of the threatened cockatoo species?
4. How many Bengal tigers are left?
5. Why is the giant panda under threat?
6. What other animal's nose is the turtle's nose similar to?
7. What type of elephant is under threat?
8. What percentage of bird species are under threat?
9. What number of fish are victims of illegal trade every year?
10. What costs €44,000 per kilo?

cent onze

Allons-y 2

Évaluation en classe

🔍 CBA 2: The Student Language Portfolio

✏️ Recherchez et faites un compte-rendu : un animal

1. Choose an animal and use the internet to research it, including:
   - the name of the animal
   - a description of the animal's appearance and personality
   - which country/countries it live(s) in
   - its habitat (the sea, the forest, the desert, the jungle, etc.)
   - how many there are on earth (is it endangered?).

2. Write a short report in French about what you have learned. Include images, if possible.

3. You may choose to present your report to the class or to display it in the form of a poster.

4. Go to **page 171** of your *Chef d'œuvre* to reflect on your text:
   - Things you like about this text (its strengths).
   - Comment on what you learned from creating this text.
   - Say what you would do differently next time.

✏️ Allez à la **page 34** de votre *Chef d'œuvre* pour évaluer ce que vous avez appris au chapitre 3.

4 Le transport

Prêt au décollage !

Dans ce chapitre, vous allez étudier :
In this chapter, you will study:

- Les moyens de transport 114
  Modes of transport
- À la gare 116
  At the train station
- Voyager en bateau 126
  Travelling by boat
- À l'aéroport 130
  At the airport
- La voiture 133
  The car

Grammaire
Grammar

- Les verbes irréguliers **venir** et **partir** 124
  The irregular verbs venir and partir
- Le passé récent 128
  The recent past
- Le verbe irrégulier **conduire** 134
  The irregular verb conduire

Culture
Culture

- Le métro parisien 122
  The Paris Métro
- La voiture en France 135
  The car in France
- Le dossier francophone : La Corse 140
  The francophone file: Corsica
- Le texte authentique : une affiche – « Le Challenge de la Mobilité » 147
  Authentic text: a poster – 'Le Challenge de la Mobilité'

- Résumé 142
  Revision
- Évaluation en classe : Créez un jeu de rôle – voyager en France............................. 148
  Classroom-Based Assessment: Create a role play – travelling in France

cent treize 113

Allons-y 2

Les moyens de transport

Vous connaissez les transports scolaires, mais quels moyens de transport utilisez-vous en vacances ?

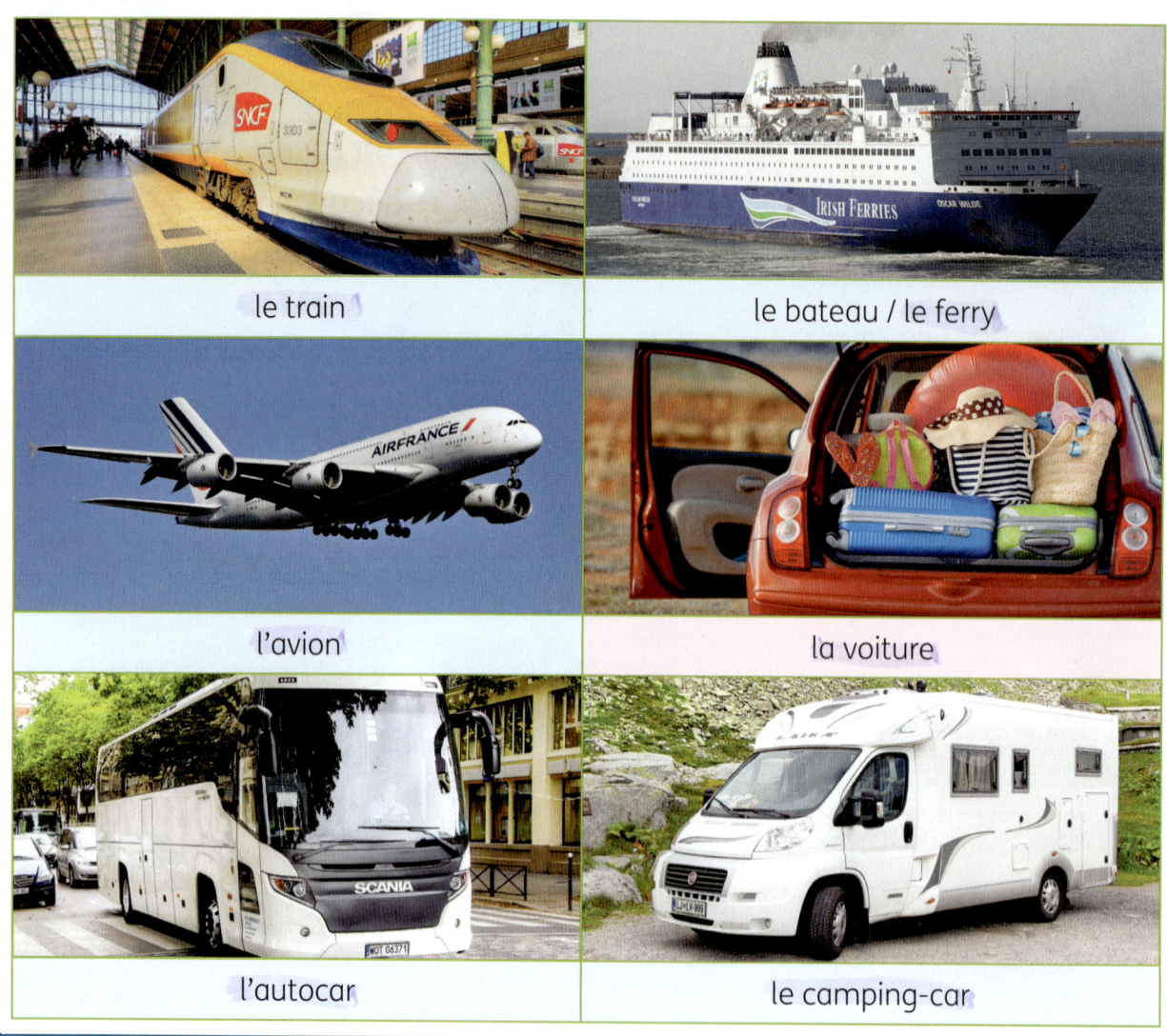

le train	le bateau / le ferry
l'avion	la voiture
l'autocar	le camping-car

4.1 Écoutez !

Écoutez et répétez les moyens de transport.

EXERCICE 1

Reliez chaque moyen de transport à son point de départ.

1.	le bateau / le ferry	a.	l'aéroport
2.	le train	b.	*bus station* la gare routière
3.	l'autocar	c.	le port
4.	l'avion	d.	*rental company* l'agence de location
5.	la voiture	e.	*train station* la gare SNCF → Irish Rail

1.	2.	3.	4.	5.
c	e	b	a	d

114

cent quatorze

4.2 Écoutez !

Écoutez et remplissez la grille.

		Country	Method of transport	
1.	Noémie	Ireland ✓	ferry ✓	with her parents and her sister.
2.	Justin	Canada ✓	plane ✓	his grand-parents live in Canada
3.	Emma	France ✓	train ✓	visiting with her friends
4.	Tanguy	Italy ✓	camper van ✓	

Je serai ravie de me détendre et de regarder la campagne française

EXERCICE 2

Par deux, parlez de vos prochaines vacances.
- Où vas-tu en vacances ?
  Exemple : *Cette année, nous allons en France.*
- Comment y vas-tu ?
  Exemple : *Nous allons prendre l'avion.*

4.3 Écoutez !

On a demandé aux vacanciers quel était leur mode de transport préféré pour aller en vacances en France. Mettez-les par ordre de préférence, 1–4 (1 étant leur préféré).

Ferry and car	1 ✓
Plane	2 ✓
Train	4 ✓
Ferry (foot passenger)	3 ✓

prendre la voiture : to take the car (on holiday by ferry)

Je connais les moyens de transport.

Allons-y 2

À la gare

- les objets trouvés
- les consignes automatiques
- la voyageuse
- le train
- le plan
- la valise
- la salle d'attente
- le panneau d'information
- le quai
- la voie
- le voyageur
- les escaliers roulants
- les escaliers
- le billet
- la billetterie
- le guichet

4.4 Écoutez !
Écoutez et répétez le vocabulaire de la gare.

C'est intéressant !
Les lettres SNCF signifient Société Nationale des Chemins de Fer Français. Environ 14,000 trains circulent en France et à Monaco tous les jours.

Junior Cycle French – Second and Third Year

C'est intéressant !

Le TGV (Train à Grande Vitesse) est un train rapide pour les longs trajets. Les voyageurs doivent réserver une place sur le TGV. Le RER (Réseau Express Régional) est un train de la banlieue parisienne.

EXERCICE 3

Regardez le billet et répondez aux questions.

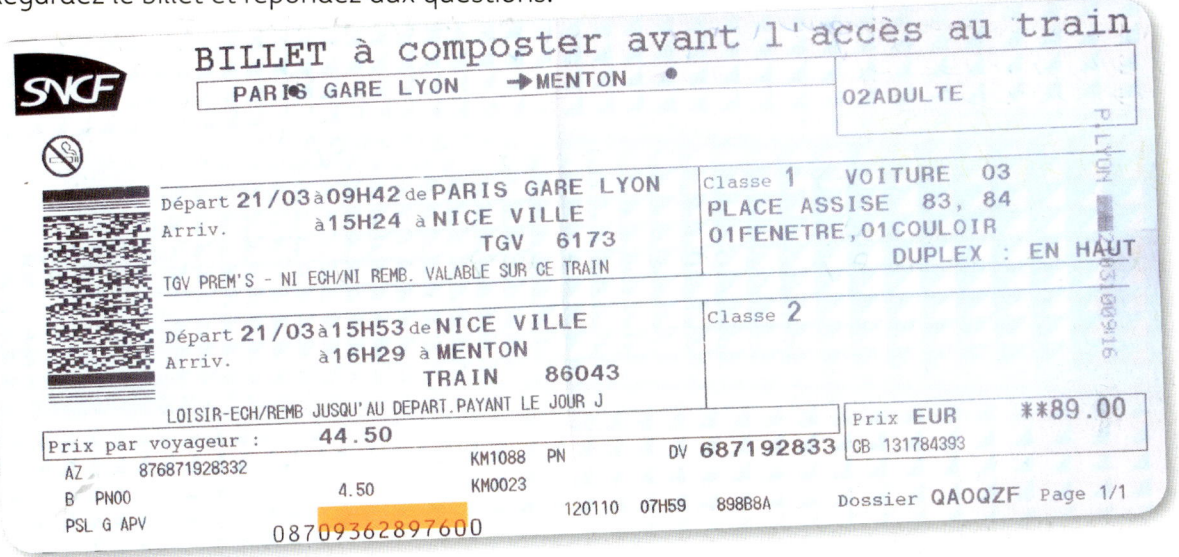

1. How many people are travelling?
2. On what date are they travelling?
3. Where are they travelling from?
4. What is their final destination?
5. Where do they have to change trains?
6. What time does their first train depart?
7. What class are they travelling on the first part of the journey?
8. What are their seat numbers?
9. What time will they arrive at their final destination?
10. How much does the ticket cost?

C'est intéressant !

En France, vous devez composter votre billet avant de prendre le train. Il faut trouver la machine jaune indiquant « Compostage de billets ». Si vous oubliez, vous devrez payer une amende !

Le transport

cent dix-sept 117

Allons-y 2

EXERCICE 4

Regardez le panneau horaire et répondez aux questions.

Heure	Destination	Quai
19H30	LYON	05
19H42	BORDEAUX SAINT JEAN	03
20H00	LE MANS	06
20H15	NANTES	01
20H50	PERPIGNAN	04
21H07	STRASBOURG	02
21H19	NICE VILLE	07

TRAINS AU DÉPART

1. Le train pour Le Mans part de quel quai ?
2. Le train pour Bordeaux part de quel quai ?
3. De quel quai part le train pour Lyon ?
4. À quelle heure part le train pour Nantes ?
5. À quelle heure part le train pour Perpignan ?
6. À quelle heure part le train pour Strasbourg ?
7. À quelle heure part le train pour Nice ?
8. Est-ce qu'il y a un train pour Paris ?

Retenez !

In France, travel timetables use the 24-hour clock!

C'est intéressant !

La Gare du Nord à Paris est la gare la plus fréquentée d'Europe.

Junior Cycle French – Second and Third Year

Des mots clés

un aller simple	one-way ticket
un aller-retour	return ticket
un carnet	book of tickets
la première classe	first class
la deuxième classe	second class
en retard	delayed
Ça coûte combien ?	How much does it cost?
Le train part à quelle heure ?	What time does the train depart?
Il arrive à quelle heure ?	What time does it arrive?
Il part de quel quai ?	What platform does it depart from?
C'est direct ?	Is it direct?
Il faut changer à …	You must change at …

4.5 Écoutez !

Écoutez et lisez la conversation à la gare, puis répondez aux questions.

Vendeur : Bonjour, madame. Vous désirez ?

Voyageuse : Un aller simple pour Nice, s'il vous plaît.

Vendeur : Première ou deuxième classe ?

Voyageuse : Première classe, s'il vous plaît. Ça coûte combien ?

Vendeur : Ça fait vingt-cinq euros, s'il vous plaît.

Voyageuse : Merci beaucoup. Le train part à quelle heure ?

Vendeur : Il part dans dix minutes. À 13h42.

Voyageuse : C'est direct ?

Vendeur : Non. Il faut changer à Avignon.

Voyageuse : Et il arrive à Nice à quelle heure ?

Vendeur : Il arrive à 14h55.

Voyageuse : Parfait. Il part de quel quai ?

Vendeur : C'est le quai numéro six.

Voyageuse : Merci, monsieur !

Vendeur : Merci et bonne journée.

1. Where is the passenger travelling to?
2. What class is she travelling?
3. How much does the ticket cost?
4. What time does the train depart?
5. Is the train direct?
6. What time does the train arrive at its destination?
7. Which platform does it leave from?

Le transport

cent dix-neuf

Allons-y 2

4.6 Écoutez !

Écoutez les conversations à la gare et remplissez la grille.

	Destination	Single/return	Ticket class	Departure time	Arrival time	Price	Platform
1.	Cannes	one-way ticket	2nd	2pm	2:50pm	€13	9
2.	bordeaux	round trip	1st	1pm	3:10pm	€32	12
3.	poitiers	one-way ticket	2nd	12pm	2:20pm	€28	2
4.	rennes	round trip	2nd	5:15pm	6:30pm	€35	4

EXERCICE 5

Par deux, utilisez les informations pour acheter un billet de train. Jouez les rôles du vendeur / de la vendeuse de billets et du voyageur / de la voyageuse.

1. **Destination:** Lyon
   Single/return: Single
   Ticket class: Second
   Departure time: 2.40 p.m.
   Arrival time: 4.15 p.m.
   Price: €30
   Platform number: 8

2. **Destination:** Nancy
   Single/return: Return
   Ticket class: First
   Departure time: 10.10 a.m.
   Arrival time: 1 p.m.
   Price: €59
   Platform number: 10

3. **Destination:** Paris Gare du Nord
   Single/return: Return
   Ticket class: Second
   Departure time: 9.20 a.m.
   Arrival time: 11.35 a.m.
   Price: €28.50
   Platform number: 6

4. **Destination:** Strasbourg
   Single/return: Single
   Ticket class: First
   Departure time: 8.13 p.m.
   Arrival time: 10.27 p.m.
   Price: €48
   Platform number: 4

Je sais comment acheter un billet de train.

EXERCICE 6

Lisez la conversation par texto et répondez aux questions en anglais.

AUJOURD'HUI

Lisette : Salut, Sidonie ! Je vais en ville demain après-midi. Veux-tu venir ? → to come

Sidonie : Oh oui ! Je veux acheter une robe pour la fête de ce week-end.

Lisette : Le train part à 13h14.

Sidonie : Rendez-vous devant la gare à 13h00 ?

Lisette : Parfait. Un aller-retour coûte 12 €. Je peux en acheter deux en ligne.

Sidonie : Merci, Lisette ! Je te donnerai l'argent quand nous nous rencontrerons.

→ futur simple = the **will** -do-something tense

1. When is Sidonie going into town?
   - [ ] Tomorrow morning
   - [✓] Tomorrow afternoon
   - [ ] Saturday afternoon
2. What does Sidonie want to buy? a dress
3. What time does the train depart?
   - [✓] 1:14 p.m.
   - [ ] 2:14 p.m.
   - [ ] 3:14 p.m.
4. Where will they meet? in front of the train station
5. What kind of tickets will Lisette buy online? return ticket
6. What does Sidonie say she will do when they meet? She will give her the money when they meet

4.7 Écoutez !

Écoutez les annonces dans la gare et répondez aux questions en français.

1. a. Pourquoi le prochain train est en retard ? *why is the next train late*
   b. Le train pour Nice arrivera de quel quai ? *what platform will the train to Nice arrive*
2. a. À quelle heure part le train pour Cannes ? *what time does the train leave for Cannes*
   b. Quel est le service à bord de ce train ? *what is the service on board this train*
3. a. Quand est-ce que le TGV va partir ? *when will the TGV leave*
   b. Qu'est-ce que les passagers doivent faire ? *what should the passengers do*
4. a. Où le passager doit-il aller ? *where should the passengers go*
   b. Où est-ce situé ? *where is it located*

Le transport

cent vingt et un

Allons-y 2

Le métro parisien

1. Le métro parisien est l'un des systèmes de transport le plus important pour les Parisiens et les touristes dans la capitale. C'est un moyen de transport rapide, pratique et bon marché. Il y a seize lignes de métro totalisant près de 2,200 kilomètres et il y a une station tous les 500 mètres ! Le métro parisien transporte 5,23 millions de voyageurs par jour.

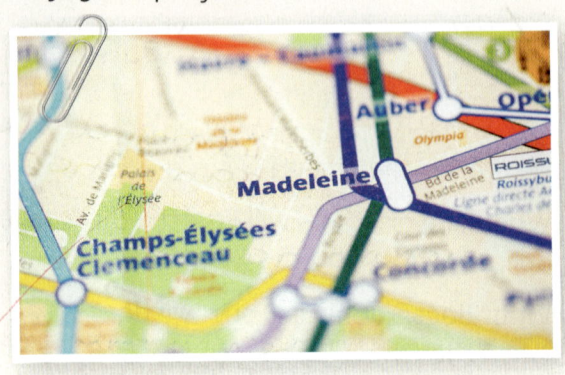

2. Les trains, qu'on appelle « les rames », roulent de 05h30 du matin jusqu'à 00h30. Pendant les heures de pointe, il y a une rame toutes les deux minutes. Sur le plan du métro, les lignes ont des couleurs différentes.

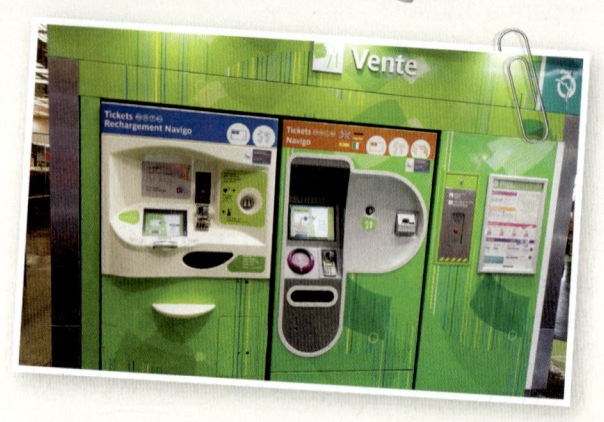

3. Pour prendre le métro, il faut acheter un ticket ou un carnet de tickets. Un ticket coûte 1,90 €, mais un carnet de dix tickets coûte 16,90 €. Le même ticket peut être utilisé à condition de ne pas sortir du réseau.

4. Le métro parisien existe depuis 1900 et il est célèbre pour son style Art Nouveau et sa décoration originale. Par exemple, la station Arts et Métiers ressemble à un sous-marin !

Paris n'est pas la seule ville française qui a un métro. Il y a des métros à Lyon, Lille, Rennes, Rouen, Marseille et Toulouse.

EXERCICE 7

Lisez le texte ci-dessus et répondez aux questions.

1. How is the Paris Métro described in the second sentence? (Section 1)
2. How many lines does it have? (Section 1)
3. What are the trains called? (Section 2)
4. What time do the trains stop running each day? (Section 2)
5. How often do trains run during rush hour? (Section 2)
6. What is better value: a single ticket or a book of tickets? (Section 3)
7. What is the Arts et Métiers station designed to look like? (Section 4)
8. Paris is the only French city with a metro system. True or false? (Section 4)

EXERCICE 8

Lisez la conversation dans le métro parisien et remplissez les blancs avec les mots ci-dessous.

| ~~ligne~~ | ~~pour~~ | ~~treize~~ | ~~voudrais~~ | ~~Louvre~~ | ~~jaune~~ |

– Pardon, madame. Je ____voudrais____ ✓ aller au musée du Louvre, s'il vous plaît.
– ____Pour____ ✓ aller au Louvre, il faut prendre la ____ligne____ ✓ 1.
– Elle est de quelle couleur ?
– Elle est ____jaune____ ✓.
– À quelle station faut-il descendre ?
– À la station ____Louvre____ ✓ Rivoli.
– Il y a combien d'arrêts ?
– C'est à ____treize____ ✓ stations d'ici.
– Merci, madame. Au revoir !

4.8 Écoutez !

Écoutez les conversations dans le métro parisien et remplissez la grille.

	Destination	Line	Number of stops
1.	Eiffel Tower	6	22
2.	Luxembourg park	4	4
3.	Montmarte	2	16
4.	Grand Parlais	13	1 (next station)

EXERCICE 9

Utilisez le site **ratp.fr** pour organiser un trajet entre deux stations de métro parisiennes. Par deux, parlez des détails du trajet (l'heure de départ, l'heure d'arrivée, le coût, la ligne, le nombre d'arrêts, etc.).

Je sais comment fonctionne le métro parisien.

4. Le transport

cent vingt-trois

Les verbes irréguliers venir et partir

The verbs **venir** (to come) and **partir** (to leave) are useful when making travel plans. As they are both irregular verbs, they have to be learned.

Venir (to come)	
je viens	I come
tu viens	you come (*informal*)
il vient	he comes
elle vient	she comes
on vient	one comes
nous venons	we come
vous venez	you come (*more than one person/formal*)
ils viennent	they come (*masculine*)
elles viennent	they come (*feminine*)

Partir (to leave)	
je pars	I leave
tu pars	you leave (*informal*)
il part	he leaves
elle part	she leaves
on part	one leaves
nous partons	we leave
vous partez	you leave (*more than one person/formal*)
ils partent	they leave (*masculine*)
elles partent	they leave (*feminine*)

Je pars en vacances la semaine prochaine.

Super ! Quand viens-tu en France ?

You use the verb **venir** when you talk about where you come from, e.g. **Je viens du Kerry** or **Je viens de Pologne**. When you know the present tense of the verb **venir**, you will also be able to use the verbs **revenir** (to return), **devenir** (to become) and **prévenir** (to warn).

4.9 Écoutez !

Écoutez et répétez la conjugaison des verbes **venir** et **partir** au présent.

EXERCICE 10

Remplissez les blancs avec le verbe **venir** au présent et traduisez en anglais.

1. Paul et Marc __viennent__ ce week-end. — Paul and Mark are coming on the week-end.
2. Je __viens__ de Paris. — I come to Paris.
3. Il __vient__ à pied. — He comes on a walk.
4. Tu __viens__ avec moi ? — Are you coming with me?
5. Elles __viennent__ plus tard. — They come very late / later.
6. __Venez__-vous en France l'année prochaine ? — Are we coming to France this year.
7. On __vient__ ici tous les week-ends. — One comes here every weekend.
8. Nous __venons__ ici chaque été. — We come here every summer.

EXERCICE 11

Remplissez les blancs avec le verbe **revenir**, **devenir** ou **prévenir** au présent.

1. Je (revenir) __reviens__ de vacances.
2. Nous (revenir) __revenons__ dans un moment.
3. Ce prof (devenir) __devient__ insupportable.
4. Je (devenir) __deviens__ impatiente.
5. Ils (prévenir) __préviennent__ qu'il va neiger ce soir.

EXERCICE 12

Remplissez les blancs avec le verbe **partir** au présent et traduisez en anglais.

1. Ils __partent__ en train à neuf heures. — They are leaving by train at 9h00.
2. Je __pars__ en vacances la semaine prochaine. — I am leaving on vacation next week.
3. Mon père __part__ tôt chaque mercredi. — My dad leaves early every Wednesday.
4. Nous __partons__ en avion. — We are leaving by plane.
5. Le métro __part__ dans deux minutes. — The subway is leaving in two minutes.
6. Elle __part__ sans dire au revoir. — She leaves without saying goodbye.
7. Vous __partez__ bientôt. — You(pl.) are leaving soon.
8. Anna et Lisa __partent__ toujours à midi. — Anna and Lisa always leave at midday.

Allez à la **page 30** de votre *Trousse de grammaire* pour compléter les exercices : Les verbes irréguliers **venir** et **partir**.

Je sais conjuguer les verbes **venir** et **partir** au présent.

Allons-y 2

Voyager en bateau
travelling by boat

C'est intéressant !

D'Irlande, la France est facilement accessible en ferry. De nombreux vacanciers choisissent cette option afin de pouvoir conduire leur voiture ou leur camping-car en France. La traversée la plus utilisée est celle de Rosslare au sud-est de l'Irlande à Cherbourg au nord-ouest de la France.

EXERCICE 13

Observez le tableau des horaires et répondez aux questions.

Traversées en ferry – Rosslare à Cherbourg		
Départ Rosslare	**Arrivée à Cherbourg***	**Durée (heures)**
IRISH FERRIES		3 traversées / semaine
Dimanche 15h30	Lundi 11h00	17:30
Mardi 15h30	Mercredi 11h00	17:30
Samedi 15h30	Dimanche 10h00	16:30
Stena Line		3 traversées / semaine
Mardi 21h30	Mercredi 16h15	17:45
Jeudi 20h30	Vendredi 16h00	18:30
Samedi 16h30	Dimanche 10h30	17:00

* Heure locale (une heure après l'Irlande)

1. How many crossings are there between Rosslare and Cherbourg each week?
2. Which departure would you choose if you wanted to arrive in France on Monday?
3. Which departure would you choose if you wanted to arrive in France on Friday?
4. Which operator would you sail with if you wanted to leave Ireland on Sunday?
5. When does the shortest crossing leave Ireland?
6. When does the longest crossing leave Ireland?
7. On what days do no ferries sail to Cherbourg from Rosslare?
8. What important information is given at the bottom of the timetable?

EXERCICE 14

Lisez le mél et répondez aux questions.

De	sarahboylan@emeraldmail.ie
À	Roxane Bonnet
Sujet	Projets de voyages

Salut Roxane !

Ça va ? Je t'écris pour t'informer de nos projets pour la semaine prochaine. Ma mère, mon petit frère et moi partons de Rosslare mardi à 15h30. Nous **arriverons** à Cherbourg mercredi à 11h.

Ce **sera** un très long voyage, mais il y a beaucoup de services sur le ferry. Il y a beaucoup de restaurants, de cafés et de magasins. Et il y a deux salles de cinéma à bord ! Il y a aussi un salon de beauté. Ma mère dit que nous pouvons nous faire une manucure ! Il y a une aire de jeux et un spectacle de magie, alors mon petit frère ne s'**ennuiera** pas ! Nous **dormirons** dans une cabine. J'attends avec impatience de passer la nuit en mer pour la première fois. J'espère ne pas vomir !

Ma mère prend sa voiture. Quand nous **arriverons** à Cherbourg, nous **irons** directement te rendre visite. Si la circulation n'est pas trop mauvaise, nous **arriverons** à Rouen à 14h. Je t'**enverrai** un texto quand nous **serons** près de chez toi. Nous **passerons** deux jours à Rouen avant d'aller à Paris.

À la semaine prochaine !

Sarah

Envoyé depuis mon smartphone

1. Who is Sarah travelling to France with?
2. When do they leave Rosslare?
   - [ ] Monday at 3.30 p.m.
   - [x] Tuesday at 3.30 p.m.
   - [ ] Tuesday at 5.30 p.m.
3. When do they arrive in Cherbourg?
4. Name three facilities on board the ferry.
5. Name one thing that Sarah says will stop her brother becoming bored.
6. What is Sarah looking forward to doing for the first time?
7. What does she hope won't happen?
8. How will they get from Cherbourg to Rouen?
   - [x] By car
   - [ ] By train
   - [ ] By bus
9. When will Sarah send Roxane a text?
10. Where are they going after Rouen?

Je sais comment parler d'un voyage en bateau

Le transport

Allons-y 2

Le passé récent

Earlier in the chapter you learned the present tense of the verb **venir** (to come). You can use **venir** to form **le passé récent** (the recent past). In French, the recent past is used to talk about something that has just taken place.

To form **le passé récent**, you need:

- ✓ the present tense of **venir**
- ✓ the preposition **de**
- the infinitive form of a verb (i.e. ending with –er, –ir or –re).

Examples

Le train vient de partir.	The train has just left.
Nous venons d'arriver à Cherbourg.	We have just arrived in Cherbourg.
Ils viennent de vendre leur maison.	They have just sold their house.

Le train pour Marseille vient de partir quai 7.

Retenez !

Remember that the preposition **de** becomes **d'** before a verb that begins with a vowel!

EXERCICE 15

Par deux, faites six phrases en utilisant les groupes de mots suivants.

Le ferry vient d'	partir de quai 12.
La voiture vient de	terminer mes examens.
Je viens de	arriver au port.
Le train vient de	tomber en panne !
L'équipe vient de	rentrer de vacances.
Nous venons de	gagner le trophée.

Retenez !

Le passé récent is a good reminder that it is often not possible to translate directly from English into French.

4.10 Écoutez !

Écoutez les conversations dans le métro parisien et remplissez la grille.

	Who is calling?	What has just happened?
1.	her mum	She just arrived at the station + is taking a taxi to her house
2.	alison	She just saw Harry Styles at the airport.
3.	dad	he just bought a new television + it's huge.
4.	marc	he just won a football match + the score was 3-0

EXERCICE 16

Traduisez en français en utilisant le passé récent.

1. I have just arrived at the station.

2. Sorry, we have just left.

3. The train to Nice has just arrived on platform 2.

4. My best friend has just returned from France.

5. You *(sing.)* have just finished your homework.

6. My brother has just seen your sister.

7. They have just gone on holidays.

8. You *(pl)* have just eaten lunch.

Allez à la **page 32** de votre *Trousse de grammaire* pour compléter les exercices : Le passé récent.

Allez à la **page 38** de votre *Chef d'œuvre* pour compléter l'Activité 1 : À la gare.

Je connais le passé récent.

cent vingt-neuf

Le transport

129

Allons-y 2

À l'aéroport

Des mots clés

un aller simple	one-way ticket	la douane	customs
un vol	flight	les contrôles de sécurité	security checks
un passeport	passport	la porte d'embarquement	boarding gate
une carte d'embarquement	boarding pass	décoller	to take off
une rangée	row	atterrir	to land
un retard	delay		

Allez à la **page 39** de votre *Chef d'œuvre* pour compléter l'Activité 2 : Mon passeport.

EXERCICE 17

Lisez les tweets et répondez aux questions.

Alena Rolland @alenarolland 6 h
Devine quoi ! Aujourd'hui je vais à Disneyland Paris avec ma famille !

Alena Rolland @alenarolland 5 h
Nous sommes en voiture pour l'aéroport ! Notre vol partira à 14h15 !

Alena Rolland @alenarolland 4 h
Je viens d'arriver à l'aéroport ! Je dois faire enregistrer ma valise et contrôler mon passeport.

Alena Rolland @alenarolland 4 h
Maintenant, nous allons passer les contrôles de sécurité. Il y a une longue file d'attente !

Alena Rolland @alenarolland 4 h
À la porte d'embarquement maintenant. Je viens d'acheter un magazine pour lire dans l'avion.

Alena Rolland @alenarolland 3 h
Assise à ma place et prête au décollage ! Je dois éteindre mon téléphone !

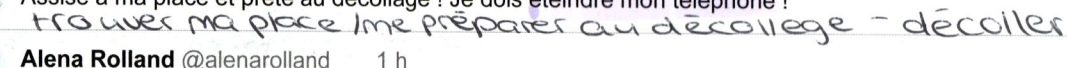

Alena Rolland @alenarolland 1 h
Nous venons d'atterrir à l'aéroport d'Orly. D'abord, nous passerons la douane, puis il faudra trouver le quai pour prendre le train vers Disneyland.

Alena Rolland @alenarolland 30 mins
Je suis dans le RER. C'est le paradis ! À très vite, Mickey et Minnie !

1. Where are Alena and her family travelling to?
2. How do they get to the airport?
3. What time does their flight leave?
4. What does Alena say about the security checks?
5. What does she do at the boarding gate?
6. What does she do when she gets on the flight?
7. What two things do they do when they land at Orly Airport?
8. What type of train do they take to Disneyland?

Junior Cycle French – Second and Third Year

4.11 Écoutez !

Écoutez les annonces à l'aéroport et répondez aux questions.

1. **a.** What is the flight number?
   b. What is the destination?
   c. What gate does it depart from?
2. **a.** What is the destination?
   b. What is the scheduled time of departure?
   c. How long is the flight delayed for?
   d. What is the cause of the delay?
3. **a.** What is the flight number?
   b. What is the destination?
   c. What time does it depart?
   d. What gate does it depart from?
4. **a.** What is the destination?
   b. What is the flight number?
   c. What gate does it depart from?
   d. What two things must passengers prepare for inspection?

C'est intéressant !

Paris-Charles de Gaulle est le deuxième aéroport le plus fréquenté d'Europe, après Heathrow à Londres. Charles de Gaulle est situé à 27 km au nord-est de Paris et il est l'un des trois aéroports desservant la capitale française. L'aéroport tire son nom d'un ancien président de la République Française.

4 Le transport

Allez à la **page 41** de votre *Chef d'œuvre* pour compléter l'Activité 3 : Mon blog de voyage.

Je peux voyager à partir d'un aéroport français.

cent trente et un

131

Allons-y 2

4.12 Écoutez !

Écoutez et cochez (✓) la case correcte.

1. Chloé et Céline parlent dans

☐   ☐   ✓

2. Ces deux personnes parlent dans

✓   ☐   ☐

3. Sophie et sa mère parlent de

✓   ☐   ☐

132   cent trente-deux

La voiture

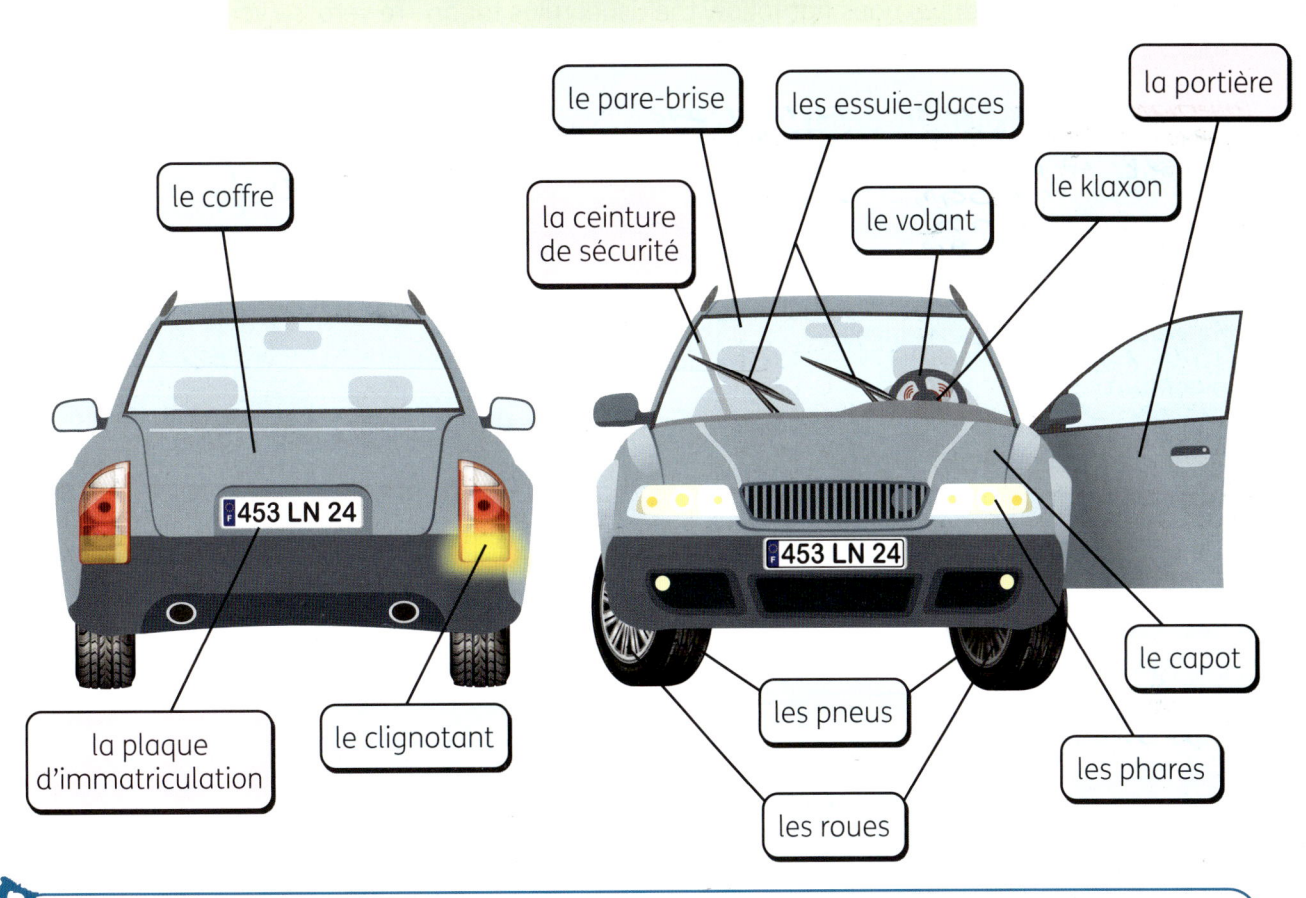

- le coffre
- le pare-brise
- les essuie-glaces
- la portière
- la ceinture de sécurité
- le volant
- le klaxon
- la plaque d'immatriculation
- le clignotant
- les pneus
- le capot
- les phares
- les roues

4.13 Écoutez !

Écoutez et répétez chaque partie de la voiture.

C'est intéressant !

Les lettres « I » et « O » ne sont jamais utilisées sur les plaques d'immatriculation en France, car on pourrait les confondre avec les numéros un et zéro.

4.14 Écoutez !

Écoutez et répétez les plaques d'immatriculation.

Exemple TV-642-XY

1.
2.
3.
4.

Le transport

cent trente-trois

Le verbe irrégulier conduire

The verb **conduire** (to drive) does not follow the usual rules for an –re verb, so you will have to learn it well.

Conduire (to drive)	
je conduis	I drive
tu conduis	you drive (*informal*)
il conduit	he drives
elle conduit	she drives
on conduit	one drives
nous conduisons	we drive
vous conduisez	you drive (*more than one person/formal*)
ils conduisent	they drive (*masculine*)
elles conduisent	they drive (*feminine*)

Je m'appelle Clara. Comment tu t'appelles ?

4.15 Écoutez !

Écoutez et répétez la conjugaison du verbe **conduire** au présent.

EXERCICE 18

Remplissez les blancs avec la forme du verbe **conduire** qui convient, puis traduisez en anglais.

1. J'apprends à _____ en ce moment. _____
2. Mon oncle _____ les tracteurs de sa ferme. _____
3. Nous _____ pour aller au concert. _____
4. Je ne _____ jamais trop vite. _____
5. Ils _____ à gauche en Irlande. _____
6. Nous _____ notre camping-car en France cet été. _____
7. Vous _____ avec prudence en hiver. _____
8. Notre mère nous _____ à l'école tous les jours. _____

Allez à la **page 33** de votre *Trousse de grammaire* pour compléter les exercices : Le verbe irrégulier **conduire**.

Je sais conjuguer le verbe irrégulier **conduire** au présent.

La voiture en France

Citroën, Renault et Peugeot sont les marques de voitures françaises les plus vendues au monde. La majorité de leurs voitures sont encore fabriquées en France. La Citroën 2 CV (« deux-chevaux-vapeur »), fabriquée de 1948 à 1990, est la voiture française par excellence.

On peut encore voir la petite voiture sur les routes de France aujourd'hui. Renault est la septième marque automobile la plus populaire en Irlande, vendant plus de 8,000 voitures par an ici.

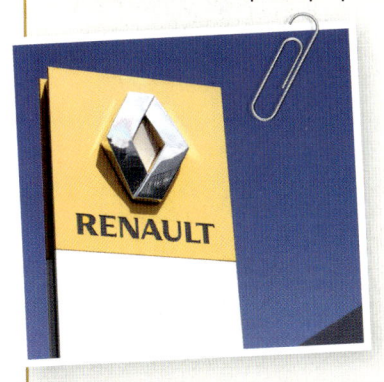

Près de trois quarts des Français ont une voiture. Mais de nos jours, les gens cherchent des moyens plus économiques et plus respectueux de l'environnement pour se déplacer. Citroën, Renault et Peugeot offrent maintenant des voitures électriques : le Citroën C-Zero, la Renault ZOE et la Peugeot iOn.

Le covoiturage permet de diminuer le nombre de voitures sur les routes. Les gens prennent des passagers dans leur voiture pour partager le coût de l'essence et réduire la pollution. Dans certaines villes, il est possible de louer des voitures à l'heure. Ce système devient de plus en plus populaire en France. Par exemple, l'entreprise Autolib' compte 170,000 clients à Paris.

EXERCICE 19

Lisez le texte ci-dessus et répondez « vrai » ou « faux » aux affirmations suivantes.

	Vrai	Faux
1. The majority of Citroën, Renault and Peugeot's vehicles are still made in France.	☐	☐
2. Renault is the sixth most popular brand of car in Ireland.	☐	☐
3. Nearly three quarters of French people have a car.	☐	☐
4. People want less environmentally friendly ways to get around.	☐	☐
5. Car sharing reduces pollution.	☐	☐
6. The car hire business Autolib' has 180,000 customers in Paris.	☐	☐
7. Car sharing increases traffic jams.	☐	☐
8. Only Citroën and Renault sell an electric car.	☐	☐

Allez à la **page 42** de votre *Chef d'œuvre* pour compléter l'Activité 4 : Un sondage sur les voitures.

cent trente-cinq

Le transport

Allons-y 2

Des mots clés

le permis de conduire	driving licence	le code de la route	rules of the road
un pneu crevé	flat tyre	l'essence	petrol
La batterie est à plat.	The battery is flat.	tomber en panne	to break down

EXERCICE 20

Lisez le texte et répondez aux questions.

> Je m'appelle David et j'adore les voitures ! Plus tard, je voudrais devenir mécanicien. En ce moment j'aide mon oncle dans son garage chaque samedi. Je ne peux pas faire grand-chose pour l'instant, car je n'ai pas commencé mon apprentissage, mais je peux réparer les pneus crevés et je vérifie le niveau d'huile. Je sais aussi comment vérifier si la batterie est à plat.
>
> J'ai dix-huit ans et je viens d'obtenir mon permis de conduire. Je suis prudent et je connais le code de la route. En France, nous conduisons à droite.
>
> Je fais des économies, car je voudrais acheter une voiture. Je voudrais une voiture électrique pour préserver l'environnement. En outre, l'essence coûte cher. Dans un futur proche, toutes les voitures seront électriques.

1. What job would David like to do in the future?
2. On what day of the week does he help his uncle?
3. Name two things that David already knows how to do at the garage.
4. What age is David?
5. What did he get this year?
6. On which side of the road do people drive in France?
7. What type of car would David like to buy and why?
8. What does he say will happen in the near future?

EXERCICE 21

L'info trafic
Il y a eu un accident rue St Georges entre un car et deux voitures à cause de la forte pluie. Il n'y a pas de victimes. La police et les pompiers sont sur les lieux. Attendez-vous à des retards allant jusqu'à trente minutes. Conduisez avec prudence.

1. What vehicles are involved in the accident?
2. What is the cause of the accident?
3. Which emergency services are at the scene?
4. Are there any victims?
5. How long are delays expected to be?
6. What advice is given to drivers in the final sentence of the report?

EXERCICE 22

Utilisez les mots suivants pour remplir les blancs.

> plaque d'immatriculation tombe conduire code klaxon conduit voiture
> voir essence clignotant nerveuse

1. Ma sœur a une très vieille _____ qui _____ en panne tout le temps !
2. J'aime _____, j'ai plus de liberté.
3. Mon frère _____ trop vite et mal. Je suis toujours _____ en voiture avec lui.
4. Mon père n'utilise jamais son _____ quand il tourne. C'est très dangereux.
5. Sans mes lunettes, je ne peux pas _____ la _____ _____ de la voiture devant moi.
6. Quand mon grand-père devient impatient, il utilise son _____.
7. Je ne connais pas encore le _____ de la route.
8. Je déteste l'odeur de l'_____.

EXERCICE 23

Lisez la liste d'infractions et des amendes et répondez aux questions.

Code de la Route : Infractions et Amendes

Infraction	Amende
Fumer avec des mineurs à bord	68,00 €
Excès de vitesse	90,00 €
Dépassement par la droite	90,00 €
Non-respect d'un feu rouge	90,00 €
Manger au volant	75,00 €
Écouter de la musique forte	75,00 €
Se maquiller au volant	75,00 €
Tenir son téléphone au volant	135,00 €
Regarder un écran	jusqu'à 1,500 €
Conduire sans assurance auto	jusqu'à 3,750 €
Dépasser la limite d'alcool autorisée	jusqu'à 4,500 €
Conduite sans permis de conduire	jusqu'à 15,000 €

1. What are drivers forbidden to do with children in the car?
2. What is the fine for excess speed?
3. What is the fine for ignoring a red light?
4. What is the fine for listening to loud music while driving?
5. What is the fine for applying make-up while driving?
6. A fine of €1,500 is imposed for what offence?
7. How much can a driver be fined for driving without car insurance?
8. Which offence carries the largest fine?

Allons-y 2

4.16 Écoutez !
Écoutez et répondez aux questions.

1. a. Why was Marie-Agnès late for college?
   b. What is her mum going to do?
   c. Where in town is Marie-Agnès?
   d. What alternative transport does her mum suggest?

2. a. How late is Alex for training?
   b. What is wrong with his car?
   c. Can he fix it himself?
   d. When will he make it to training?

3. a. What is wrong with Karen's car?
   b. What will she be late for?
   c. Is she near a garage?
   d. Is Sabine angry with her?

4. a. What does the mechanic think is wrong with the car?
   b. What is the customer's address?
   c. At what time will a mechanic be sent?
   d. What is the customer's surname?

EXERCICE 24

Par deux, utilisez les informations ci-dessous pour effectuer une conversation téléphonique. Jouez les rôles du client / de la cliente et du mécanicien / de la mécanicienne.

Mécanicien / mécanicienne   **Client / cliente**

Ask how you can help.

> Your car has just broken down. You think that the battery is flat.

Find out where the customer is.

> You are in the town centre on Grande Rue, in front of the church.

You will send a mechanic out in 20 minutes.

> Find out how much it will cost.

It will cost €50.

✓ Je peux téléphoner à un garage.

138 cent trente-huit

EXERCICE 25

Lisez l'article et répondez aux questions.

Paris organise la « Journée sans voiture » !

La Journée sans voiture aura lieu à Paris le 22 septembre. Tous les Parisiens et visiteurs seront alors invités à laisser leur voiture à la maison. Ce sera une journée pour les piétons de profiter d'un espace public plus tranquille.

Tous les cyclistes pourront circuler, en faisant bien attention aux piétons. La circulation des transports en commun est aussi autorisée, mais la vitesse des autobus et des taxis sera limitée à 30 km / h.

La circulation automobile sera réduite, ce qui aura pour effet de réduire considérablement les niveaux de pollution et de bruit. Les Parisiens pourront se promener au grand air ou participer à l'une des 130 activités gratuites. Par exemple, il y aura un concert de folk et de regga sur la Place de la République.

1. What are all Parisians and visitors invited to do on 22 September?
2. Use your dictionary or *Lexique* to find out what **les piétons** means.
3. What types of vehicles are allowed?
4. What are the advantages this day?
5. What will take place at Place de la République?
6. Find …

a verb in the present tense	
a verb in the future simple	
a verb in the infinitive	
a masculine adjective	
a feminine adjective	
a noun	

… Allons-y 2

Le dossier francophone : La Corse

Le drapeau :

La population : 322,120

C'est intéressant !

L'île méditerranéenne de Corse est une région française composée de deux départements : La Corse-du-Sud et La Haute-Corse.

Le siège de la collectivité territoriale de Corse : Ajaccio

La monnaie : L'euro

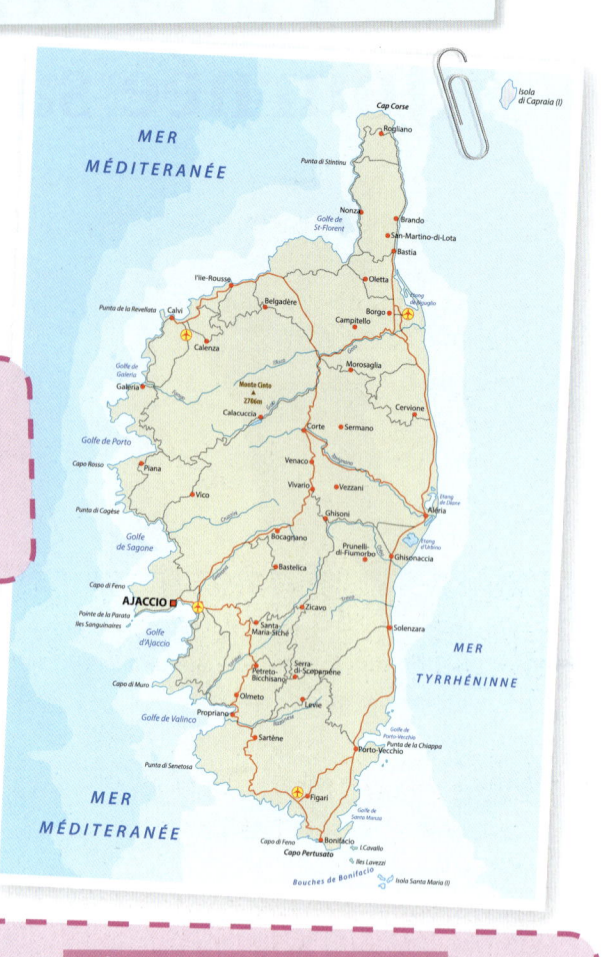

C'est intéressant !

L'île est connue sous le nom de « l'île de Beauté ».

Des montagnes : Le Monte Cinto, le Monte Rotondo, la Punta Minuta, la Pagila Orba, le Monte d'Oro, le Monte Renoso

Des rivières : Le Golo, le Cavu, la Gravona, le Taravo, le Tavignano

Le temps : La Corse a un climat méditerranéen. L'hiver est doux et l'été est très chaud.

Des personnes célèbres : Napoléon Bonaparte (empereur français), Garance Doré (photographe), Alizée (chanteuse), Marion Bartoli (joueuse de tennis), Laetitia Casta (mannequin et actrice)

La nourriture : Les rougets à la Bonifacienne (poisson aux anchois), le figatelli (saucisson de foie de porc et de viande), le fiadone de Marylène (gâteau au fromage de brebis), les frappes Corses (beignets), la brouillade d'œufs aux oursins, la coupiette (pain aux raisins et aux noix), le pâté de sanglier

Des fêtes : Le Carnaval de Corse (février), le Festival Contami (avril), le Festival Jazz Equinoxe (juillet), De pages en plages – Festival du livre (juillet), le Festival international du documentaire (novembre)

Étude de cas

Lisez le texte et répondez aux questions.

1. Située au cœur de la Méditerranée, à 170 kilomètres des côtes françaises et 80 kilomètres des côtes italiennes, la Corse est une destination de vacances populaire pour les Français et les Italiens. On peut facilement aller à l'île en avion ou par mer.

2. Il y a quatre aéroports en Corse. Un vol de Nice ou de Marseille dure seulement quarante-cinq minutes. Chaque année, il y a plus de 15,000 vols entre La Corse et le continent.

3. Il y a six ports en Corse. Quatre compagnies de ferries assurent les liaisons entre la Corse et le continent. La traversée dure en général entre 3h30 et 5h30. On a aussi la possibilité de voyager de nuit, mais le trajet peut durer dix heures. Il y a presque trente traversées par jour pendant l'été.

4. Quand on arrive en Corse, on peut louer une voiture pour voir toute la beauté de l'île, parce que les transports en commun ne sont pas très bons. Si on conduit, on a un meilleur accès à tous les villages de l'île.

1. Où se trouve la Corse ? (Section 1)
2. Combien d'aéroports y a-t-il en Corse ? (Section 2)
3. Combien de temps dure le vol de Nice vers la Corse ? (Section 2)
4. Combien y a-t-il de vols entre la Corse et le continent par an ? (Section 2)
5. Combien de ports y a-t-il en Corse ? (Section 3)
6. Combien de temps dure le voyage en bateau la nuit ? (Section 3)
7. Combien de traversées y a-t-il par jour en été ? (Section 3)
8. Pourquoi faut-il louer une voiture en Corse ? (Section 4)

Allez à la **page 43** de votre *Chef d'œuvre* pour compléter l'Activité 5 : Bonjour de la Corse !

cent quarante et un

Résumé

EXERCICE A

Remplissez les blancs pour compléter la grille de mots croisés.

Horizontalement

3. Il y a six traversées de _____ par semaine entre Rosslare et Cherbourg. (5)
4. Nous _____ à gauche en Irlande. (10)
7. Renault est une marque française de _____. (7)
8. Le _____ de Paris est très pratique. (5)

Verticalement

1. À l'aéroport, on a besoin d'un passeport et d'une carte d'_____. (12)
2. Le train part de la _____. (4)
5. On peut prendre le _____ pour aller en Corse. (6)
6. Les conducteurs doivent respecter le code de la _____. (5)

EXERCICE B

Entourez l'intrus.

1. partir   voyager   venir   ~~penser~~
2. une voiture   un bateau   ~~un klaxon~~ *nom (car)*   un avion
3. un aller-retour   un aller simple   ~~l'essence~~ *petrol*   le guichet
4. un vol   un avion   ma valise   ~~mon permis de conduire~~
5. la mer   un port   un ferry   ~~une ceinture de sécurité~~
6. la douane   l'aéroport   le pilote   ~~la traversée~~ *crossing (ferry)*

EXERCICE C

PROCHAINS DÉPARTS
Trains grandes lignes

Transporteur	N°	Heure	Destination	Informations	Quai
SNCF TGV	6866	08:04	METZ VILLE		F
SNCF TGV	6808	08:04	PARIS		A
SNCF TGV	6801	08:06	MARSEILLE		K
SNCF TER	17972	08:08	ANNECY		E
SNCF TER	886602	08:12	ROANNE		A

1. What time is the next train leaving?
2. Which platform does the train to Marseille depart from?
3. What type of train leaves at 08:04?
4. Where is the 08:12 train going?
5. What number is the train to Paris?
6. Where is the train leaving from platform E going?

Allons-y 2

EXERCICE D

Écoutez la conversation et répondez aux questions.

1. Where is the passenger travelling to?
2. What class of ticket does she buy?
3. What type of seat would she like?
4. How much does the ticket cost?
5. From which platform does the train leave?
6. What time does the train leave?

EXERCICE E

Remplissez la grille avec les verbes **venir**, **partir** et **conduire** au présent.

Venir	Partir	Conduire
je _____	_____ pars	je _____
_____ viens	_____ _____	_____ conduis
il _____	il _____	_____ _____
_____ _____	_____ _____	_____ _____
on _____	_____ _____	_____ conduit
nous _____	_____ partons	nous _____
_____ _____	_____ _____	_____ _____
_____ viennent	ils _____	ils _____
_____ _____	_____ partent	_____ conduisent

144   cent quarante-quatre

EXERCICE F

Mettez les pronoms corrects devant chaque verbe pour compléter la grille.

1.	Je	pars
2.		vient
3.		revenons
4.		prévenez
5.		part
6.		deviennent
7.		partez
8.		viens
9.		viennent

EXERCICE G

Traduisez en français.

1. I always leave early.

2. The baby is becoming tired.

3. He comes from Corsica.

4. Jane is leaving soon.

5. They warn they will be late.

6. The train leaves at 9 a.m.

7. We are coming back from France in July.

8. They never come to Ireland.

Allons-y 2

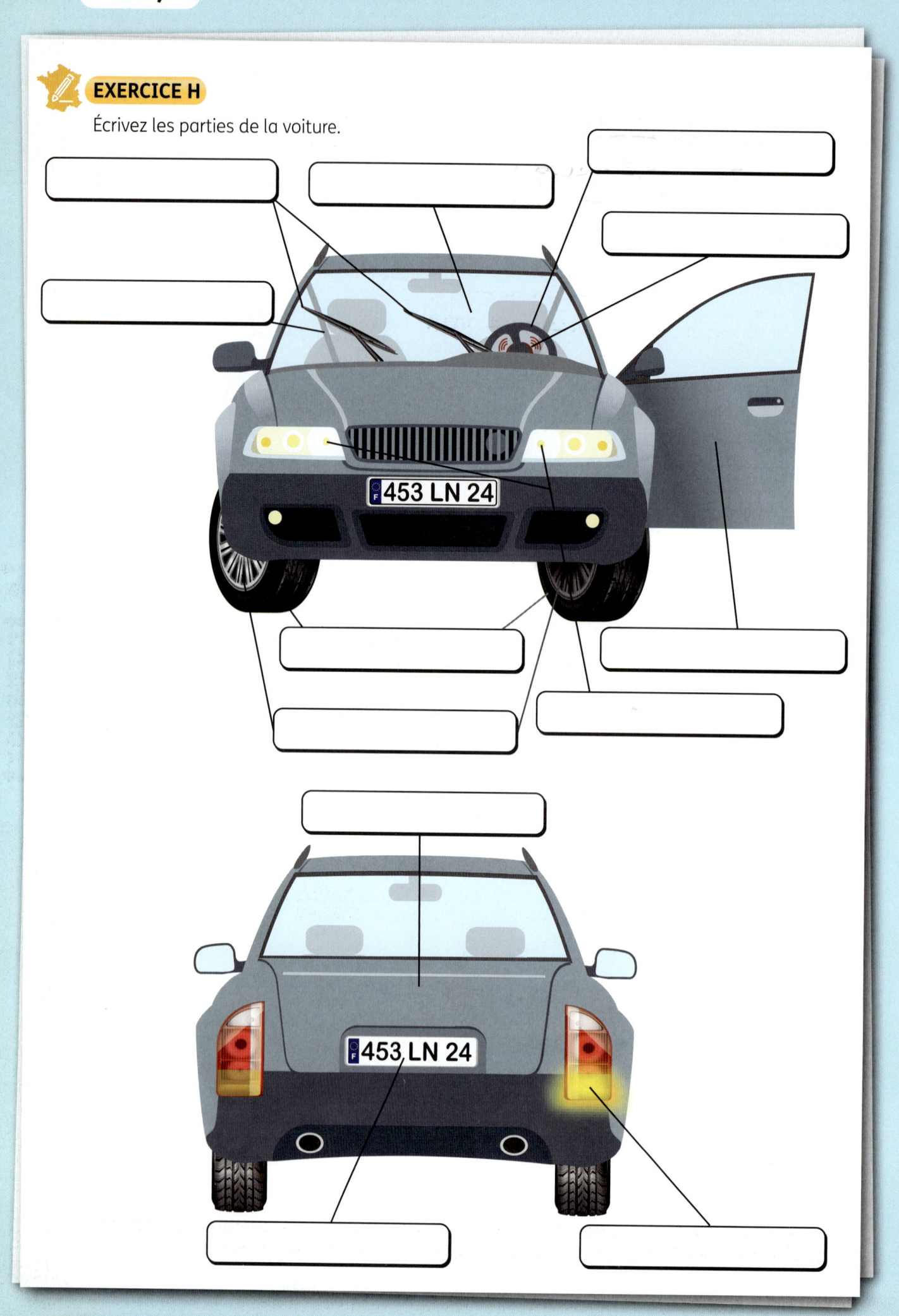

EXERCICE H

Écrivez les parties de la voiture.

146

cent quarante-six

Le texte authentique

Observez l'affiche et répondez aux questions.

PARTICIPEZ AU CHALLENGE de la mobilité **NORD-PAS DE CALAIS**
21 ET 22 SEPTEMBRE 2015

NORD-PAS DE CALAIS
LA TROISIEME REVOLUTION INDUSTRIELLE EST EN MARCHE

Au travail, j'y vais autrement !

EN TRAIN !
À PIED !
EN BUS !
EN COVOITURAGE !
EN VÉLO !

Et si nous relevions le défi ?
Pour participer, inscrivez-vous sur
www.challengemobilite-npdc.fr

1. On what dates did the challenge take place?
2. Where can people sign up for the challenge?
3. List the five ways of getting to work that are suggested.
4. In French, state which mode of transport you think is the best for commuters and give three reasons for your answer.

Exemple

Je pense que le vélo est le meilleur moyen de transport pour se rendre au travail. Il est assez rapide. Il nous aide à rester en forme. Il est aussi respectueux de l'environnement.

Allons-y 2

Évaluation en classe

🔍 CBA 1: Oral Communication

Créez un jeu de rôle – voyager en France

1. Split into pairs.

2. Using the vocabulary you have learned in chapter 4, plan and write a short role play (approximately three minutes) imagining a conversation in which a journey in France is being booked. It should contain:

    • the mode of transport
    • the destination
    • the departure and arrival time
    • the cost of the journey
    • any other details you want to include.

    Note that the person playing the customer should ask the person playing the ticket seller for some of these details.

3. Perform your role play.

4. Your teacher will ask you some questions about your role play and give you feedback.

5. Go to **page 172** of your *Chef d'œuvre* to reflect on your part in the role play: Comment on how you used the vocabulary you've learned so far in your role play. Give one important thing you learned from doing the task. Say what things you would change or try to improve on.

> 📝 Allez à la **page 45** de votre *Chef d'œuvre* pour évaluer ce que vous avez appris au chapitre 4.

5 Les vacances

Vive les vacances !

Dans ce chapitre, vous allez étudier :
In this chapter, you will study:

- Les pays 150
  Countries
- Les nationalités 155
  Nationalities
- La météo au futur 160
  Weather in the future tense
- Faire la valise 162
  Packing the suitcase
- À l'hôtel 164
  At the hotel
- Les cartes postales 176
  Postcards

Grammaire
Grammar

- Les prépositions **en**, **au** et **aux** devant les noms de pays 150
  The prepositions en, au and aux before country names
- Le passé composé avec **avoir** 1 170
  The past tense with avoir 1
- Le passé composé à la forme négative 174
  The past tense in the negative form

Culture
Culture

- Les vacances en France 157
  Holidays in France
- Le dossier francophone : Les Seychelles 180
  The francophone file: The Seychelles
- Le texte authentique : règlement d'une piscine 187
  Authentic text: pool rules

- Résumé 182
  Revision
- Évaluation en classe : Créez un jeu de rôle – à l'accueil d'un hôtel 188
  Classroom-Based Assessment: Create a role play – at the front desk of a hotel

cent quarante-neuf   149

Allons-y 2

Les pays

Maintenant que vous connaissez le vocabulaire du voyage, où voulez-vous aller ?

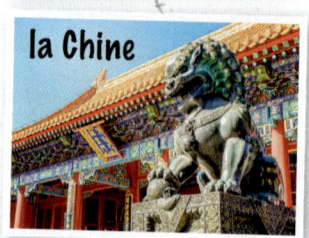

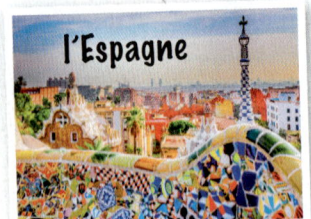

- l'Afrique du Sud (f.)
- l'Allemagne (f.)
- l'Angleterre (f.)
- l'Australie (f.)
- l'Autriche (f.)
- la Belgique (f.)
- le Brésil (m.)
- le Canada (m.)
- les Caraïbes (pl.)
- la Chine (f.)
- la Croatie (f.)
- le Danemark (m.)
- l'Écosse (f.)
- l'Espagne (f.)
- les États-Unis (pl.)
- la Finlande (f.)

Les prépositions en, au et aux devant les noms de pays

When you are learning the names of countries in French, you have to learn their gender. There are two reasons:

1. Country names always need the definite article (**le** / **la** / **les**) in front of them (e.g. **J'aime la France**; **Elle adore le Portugal**; **Nous visitons les États-Unis**).

2. When you talk about being in or going to a country, the preposition changes depending on its gender or if it is plural, as shown in the table below.

Gender	Preposition	Examples
Feminine	en	Elle habite **en Irlande**. Elle va en vacances **en Grèce**.
Masculine	au	Tu habites **au Portugal**. Tu vas en vacances **au Japon**.
Plural	aux	J'habite **aux États-Unis**. Je vais en vacances **aux Caraïbes**.

150   cent cinquante

Junior Cycle French – Second and Third Year

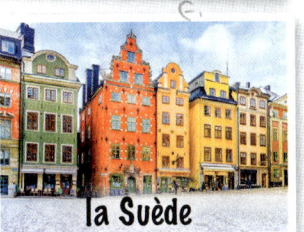

la France — la Grèce — la Hongrie — l'Islande
l'Inde — l'Italie — le Japon — la Norvège
la Nouvelle-Zélande — les Pays-Bas — le Pays de Galles — la Pologne
le Portugal — la Russie
la Suède — la Suisse

> **Retenez !**
>
> The countries named here that begin with vowels (e.g. **l'Afrique du Sud**, **l'Écosse** and **l'Italie**) are all feminine (and therefore take the preposition en). If you want to talk about another country that begins with a vowel, you will have to check its gender in the dictionary. Usually, if a country ends in the letter 'e' it is feminine.

5.1 Écoutez !

Écoutez et répétez les noms de pays.

EXERCICE 1

Masculin, féminin ou pluriel ? Rangez les pays suivants dans la bonne colonne.

Canada Écosse Espagne États-Unis Belgique Danemark Suisse Japon Chine Roumanie Brésil Pays-Bas Inde Angleterre Pays de Galle Portugal

Masculin	Féminin	Pluriel
le Canada le Danemark le Japan le Bresil le Portugal	l'écosse l'espagne la belgique la suisse la chine l'Inde l'angleterre	les états-unis les pays-bas les pays de galles

5 Les vacances

cent cinquante et un 151

Allons-y 2

EXERCICE 2

Remplissez les blancs avec **en**, **au** ou **aux**.

1. Je vais ___en___ Australie l'année prochaine.
2. Ils vont ___au___ Portugal.
3. Je vais ___aux___ États-Unis avec ma meilleure amie.
4. Ma famille habite ___en___ Pologne.
5. Elle va ___en___ Finlande pour Noël.
6. Vas-tu conduire ___au___ pays de Galles ?
7. Nous irons ___en___ France mercredi.
8. Il y a un grand carnaval ___au___ Brésil.
9. Nous allons en vacances ___en___ Espagne.
10. Je vais ___en___ Grèce avec ma mère.

Allez à la **page 36** de votre *Trousse de grammaire* pour compléter les exercices : Les prépositions **en**, **au** et **aux** devant les noms de pays.

Je connais les prépositions et l'article défini qu'il faut mettre devant les noms de pays.

5.2 Écoutez !

Écoutez et remplissez la grille.

		Country	Who they are going with	When they are going
1.	Jean-Luc			
2.	Marlène			
3.	Emmanuel			
4.	Simone			

5.3 Écoutez !

On a demandé aux Français où ils aimeraient le plus partir en vacances. Écoutez les cinq pays les plus populaires et classez-les par ordre de préférence (1 étant leur préféré, 5 étant celui qu'ils aiment le moins).

Spain	
the USA	
Italy	
Canada	
Australia	

EXERCICE 3

Quelles vacances préféreraient-ils ? Lisez les annonces pour les voyages et cochez (✓) la case correcte.

VACANCES D'ÉTÉ 2024

Paris (France)	Toronto (Canada)	Barcelone (Espagne)	New York (États-Unis)	Dublin (Irlande)
Balade gourmande guidée À la découverte des saveurs de la capitale de la gastronomie **Disneyland** Une expérience inoubliable pour les enfants ou les plus grands	**Le zoo de Toronto** Le plus grand zoo du Canada avec plus de 5 000 animaux **Le Musée royal de l'Ontario** Visites guidées et soirée gratuite le troisième mardi du mois	**Le musée Dali** La maison du célèbre peintre surréaliste **La plage de la Barceloneta** Une immense plage de sable doré, la plus connue et la plus fréquentée de Barcelone	**La statue de la Liberté** Un des sites les plus connus au monde **Broadway** Assistez à un spectacle comme *Les Misérables* ou *Le Fantôme de l'Opéra*	**Croke Park** Un stade sportif et le siège de la GAA **Le Livre du Kells** Un chef-d'œuvre du christianisme irlandais dans une belle bibliothèque

5 Les vacances

1. Marie aime les animaux, alors elle préfère
   - [✓] le Canada
   - [ ] les États-Unis
   - [ ] l'Espagne
   - [ ] l'Irlande

2. Luc adore la mer, alors il préfère,
   - [ ] la France
   - [✓] l'Espagne
   - [ ] l'Irlande
   - [ ] les États-Unis

3. Siobhan et James aiment le théâtre, alors ils préfèrent
   - [✓] les États-Unis
   - [ ] le Canada
   - [ ] l'Espagne
   - [ ] la France

4. Fabien adore le sport, alors il préfère
   - [ ] le Canada
   - [ ] les États-Unis
   - [ ] l'Espagne
   - [✓] l'Irlande

5. Sophie aime manger, alors elle préfère
   - [✓] la France
   - [ ] l'Espagne
   - [ ] l'Irlande
   - [ ] les États-Unis

Allons-y 2

EXERCICE 4

Remplissez le premier blanc avec **du**, **de la**, **de l'** ou **des**. Puis remplissez le deuxième blanc avec les capitales qui correspondent à chaque pays.

> Bruxelles   Londres   Madrid   Amsterdam   Rome   Edimbourg   Athènes   Copenhague

1. La capitale _de l'_ Angleterre est _Londres_.
2. La capitale _de la_ Belgique est _Bruxelles_.
3. La capitale _des_ Pays-Bas est _Amsterdam_.
4. La capitale _de l'_ Espagne est _Madrid_.
5. La capitale _de la_ Grèce est _Athènes_.
6. La capitale _de l'_ Italie est _Rome_.
7. La capitale _du_ Danemark est _Copenhague_.
8. La capitale _de l'_ Écosse est _Edimbourg_.

Retenez !

Remember that when you want to say 'of', **le** becomes **du**, **la** becomes **de la**, **l'** becomes **de l'** and **les** becomes **des** (e.g. **La capitale de la France est Paris.**)

EXERCICE 5

En classe, recherchez puis énoncez une info sur un pays en suivant l'ordre alphabétique, chacun à votre tour.

le Canada	la Croatie	la Colombie	la Chine
les Philippines	le Portugal	la Pologne	le Pérou
le Laos	la Lettonie	la Libye	la Lituanie

Exemple

Personne 1 : La capitale de l'Autriche est Vienne.

Personne 2 : Le français est la langue principale au Burkina Faso.

Personne 3 : Le drapeau de la Chine est rouge, avec une grande étoile et quatre étoiles plus petites.

Personne 4 : Le Danemark se connecte à la Suède par un pont.

Les nationalités

Pays	Nationalité
l'Afrique du Sud	sud-africain(e)
l'Allemagne	allemand(e)
l'Angleterre	anglais(e)
l'Australie	australien(ne)
l'Autriche	autrichien(ne)
la Belgique	belge
le Brésil	brésilien(ne)
le Canada	canadien(ne)
la Chine	chinois(e)
la Croatie	croate
le Danemark	danois(e)
l'Écosse	écossais(e)
l'Espagne	espagnol(e)
les États-Unis	américain(e)
la Finlande	finlandais(e)
la France	français(e)
la Grèce	grec(que)
la Hongrie	hongrois(e)
l'Islande	islandais(e)
l'Inde	indien(ne)
l'Irlande	irlandais(e)
l'Italie	italien(ne)
le Japon	japonais(e)
la Norvège	norvégien(ne)
la Nouvelle-Zélande	néo-zélandais(e)
les Pays-Bas	néerlandais(e)
le pays de Galles	gallois(e)
la Pologne	polonais(e)
le Portugal	portugais(e)
la Russie	russe
la Suède	suédois(e)
la Suisse	suisse

Allons-y 2

EXERCICE 6
Remplissez les blancs avec les adjectifs de nationalité.
1. Il habite à Paris. Il est _française_.
2. Mon amie habite à Lisbonne. Elle est _portugaise_.
3. Roberto habite en Italie. Il est _italien_.
4. Luca habite en Pologne. Il est _polonais_.
5. Tu habites à Madrid. Tu es _espagnol_.
6. Liling habite en Chine. Elle est _chinoise_.
7. Nous habitons aux Pays-Bas. Nous sommes _~~gettois~~ neerlandais_.
8. Mes cousins habitent aux États-Unis. Ils sont _américain_.

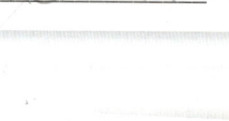

> **Retenez !**
> When they are used as adjectives (descriptive words), nationalities begin with a lowercase letter, e.g. **Il est français; la cuisine française**. When they are used as nouns (person, place or thing), they begin with a capital letter, e.g. **un Français / une Française** (a Frenchman/a Frenchwoman).

EXERCICE 7
Lisez le texte et répondez aux questions.

Salut. Je m'appelle Susanne et j'ai quatorze ans. Je suis suisse. J'habite à Lausanne. Je suis née ici, mais ma mère est française et mon père est américain.

Les parents de ma mère habitent à Évian-les-Bains. C'est en France, mais c'est à une heure de voiture d'ici ou trente minutes avec le ferry du lac Léman. Évian-les-Bains est une ville thermale historique. C'est très jolie.

Mon grand-père Harry habite à New York. J'adore New York – la grosse pomme ! Lorsque nous visitons la ville, nous allons toujours à Coney Island. C'est super ! Malheureusement, il faut huit heures d'avion pour y aller.

1. What nationality is Susanne? _Swiss_
2. Where does she live? _Lausanne_
3. What nationality is her mother? _French_
4. What nationality is her father? _american_
5. How long does it take to reach her grandparents in France by boat?
   ☐ One hour   ☑ Thirty minutes   ☐ Eight hours
6. How long does it take to reach them by car? _1 hour_
7. Where does her grandfather Harry live? _New York_
8. What method of transport is used to get there?
   ☐ Car   ☑ Plane   ☐ Boat

5.4 Écoutez !

Écoutez la conversation et répondez aux questions en anglais.

Lucien va en (F) Suisse

1. Where is Lucien going on holiday this summer? *Switzerland*

2. What would Lucien like to do when he is there?
   - [ ] Visit his family
   - [x] Improve his French
   - [ ] Visit the sites
   - [ ] Go shopping

Lucien veut améliorer son français
to improve eg. J'améliore = I am improving

3. What nationality is Félix's mother? *American*
   La mère de Félix est américain

4. Name two things Félix will do on his holiday? *visit family, visit the white house*
   Félix va voir sa famille et visiter la Maison Blanche.

Les vacances en France

1. La plupart des Français prennent un mois de vacances entre début juillet et mi-août. On appelle cette période « les grandes vacances ». Environ soixante pour cent des Français restent en France.

2. Certains ont une résidence secondaire à la campagne ou au bord de la mer. D'autres louent un gîte ou un appartement. Beaucoup de gens vont dans le sud de la France. Il faut avoir de la patience, parce qu'il est normal d'avoir des embouteillages sur l'autoroute.

3. En France, il y a 1,900 plages et les températures en été peuvent atteindre trente degrés. Ce sont les conditions parfaites pour aller en vacances au bord de la mer. Beaucoup de gens vont dans des stations balnéaires, comme Antibes ou Juan-les-Pins, sur la Côte d'Azur.

Allons-y 2

4. Il y a des gens qui vont en vacances à la montagne près d'une station de ski. On peut faire du ski dans les Pyrénées et dans le centre de la France. Les Alpes sont les plus populaires pour le ski. La plus grande station de ski au monde est Les Trois Vallées dans les Alpes françaises.

Des mots clés

un gîte	rented holiday home	une station balnéaire	beach resort
une plage	beach	une station de ski	ski resort

EXERCICE 8

Lisez le texte ci-dessus et répondez aux questions.

1. When do most French people take holidays? (Section 1) *start of july to mid august*

2. What percentage of French people remain in France on holiday? (Section 1)
   - [ ] 50 per cent
   - [x] 60 per cent
   - [ ] 70 per cent

3. In what two places do some people have second homes? (Section 2) *countryside and by the sea.*

4. What happens on the roads during the holiday period? (Section 2)
   - [ ] There are more accidents
   - [ ] There are road closures
   - [x] There are traffic jams

5. How many beaches are there in France? (Section 3) *1,900 beaches*

6. What does the temperature rise to during the summer? (Section 3) *can reach up to 30°c.*

7. Where are the beach resorts Antibes and Juan-les-Pins located? (Section 3)

8. What is special about Les Trois Vallées? (Section 4)
   - [ ] It is the world's most popular ski resort
   - [x] It is the world's biggest ski resort
   - [ ] It is the world's highest ski resort

5.5 Écoutez !

Écoutez et répondez aux questions.

1. **a.** During what month is Delphine going on holidays?
   - [ ] June
   - [x] July
   - [ ] August

   Delphine part en vacances au mois de juillet avec ses trois amies.

   Ce seront ses premières vacances sans ses parents. (will be)
   C'est mon premier voyage [sans] mes parents
   Elle espère qu'il y aura du soleil tous les jours.

   b. Who is she going with? 3 friends
   c. Where are they going to stay? apartment beside the sea in the south of France
   d. What does she hope the weather will be like? sunny everyday

2. **a.** Who is Luc going on holidays with? dad, brother and step-mother
   b. Where are they going? berlin
   c. Where will they stay? in the town
   - [ ] In an apartment
   - [x] In a hotel — un bel hôtel
   - [ ] With friends

   C'est / Ce sera / Ça va être   voyage / séjour

   d. Name three activities they have planned.
   at night go to a restaurant, visit a museum

3. **a.** Where would Michel like to go on holidays this year?
   b. When does he plan to go?
   c. Name two things he hopes to enjoy when he is there.
   d. What does he expect the weather to be like?
   - [ ] Cold
   - [ ] Wet
   - [ ] Sunny

Allez à la **page 50** de votre *Chef d'œuvre* pour compléter l'Activité 1 : Mes vacances de rêve.

EXERCICE 9

Par deux, parlez de vos vacances de rêve.

- Dans quel pays / quelle ville voudrais-tu aller ?
  Exemple : *Je voudrais aller au Japon, surtout à Kyoto.*
- Quand voudrais-tu y aller ?
  Exemple : *Je voudrais y aller au printemps pour voir les cerisiers en fleurs.*
- Avec qui voudrais-tu y aller ?
  Exemple : *Je voudrais y aller seul.*
- Quelles sont les trois choses que tu envisages de faire là-bas ?
  Exemple : *Je voudrais explorer les bâtiments historiques, manger des sushis et prendre un train à grande vitesse.*

Allons-y 2

La météo au futur

Avant de partir en vacances, il faut savoir quelle sera la météo sur votre lieu de séjour.

Des mots clés

Quel temps fera-t-il ? — What will the weather be like?

	Aujourd'hui	Au futur		Aujourd'hui	Au futur
	Il fait chaud	Il fera chaud		Il y a du brouillard	Il y aura du brouillard = fog
	Il fait froid	Il fera froid		Il y a de l'orage	Il y aura de l'orage = stormy
	Il fait beau	Il fera beau		Il y a des averses	Il y aura des averses = showers
	Il fait mauvais	Il fera mauvais		Il y a des éclaircies	Il y aura des éclaircies = bright spells
	Il y a du vent	Il y aura du vent		Il gèle	Il gèlera
	Il y a des nuages	Il y aura des nuages		Il neige	Il neigera
	Il y a du soleil	Il y aura du soleil		Il pleut	Il pleuvra

5.6 Écoutez !

Écoutez et répétez la météo au futur.

5.7 Écoutez !

malheureusement,

Écoutez et remplissez la grille.

		Destination	Weather
1. ✓	Thomas	Rome	it will be hot
2. ✓	Madeline	Edinbrug	it will be raining.
3. ✓	Mason	Portugal	it will be sunny
4. ✓	Céleste	Alps	it will be sunny, snowing

160 cent soixante

Junior Cycle French – Second and Third Year

EXERCICE 10

Mettez les phrases au futur.

Exemple

Dans l'est de l'Allemagne, il y a des averses.   *Dans l'est de l'Allemagne, il y aura des averses.*

1. Il fait très chaud dans le sud de la France. _____
2. À Londres, il y a des orages. _____
3. Il pleut à Edimbourg. _____
4. À Dublin, il y a des nuages. _____
5. Il fait chaud dans le sud du Portugal. _____
6. Il y a des éclaircies à Bruxelles. _____

EXERCICE 11

Lisez la conversation par texto et répondez aux questions en anglais.

Gaspard : Quoi de neuf, Romain ? Tu veux faire du kayak avec moi dimanche ?

Romain : Ça dépend. Quel temps fera-t-il ?

Gaspard : Il fera beau. Il n'y aura pas de vent.

Romain : La dernière fois que j'ai fait du kayak, je suis tombé à l'eau !

Gaspard : Ne t'inquiète pas ! Dimanche, les conditions seront parfaites.

Romain : Bon. Je te retrouve au bord de la rivière à 9 heures.

1. What day is Romain going kayaking?
2. What will the weather be like?
   - [ ] Fine
   - [ ] Windy
   - [ ] Sunny
3. What happened the last time Romain went kayaking?
4. Where will they meet?

EXERCICE 12

Par deux, parlez de la météo de la semaine pour les deux destinations.

Antibes 28°
- Lundi 19° 26°
- Mardi 27° 31°
- Mercredi 22° 26°
- Jeudi 18° 24°
- Vendredi 28° 30°
- Samedi 20° 25°

Méribel 3°
- Samedi 2° 3°
- Dimanche 1° 5°
- Lundi 2° 4°
- Mardi 4° 7°
- Mercredi 3° 6°
- Jeudi 2° 6°

Allez à la **page 51** de votre *Chef d'œuvre* pour compléter l'Activité 2 : La météo de demain.

Je sais parler de la météo au futur.

cent soixante et un

Allons-y 2

Faire la valise

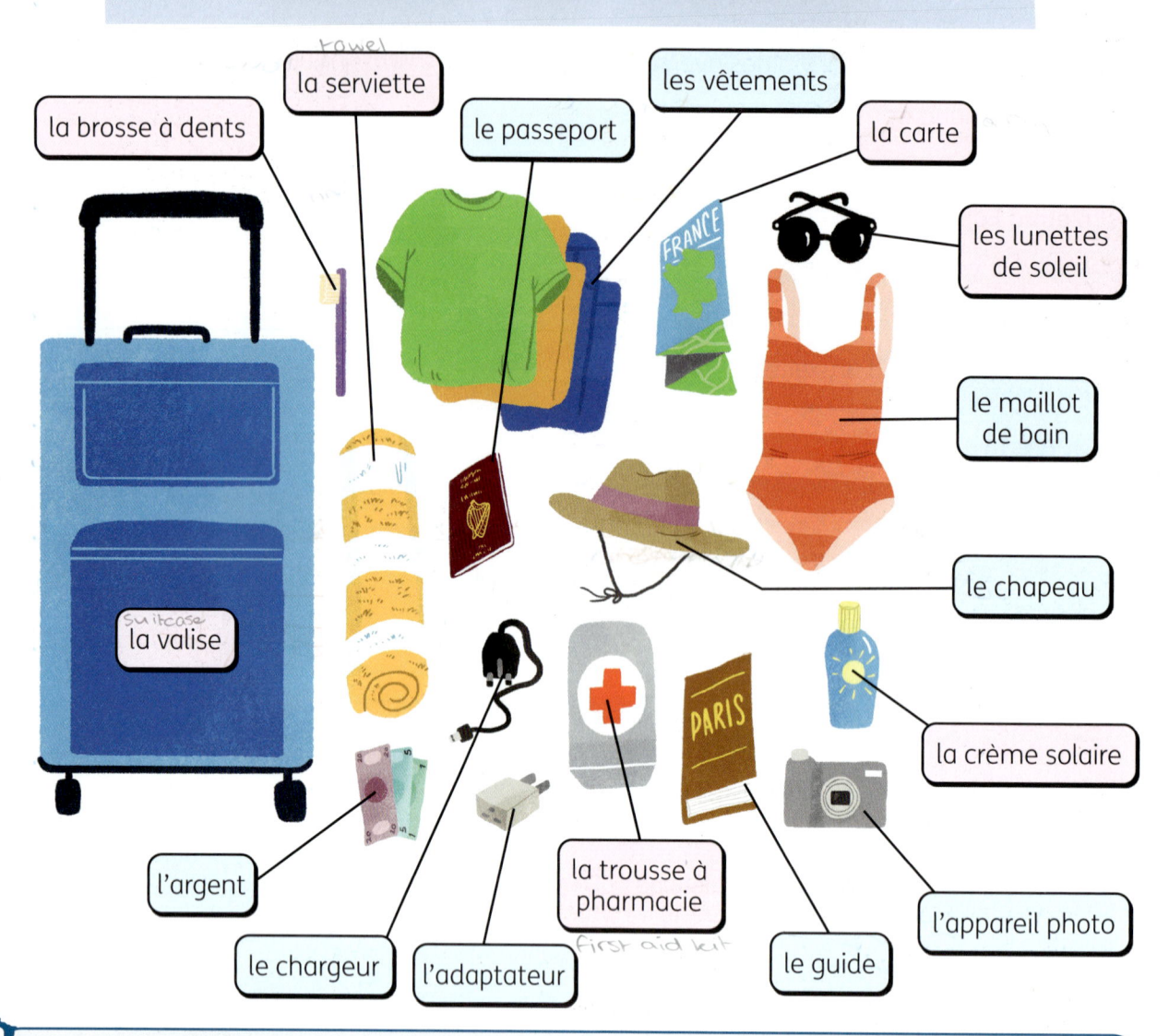

pack your suitcase

- la brosse à dents
- la serviette (*towel*)
- le passeport
- les vêtements
- la carte
- les lunettes de soleil
- le maillot de bain
- le chapeau
- la crème solaire
- l'appareil photo
- le guide
- la trousse à pharmacie (*first aid kit*)
- l'adaptateur
- le chargeur
- l'argent
- la valise (*suitcase*)

5.8 Écoutez !
Écoutez et répétez ce qu'il faut mettre dans sa valise.

5.9 Écoutez !
Écoutez et cochez (✓) la case correcte.

1. Lucie et sa mère parlent de

☐   ☐   ☐

162　　cent soixante-deux

2. Omar et Nora parlent de

☐   ☐   ☐

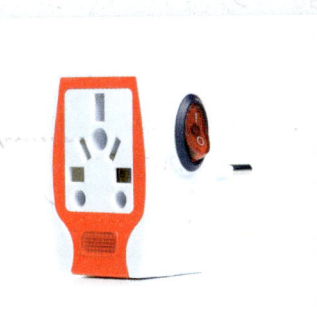

3. Le professeur et Paul parlent de

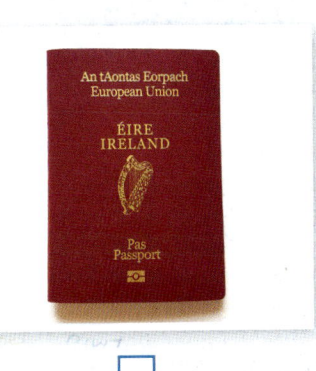

☐   ☐   ☐

5.10 Écoutez !

Écoutez les conversations et répondez aux questions.

1. a. When is Céline going on holiday? *tomorrow*
   b. Where is she going?
      ☐ USA
      ☑ Spain
      ☐ Portugal
   c. Name three things she has packed in her suitcase. *sunglasses, swimsuit, hat, suncream*
   d. Name two things she hopes to do on holiday. *go sailing and sail in the sea*

2. a. When is Eric going on holiday? *going to visit a pen pal from Ireland*
      ☐ Monday
      ☑ Thursday
      ☐ Friday
   b. Name three things he has already packed. *camera, tourist guide, gifts for pen pals family*
   c. What does his friend tell him not to forget? *phone charger*
   d. Write the rest of Eric's phone number.

   | 0 | 8 | 3 | 4 | 5 | 8 | 9 | 0 | 6 | 7 |

EXERCICE 13

Par deux, parlez du moment où vous faites votre valise.

- À votre avis, quelles sont les choses les plus importantes à mettre dans votre valise lorsque vous partez en vacances au bord de la mer / au ski / lorsque vous partez pour un week-end dans une grande ville ?

Allez à la **page 57** de votre *Chef d'œuvre* pour compléter l'Activité 3 : Faites vos valises !

cent soixante-trois

Allons-y 2

À l'hôtel

Puis-je vous aider ? *(may I help you?)*

Je voudrais réserver ... *(je peux)*

une chambre pour une personne	une chambre double
une chambre à deux lits *(twin room)*	une chambre familiale *(family room)*

Avec ...

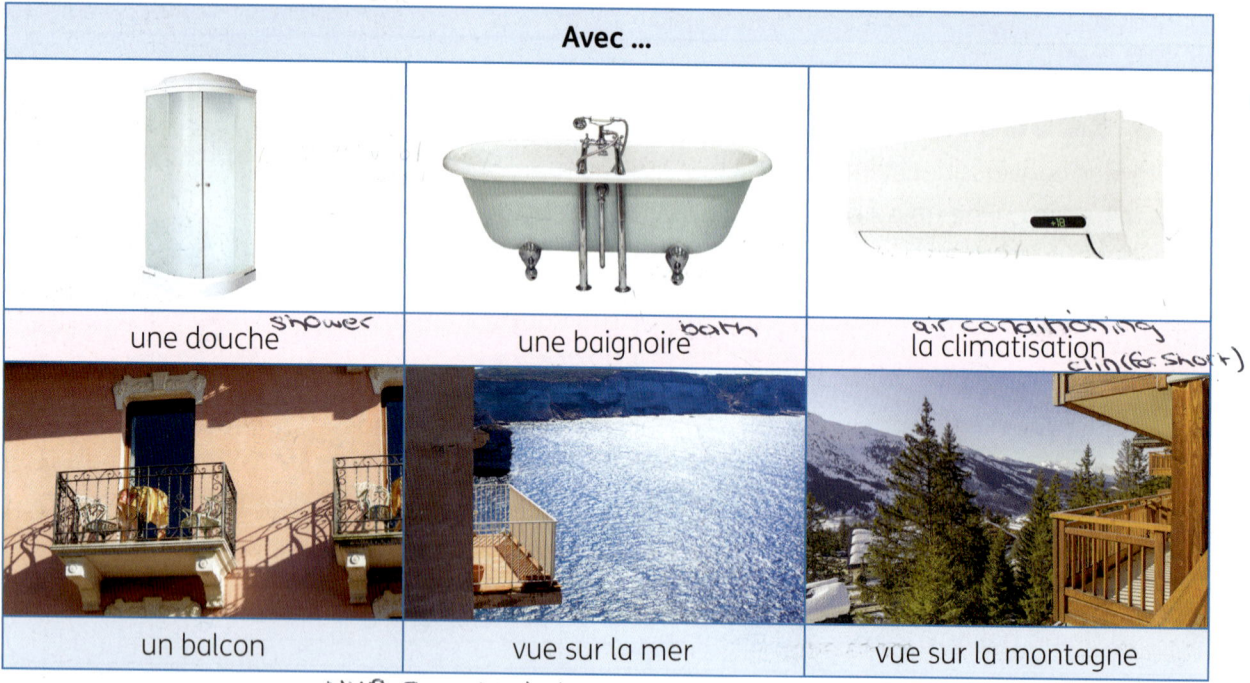

une douche *(shower)*	une baignoire *(bath)*	la climatisation *(air conditioning — clim (for short))*
un balcon	vue sur la mer *(vue sur la lake)*	vue sur la montagne

Pour combien de nuits ?

Pour ...

une nuit	deux nuits / le week-end	trois nuits	sept nuits / une semaine

164   cent soixante-quatre

Est-ce qu'il y a … ?

un parking — car park

un restaurant — restaurant

une piscine — swimming pool

un ascenseur — lift

5.11 Écoutez !

Écoutez et lisez la conversation à l'accueil de l'hôtel.

Réceptionniste : Bonjour. Je peux vous aider, monsieur ? *(Puis-je vous aider)*

Client : Oui. Je voudrais réserver une chambre pour trois nuits, s'il vous plaît.

Réceptionniste : Pour combien de personnes ?

Client : Pour deux personnes. Nous voudrions une chambre avec vue sur la mer, si possible. *(je voudrais / on voudrait)*

Réceptionniste : Bien. Il y a une chambre double libre avec une belle vue.

Client : Parfait. C'est combien ?

Réceptionniste : C'est 50 € par nuit. C'est à quel nom ? *gratuit(e) = free (€0)*

Client : Au nom de Moreau. M-O-R-E-A-U.

Réceptionniste : Bien. Vous avez la chambre 34. Voici la clé. L'ascenseur est au bout du couloir. *(the key) (at the end of)*

Client : Parfait. Merci, monsieur.

Réceptionniste : Merci. J'espère que vous profiterez de votre séjour ici.

1. How many rooms does the customer want to book? 1 room
2. How many nights will he stay?
   - [ ] One
   - [ ] Two
   - [x] Three
3. What would he like the room to have a view of? view of the sea
4. How much does the room cost per night? €50 (cinquante)

5 Les vacances

cent soixante-cinq — 165

Allons-y 2

EXERCICE 14

Écrivez les bonnes descriptions en français.

Exemple

Je voudrais réserver ___une chambre pour une personne___ avec ___une baignoire___.

1. Je voudrais réserver ___une chambre double___ avec ___une douche___.

2. Je voudrais réserver ___un chambre à deux lits___ avec ___un balcon___ et ___vue sur la mer___.

3. Je voudrais réserver ___un chambre famille___ avec ___la climatisation___ pour ___deux nuits___.

4. Je voudrais réserver ___un chambre double___ avec ___vue sur la montagne___ pour ___trois nuits___.

5. Est-ce qu'il y a ___une piscine___ ?

6. Est-ce qu'il y a ___un ascenseur___ ?

5.12 Écoutez !

Écoutez la conversation et remplissez les blancs.

Réceptionniste : Bienvenue à l'Hôtel Excelsior, madame. Je peux vous aider ?

Cliente : Bonjour. Je voudrais réserver une ___chambre___ pour cinq ___nuits___, s'il vous plaît.

Réceptionniste : Pour combien de ___personnes___, madame ?

Cliente : Pour ___quatre___ personnes : deux adultes et deux ___enfants___.

Réceptionniste : Oui, madame. Nous avons une chambre ___famille___ avec trois ___lits___.

Cliente : C'est combien ?

Réceptionniste : C'est ___quarante___ euros par nuit.

Cliente : Est-ce qu'il y a une ___piscine___ ?

Réceptionniste : Oui, elle est ___derrière___ l'hôtel.

Cliente : Parfait.

Réceptionniste : C'est à quel ___nom___ ?

Cliente : Au nom de Durand. D-U-R-A-N-D.

Réceptionniste : Très bien. Vous avez la chambre ___87___. Voici la clé.

Cliente : Merci. À quelle heure est servi le ___petit-déjeuner___ ?

Réceptionniste : Il est servi à partir de 7h jusqu'à ___9:30___, madame. J'espère que vous profiterez de votre séjour ici.

Junior Cycle French – Second and Third Year

EXERCICE 15

Mettez les phrases dans le bon ordre.

Oui, bien sûr. Vous avez la chambre 201. Voilà votre clé. — 9 ✓

Au nom de La Fontaine. C'est combien ? — 6 ✓

Voici ma carte bancaire. Vous pouvez monter mes valises ? — 8 ✓

Oui. Je voudrais une chambre à deux lits, s'il vous plaît. — 2 ✓

C'est pour trois nuits. — 4 ✓

Bien. J'ai une chambre à deux lits pour trois nuits, madame. C'est à quel nom ? — 5 ✓

Bonjour, madame. Je peux vous aider ? — 1 ✓

C'est 90 € par nuit. — 7 ✓

C'est pour combien de nuits ? — 3 ✓

EXERCICE 16

Dans chaque phrase ci-dessous, cochez (✓) la case correcte.

1. Je
   - pouvez ☐
   - peux ✓
   - peut ☐

   vous aider, madame ?

   Puis-je vous aider, madame ?

2. Je
   - voudrai ☐
   - voudrait ☐
   - voudrais ✓

   réserver une chambre pour une personne.

   Nous voudrions / On voudrait

3. C'est à
   - quelle ☐
   - quel ✓ (m)
   - quels ☐

   nom ?

4. Est-ce qu'il y
   - eu ☐
   - a ✓
   - avait ☐

   une piscine ?

5. Nous voudrions une chambre avec vue
   - sur ✓ *over*
   - de ☐   *the sea*
   - à ☐

   la mer.

6. J'espère que vous profiterez de votre
   - journée ☐
   - voyage ☐ ici.
   - séjour ✓

cent soixante-sept 167

5 Les vacances

Allons-y 2

> Allez à la **page 59** de votre *Chef d'œuvre* pour compléter l'Activité 4 : Un formulaire de réservation.

5.13 Écoutez !

le petit-déjeuner est COMPRIS

Écoutez les conversations et remplissez la grille.

	Room type	Number of nights	Cost	Room number
1. ✓	family room	13	€70	554
2. ✓	room with 2 beds	3	€79	320
3. ✓	double room	7 / 1 week	€120	58 *au (604) de*
4. ✓	1 person room	the weekend	€100	205

EXERCICE 17

Par deux, utilisez les informations pour vous enregistrer à l'hôtel. Jouez les rôles du client / de la cliente et du réceptionniste / de la réceptionniste.

1.
Room type: Double with an ocean view
Nights: Five
Cost per night: €80
Name: Fournier
Room number: 65

2.
Room type: Family room for two adults and two children
Nights: Two
Cost per night: €99
Name: Moreau
Room number: 112

3.
Room type: Single with a shower
Nights: Three
Cost per night: €50
Name: Hache
Room number: 17

4.
Room type: Twin with a mountain view
Nights: Six
Cost per night: €115
Name: Martin
Room number: 301

✓ Je sais réserver une chambre d'hôtel.

Junior Cycle French – Second and Third Year

EXERCICE 18

Voici les panneaux que vous pouvez voir dans un hôtel. Reliez les nombres avec les lettres.

1.		a. Chien admis (m)(pl.) *permitted* — Les chiens sont admis	6.		f. Piscine (f)
2.		b. Connexion WiFi (f)	7.		g. Parking (m)
3.		c. Aménagements pour handicapés (m) *facilities (pl.)*	8.		h. Location de voitures (f) *rental / vélos / car hire / rental*
4.		d. Restaurant (m)	9.		i. Sèche-cheveux (m) *hair-dryer*
5.		e. Ascenseur (m) *lift*	10.		j. Climatisation (f)

1.	2.	3.	4.	5.	6.	7.	8.	9.	10.
i	d	g	j	b	h	a	f	c	e

EXERCICE 19

Cochez (✓) la case correcte pour dire si leur opinion est positive ou négative.

1. J'adore l'hôtel, surtout le grand balcon, et la vue sur la montagne est si reposante ! — positif ✓ / négatif ☐ *relaxing*

2. Le seul problème à l'hôtel, c'est que les chiens ne sont pas admis. C'est dommage ! — positif ☐ / négatif ✓ *it's a pity*

3. L'hôtel est très beau mais l'ascenseur est en panne et notre chambre se trouve au troisième étage. — positif ☐ / négatif ✓ *broken down*

4. La connexion WiFi ne fonctionne pas, c'est ennuyeux quand on a besoin d'internet pour son travail. — positif ☐ / négatif ✓ *doesn't work / embêtant = annoying*

cent soixante-neuf   169

5 Les vacances

Le passé composé avec avoir 1

To form the past tense (**le passé composé**) in French, an auxiliary or 'helping' verb is always needed. The first helping verb we will look at is **avoir** (to have). In English, there are two versions of the **passé composé**, for example 'I ate' or 'I have eaten'. In French, the 'I have …' version is always used, i.e. **J'ai mangé**.

There are two steps in this process:

1. Choose the part of **avoir** that you want to use (**j'ai**, **tu as**, **il** / **elle** / **on a**, **nous avons**, **vous avez**, **ils** / **elles ont**).

2. Add the **past participle** – this is the part of the verb that describes the action that has been done. For example, in the English sentence 'I have visited France', the word 'visited' is the past participle. The following examples outline the endings for **regular** past participles.

Forming the past participle of –er verbs
For verbs ending in **–er** (e.g. **manger**, **jouer**, **donner**), remove **–er** and add **–é**.

Avoir + past participle	Translation
J'ai mangé	I have eaten/I ate
Tu as joué	You have played/you played
Il a donné	He has given/he gave / donate

Forming the past participle of –ir verbs
For verbs ending in **–ir** (e.g. **choisir**, **rougir**, **finir**), simply remove the **–r**.

Avoir + past participle	Translation
J'ai choisi	I have chosen/I chose
Tu as rougi	You have blushed/you blushed
Elle a fini	She has finished/she finished

Forming the past participle of –re verbs
For verbs ending in **–re** (e.g. **vendre**, **attendre**, **perdre**), remove **re** and add **-u**.

Avoir + past participle	Translation
Nous avons vendu	We have sold/we sold
Vous avez attendu	You have waited/you waited
Ils ont perdu	They have lost/they lost

⚠ PRENDRE ⚠ is not regular!

EXERCICE 20

Écrivez les participes passés de ces verbes. 1 word

Exemple

Nager : nagé

1. Finir (finish) : fini
2. Choisir (choose) : choisi
3. Tondre (mow) : tondu
4. Grandir (grow up) : grandi
5. Louer (rent) : loué
6. Bâtir (build) : bâti
7. Parler (spoke) : parlé
8. Réfléchir (think about) : réfléchi
9. Perdre (liked) : perdu
10. Aimer (loved) : aimé
11. Obéir (obeyed) : obéi
12. Fermer (to close) : fermé
13. Vieillir (grow old) : vieilli
14. Mordre (fight) : mordu
15. Entendre (to hear) : entendu
16. Voyager (travail) : voyagé
17. Manger (eat) : mangé
18. Fondre (melt) : fondu

Junior Cycle French – Second and Third Year

EXERCICE 21

Conjuguez les verbes suivants au passé composé en respectant les pronoms. 3 words

Exemple
Chercher (tu) : Tu as cherché.

1. Finir (il) : Il a fini
2. Aimer (elle) : Elle a aimé
3. Jouer (nous) : Nous avons joué
4. Remplir (vous) : *to fill* Vous avez rempli
5. Agir (ils) : *to act* Ils ont agi
6. Vendre (je) : J'ai vendu
7. Répondre (elles) : Elles ont répondu
8. Trouver (on) : On a trouvé
9. Attendre (tu) : *to wait* Tu as attendu
10. Regarder (nous) : Nous avons regardé

EXERCICE 22

Mettez les phrases au passé composé.

Exemple
Nous perdons le match. *perdre* — Nous avons perdu le match.

1. Tu manges de la pizza. *manger* — Tu as mangé de la pizza.
2. Il travaille en classe. *travailler* — Il a travaillé en classe.
3. Elle danse avec ses amies. *danser* — Elle a dansé avec ses amies.
4. Nous finissons l'école tôt. *finir* — Nous avons fini l'école tôt.
5. Vous choisissez un gâteau au chocolat. *choisir* — Vous avez choisi un gâteau au chocolat.
6. Ils visitent le musée. *visiter* — Ils ont visité le musée.
7. Tu réponds à la question. *répondre* — Tu a répondé à la question.
8. Je vends ma voiture. *vendre* — J'ai vendu ma voiture.
9. Il écoute de la musique. *écouter* — Il a écouté de la musique.
10. Elle remplit la fiche. *remplir* (sheet) — Elle a rempli la fiche.
11. Nous portons notre uniforme scolaire. *porter* — Nous avons porté notre uniforme scolaire.
12. Ils trouvent la solution. *trouver* — Ils ont trouvé la solution.

5 Les vacances

cent soixante et onze

Allons-y 2

Des mots clés

hier	yesterday	le mois dernier	last month
hier soir *yesterday evening* /	last night	l'été dernier	last summer
le week-end dernier	last weekend	l'année dernière	last year
la semaine dernière	last week		

EXERCICE 23

Traduisez en français.

voyager
1. She travelled to France last summer.
   Elle a voyagé en France l'été dernier.

vendre
2. I sold my mobile phone yesterday.
   J'ai vendu mon portable hier.

regarder
3. He watched television last night.
   Il a regardé à la television hier soir.

finir
4. We finished school early yesterday.
   Nous avons fini l'école tôt hier.

attendre
5. My uncle waited for three hours.
   Mon oncle a attendu trois heures.

parler
6. He spoke French and English.
   Il a parlé ~~le~~ français et ~~l'~~anglais.

aider
7. You helped your aunt last week.
   Tu as aidé ta tante le semaine dernière.

manger
8. I ate in a restaurant last night.
   J'ai mangé ~~à la~~ *au* restaurant hier soir.

jouer
9. You played football last weekend.
   Tu as joué ~~le~~ *au* foot le week-end dernier.

visiter
10. She visited Spain last year.
    Elle a visité le Spain *l'Espagne* l'année dernière.

172   cent soixante-douze

visiter : to visit a place eg. a city/a museum/a country
rendre visite : to visit someone

Junior Cycle French – Second and Third Year

EXERCICE 24

Lisez les textes et répondez aux questions.

rendre visite à

Je m'appelle Yves. Le week-end dernier, j'ai rendu visite à ma tante à Nice et j'ai aidé mon oncle dans le jardin.

Je m'appelle Lucie. Le week-end dernier, j'ai preparé un grand repas pour ma famille. Nous avons mangé du poulet, des légumes et du riz.

Je m'appelle Alice. Le week-end dernier, j'ai acheté un cadeau pour l'anniversaire de ma mère et j'ai vu mes amis en ville.

Je m'appelle Ethan. Le week-end dernier, j'ai joué au tennis avec mes cousins. Après, nous avons écouté de la musique.

Ethan a joué au tennis.
1. Qui a joué au tennis ?
Yves a aidé son oncle.
2. Qui a aidé son oncle ?
Alice a vu ses amis.
3. Qui a vu ses amis ?

Lucie a mangé du poulet, des légumes et du riz.
4. Qu'est-ce que Lucie a mangé le week-end dernier ?
Alice a acheté un cadeau pour l'anniversaire de sa mère.
5. Pourquoi Alice a acheté un cadeau ?
Yves a rendu visite à sa tante à Nice.
6. Où Yves a-t-il rendu visite à sa tante ?

EXERCICE 25

Par deux, parlez de ce que vous avez fait le week-end dernier.

- Qu'est-ce que tu as fait le week-end dernier ?

    Exemple : *Le week-end dernier, j'ai rendu visite à mes grands-parents et j'ai aidé ma mère à faire du shopping.*

- Et toi ? Qu'est-ce que tu as fait le week-end dernier ?

    Exemple : *Samedi, ma famille a mangé dans un restaurant en ville. Dimanche, mon frère et moi avons joué au tennis.*

Allez à la **page 37** de votre *Trousse de grammaire* pour compléter les exercices : Le passé composé avec **avoir** 1.

Je connais le passé composé avec l'auxiliaire **avoir** et les participes passés réguliers.

5 Les vacances

cent soixante-treize

173

Allons-y 2

Le passé composé à la forme négative

To make a verb in the **passé composé** negative, the **ne … pas** always goes around the 'helping verb' (in this case, **avoir**), not around the past participle itself.

Take a look the verb **finir** (to finish).

je	n'	ai	pas	fini
tu	n'	as	pas	fini
il	n'	a	pas	fini
elle	n'	a	pas	fini
on	n'	a	pas	fini
nous	n'	avons	pas	fini
vous	n'	avez	pas	fini
ils	n'	ont	pas	fini
elles	n'	ont	pas	fini

Retenez !
All the parts of **avoir** begin with a vowel ('a' or 'o'), so **ne** becomes **n'**.

5.14 Écoutez !

Écoutez et répétez la conjugaison du verbe **finir** au passé composé à la forme négative.

EXERCICE 26

Mettez les phrases à la forme négative.

1. J'ai acheté une nouvelle valise.
2. Tu as travaillé l'été dernier.
3. Paul a fini ses devoirs.
4. Lucie a rencontré son petit ami hier soir.
5. Nous avons gagné le match.
6. Elles ont vendu leur maison.
7. Vous avez choisi le français pour le bac.
8. Les garçons ont nagé hier.
9. Tu as chanté à la chorale.
10. Il a attendu deux heures.
11. J'ai porté ma nouvelle jupe.
12. Elle a trouvé mon portefeuille.

Allez à la **page 40** de votre *Trousse de grammaire* pour compléter les exercices : Le passé composé à la forme négative.

Je connais le passé composé à la forme négative.

Junior Cycle French – Second and Third Year

EXERCICE 27

Lisez le synopsis du film *Les Vacances du petit Nicolas*, puis effectuez les exercices.

1. *Les Vacances du petit Nicolas* est un film de 2014. Le film est une suite du premier film *Le Petit Nicolas* de 2009. Mathéo Boisselier joue le rôle principal de Nicolas dans le film.

2. Le film commence avec Nicolas à l'école. C'est la fin de l'année scolaire et le début des grandes vacances. Tous les élèves sont très heureux. Nicolas a dit au revoir à sa chérie Marie-Edwige.

3. Nicolas, ses parents et sa grand-mère Mémé partent en vacances dans le sud de la France, au bord de la mer. Ils restent à l'hôtel Beau-Rivage. Nicolas se lie d'amitié avec un groupe de garçons : Blaise, Djodjo, Crépin, Côme et Fructueux.

4. Sa famille rencontre une autre famille en vacances qui a une fille, Isabelle. Elle le regarde tout le temps avec ses grands yeux ronds et inquiétants. Il s'inquiète car il croit que ses parents veulent le marier. Nicolas est amoureux de Marie-Edwige ! Que va-t-il-faire ?

Une chose est sûre : on va rigoler. Nicolas et ses amis passeront des vacances inoubliables !

A. Répondez aux questions.

1. D'après l'affiche, quelle est la date de sortie du film ? (Poster)
2. Qui joue le rôle principal dans le film ? (Section 1)
3. Pourquoi tous les élèves sont-ils très heureux ? (Section 2)
4. Qui est Marie-Edwige ? (Section 2)
5. Qui est allé en vacances ? (Section 3)
6. Où est-ce qu'ils sont allés en vacances ? (Section 3)
7. Quel est le nom de l'hôtel où ils restent ? (Section 3)
8. Sur l'affiche, comment Fructueux est-il décrit ? (Poster)
9. Sur l'affiche, comment Isabelle est-elle décrite ? (Poster)
10. Pourquoi est-ce que Nicolas est inquiet ? (Section 4)

B. Écrivez cinq phrases sur ce que vous pensez qu'il va arriver à Nicolas.

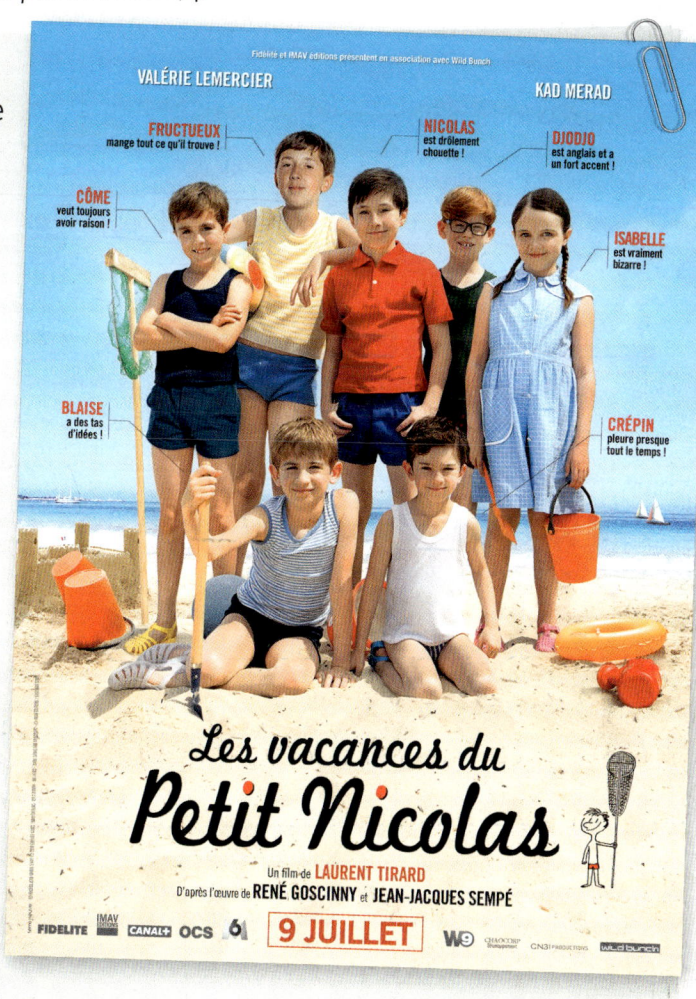

5 Les vacances

Allons-y 2

Les cartes postales

EXERCICE 28

Lisez la carte postale et répondez aux questions.

(m) = au portugal
mexique
canade

Costa del Sol, le 3 mai

Chère Eimear,

Here I am
Me voici en vacances en Espagne (P). J'ai voyagé en avion.
Je suis ici avec mon père et mes deux frères. C'est
fantastique ! Je suis ici pour dix jours et je reste dans
un hôtel au bord de la mer.

Il fait beau. Il y aura du soleil et il fera très chaud
tous les jours ! Quelle chance ! *so lucky* J'adore l'Espagne. Je
joue au foot sur la plage avec mes frères.

À bientôt, gros bisous! = big kisses

Abdul

faire une promenade
au bord de la rivière

Eimear O'Donoghue

7 Park Road

Monaghan

Irlande

Costa Del Sol

1. What month is it? May
2. Which country is Abdul in? Spain
3. How did he travel there? by plane
4. Who is he on holidays with? his dad + two brothers
5. How long is he on holidays for? 10 days
6. Where is he staying? a hotel by the sea
7. Give two details about the weather. It's sunny and very hot
8. What does Abdul do on the beach? He plays football with his brothers.

Allez à la **page 60** de votre *Chef d'œuvre* pour compléter l'Activité 5 : Une carte postale à Abdul.

5.15 Écoutez !

Écoutez et remplissez les blancs des cartes postales.

1.

Cannes, le 5 _juillet_

Salut Maman,

Comme tu sais, je passe une _semaine_ ici avec mes amis. Nous restons dans un bon _hôtel_ au bord de la _mer_.

Les _installations_ sont chouettes, les _gens_ sont sympas et la _nourriture_ est délicieuse. Nous _mangeons_ au restaurant chaque soir.

Demain, nous _irons_ à Monte-Carlo. J'espère visiter le château. Il y a beaucoup à _faire_ et à _voir_ ici !

Dis _bonjour_ de ma part à Papa.

C'est tout pour le moment,

Sylvie

Madame Duval
34 Rue Albert Camus
76620 Le Havre
France

2.

Chamonix, le 2 _janvier_

Bonjour tout le monde !

Je suis en France en voyage _scolaire_. Me voici dans les _Alpes_. Je reste dans une station de ski. C'est très _bon_.

Il fait très _froid_ ici et il _neigera_ toute la semaine.

Hier, j'ai _essayé_ de faire du ski. Les moniteurs de ski sont _sympas_. Demain, nous _ferons_ de la luge. J'ai hâte !

Le soir, nous chantons ensemble et nous _jouons_ à des jeux de société.

Je te téléphonerai _samedi_ !

Colm

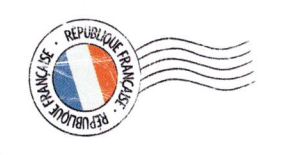

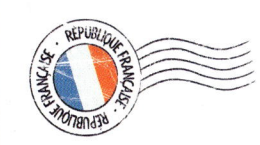

La famille Bernard
45 Avenue de Sofia
17000 La Rochelle
France

5 Les vacances

cent soixante-dix-sept   177

Allons-y 2

Des mots clés

Me voici à Paris / en France	Here I am in Paris/in France
Je suis ici pour une semaine / le week-end	I am here for a week/the weekend
Je reste dans un hôtel / un camping / une maison	I am staying in a hotel/campsite/house
Je m'amuse bien	I am having fun
Les gens sont sympas	The people are nice
C'est un très beau pays	It's a very beautiful country
Les installations sont super	The facilities are great
Il y a beaucoup à faire et à voir ici	There is lots to do and see here
C'est formidable / super / genial	It's great
Cest affreux / horrible	It's awful/horrible

Retenez !
When you write a postcard, don't forget to include a date, a greeting and a sign-off.

EXERCICE 29

Écrivez des cartes postales en utilisant les images.

1.

2.

3.

4.

178 cent soixante-dix-huit

EXERCICE 30

Dans les phrases, mettez les mots dans le bon ordre.

1. reste je camping un dans
2. sympas sont les gens
3. bien je m'amuse
4. le beau paysage est
5. il beau fera
6. visité hier j'ai musée le
7. demain ville une je visiterai historique
8. me Paris échange voici scolaire à en

EXERCICE 31

Écrivez des cartes postales en utilisant les informations suivantes.

1.	2.
Location: Kerry, Ireland	**Location:** Bordeaux, France
Date: 17 June	**Date:** 13 July
To: Sophie	**To:** Mum and Dad
Details:	**Details:**
• You are staying in the country for a week. • You are with your grandparents. • The weather will be good all week. • Yesterday you helped your grandmother in the garden. • Tomorrow you are going into town.	• You have arrived at your penpal's house. • The house is big and her family is nice. • There is lots to do here. • Yesterday you went to a restaurant. • Tomorrow is la Fête Nationale and there will be fireworks at the river.
3.	4.
Location: Florence, Italy	**Location:** St Moritz, Switzerland
Date: 12 August	**Date:** 15 January
To: Liam	**To:** Grandma
Details:	**Details:**
• You are with your parents. • You are staying in a hotel. • The weather is hot and it will be 35 degrees tomorrow. • You are lucky that the hotel has air conditioning and a pool. • You have been eating lots of pasta and ice cream.	• You are on holiday with your friends. • You arrived by train. • You are staying at a pretty ski resort. • You have been skiing every day. • It is sunny today, but it will snow tonight.

5 Les vacances

cent soixante-dix-neuf

Le dossier francophone : Les Seychelles

Le drapeau :

La population : 97,500

C'est intéressant !

Le français est l'une des langues officielles de la République des Seychelles, avec l'anglais et le créole seychellois.

C'est intéressant !

Les Seychelles sont une destination de vacances très populaire et une grande partie de l'économie du pays provient du tourisme.

La capitale : Victoria

La monnaie : La roupie seychelloise

Des montagnes : Le Morne Seychellois, le Mont Dauban, le Morne Blanc, le Mont Simpson

Des rivières : La rivière Pointe Conan, la rivière Rochon, la rivière Bougainville, la rivière Dupuy

Le temps : Les Seychelles ont un climat tropical. Il fait très humide et la temperature peut atteindre les 30 degrés

Des personnes célèbres : James Goddard (nageur), Eddy Maillet (arbitre de football), Bruce Boniface (chanteur), Lissa Labiche (athlète olympique)

La nourriture : Le caris masala (viande, légumes, coriandre, graines de moutarde et safran), le pulao (riz, viande et épices), le chatini (gingembre, piments et ail), le ladob (bananes, patates douces et lait de coco)

Des fêtes : La Fête de la Libération (juin), la Fête de l'indépendance (juin), la Fête Nationale des Seychelles (juin), la Fête de l'Assomption (août)

C'est intéressant !

La cuisine créole est un mélange de la cuisine française et la cuisine indienne.

Junior Cycle French – Second and Third Year

Étude de cas

Lisez le texte et répondez aux questions.

1. Si vous gagnez au loto, est-ce qu'il y a un pays du monde que vous voudriez visiter ? Pour beaucoup de gens, les Seychelles sont une destination de rêve. Beaucoup de jeunes mariés y passent leur lune de miel.

2. Les Seychelles sont composées de 115 îles. Il fait beau presque toute l'année, même en hiver, avec une température moyenne de 27 degrés. Et n'oubliez pas les plages dorées et la mer turquoise.

3. Il existe de nombreuses stations balnéaires de luxe. Plusieurs célébrités, comme Brad Pitt et Leonardo DiCaprio, ont choisi ce paradis pour leurs vacances. On peut voir beaucoup de yachts là-bas. Il est possible de louer l'une des îles privées, comme Frégate ou Denis.

4. On peut voyager à Bird Island pour aller à la recherche des célèbres tortues géantes, des dauphins et des baleines. On peut explorer la forêt dans la Vallée de Mai. C'est un site de l'UNESCO.

Si vous aimez la solitude ou si vous préférez un voyage plein d'aventures, les Seychelles sont l'endroit idéal pour vous !

1. Find the French term for 'honeymoon'. (Section 1)
2. How many islands make up the Seychelles? (Section 2)
3. What is the weather like? (Section 2)
4. Name two celebrities spotted there. (Section 3)
5. What type of boat is often seen there? (Section 3)
6. What type of island can be rented? (Section 3)
7. What kind of animals can be found on Bird Island? (Section 4)
8. What kind of landscape is the Vallée de Mai? (Section 4)

Allez à la **page 61** de votre *Chef d'œuvre* pour compléter l'Activité 6 : Bonjour des Seychelles !

5 Les vacances

cent quatre-vingt-un

Allons-y 2

Résumé

EXERCICE A

Remplissez les blancs pour compléter la grille de mots croisés.

Horizontalement

6. Les habitants de ce pays boivent beaucoup de thé et ils ont une reine. (10)
7. Dans ce pays on peut voir « La Joconde » avec son sourire curieux. (6)
9. On peut voir le Grand Canyon dans ce grand pays. (5, 4)

Verticalement

1. On peut voir la Grande Muraille là-bas. (5)
2. Là-bas, on adore les pommes de terre et la couleur verte. (7)
3. La capitale de ce pays est Vienne. (8)
4. On peut manger du schnitzel dans ce pays. (9)
5. Les habitants de ce pays mangent des pâtes et des pizzas. (6)
8. On mange des crêpes au sirop d'érable dans ce pays. (6)

EXERCICE B

Ils sont de quelle nationalité ?

Exemple

Taylor Swift — Elle est américaine

1. Justin Bieber _____
2. Marion Cotillard _____
3. Liam Hemsworth _____
4. Rob Kearney _____
5. Mario Balotelli _____
6. Andy Murray _____
7. Bruno Mars _____
8. Emma Watson _____

182   cent quatre-vingt-deux

EXERCICE C

Traduisez en français, en utilisant la préposition qui convient (**en**, **au** ou **aux**).

1. You (sing.) are going to Australia. _____
2. We are going to Scotland. _____
3. She is going to America. _____
4. You (sing.) are going to Japan. _____
5. Tom is going to Belgium. _____
6. You (pl.) are going to Spain. _____
7. Jane and Rachel are going to Germany. _____
8. The boys are going to China. _____
9. My aunt is going to Wales. _____
10. I am going to the Netherlands. _____

EXERCICE D

Mettez les mots dans le bon ordre pour former une phrase.

1. c' nuits combien pour est de — *Pour c'est combien de nuits.*
2. une deux pour réserver je chambre nuits voudrais — *Je voudrais réserver une chambre pour deux nuits.*
3. montagne chambre une sur a votre vue la — *Votre une chambre vue sur a la montagne.*
4. hôtel une a est-ce qu' y piscine à l' il — *Qu'est que il y a une piscine à l'hôtel.*
5. réserver une deux voudrions à lits nous chambre — *Nous voudrions réserver une chambre à deux lits.*
6. la dans qu' la a chambre est-ce y de climatisation il — *Qu'est que il y a la climatisation de la chambre.*

EXERCICE E

Reliez les nombres avec les lettres pour construire des phrases cohérentes.

1.	Mes parents	a.	avons joué au foot avec l'école.
2.	J'	b.	a choisi des céréales pour le petit-déjeuner.
3.	Tu	c.	n'as pas de chien.
4.	Nous	d.	avez vendu la voiture.
5.	Vous	e.	ont visité les sites touristiques de Nice.
6.	Liam	f.	ai parlé avec mon ami hier soir.

1.	2.	3.	4.	5.	6.

5 Les vacances

Allons-y 2

EXERCICE F

Remplissez les blancs avec les mots ci-dessous.

bought   *met*   *earned*

| acheté | voyagé | rencontré | gagné | travaillé | aidé | mangé | joué | visité |

L'été dernier

En juillet, mes amis et moi avons __voyagé__ ✓ en France avec notre école. Nous avons __visité__ ✓ tous les monuments de Paris, comme la Tour Eiffel et l'Arc de Triomphe. Nous avons __mangé__ ✓ des plats délicieux.

En août, mon père et moi avons rendu visite à mon oncle à Cork. Mon oncle travaille à la ferme. J'ai __aidé__ ✓ à nourrir les animaux.

J'ai aussi __travaillé__ ✓ au supermarché près de chez moi. J'ai __gagné__ ✓ beaucoup d'argent et j'ai __acheté__ ✓ une nouvelle robe. J'ai __joué__ ✓ au tennis avec ma sœur chaque samedi. Nous avons __rencontré__ beaucoup d'autres jeunes.

EXERCICE G

Rangez les phrases dans la colonne correcte.

- Il y a des nuages
- Il neige
- Il y aura des averses
- Il fait beau
- Il fera mauvais
- Il pleuvra
- Il y a des orages
- Il y aura du soleil
- Il y a des éclaircies
- Il y a du vent

La météo aujourd'hui	La météo au futur

EXERCICE H

Écoutez et remplissez la grille.

		Destination	Weather	Items in their case
1.	Dominique			
2.	Marc			
3.	Karen			
4.	Paul			

184   cent quatre-vingt-quatre

EXERCICE I

Traduisez en français.

1. I have not reserved a room.

2. I ate croissants in France.

3. My brother played football on the beach.

4. The children did not eat their dinner.

5. My sister visited Paris in June.

6. The waiter spoke French.

7. We did not visit our aunt last summer.

8. I swam in the sea in Spain.

EXERCICE J

Écoutez et répondez aux questions.

1. Where are the Seychelles?
2. What month are they going?
   - [ ] April
   - [ ] May
   - [ ] June
3. What occasion are they going for?
4. What will the weather be like?
5. What will she not need to take?
6. Where did she go last year?

Allons-y 2

EXERCICE K

Lisez la carte postale et répondez aux questions.

Paris, le 11 avril

Cher Papa, chère Maman,

Me voici en voyage scolaire à Paris et c'est super ! C'est vraiment la Ville Lumière !

Nous avons pris le métro parisien tous les jours pour visiter les monuments et les musées. J'ai adoré le Louvre et j'ai vu « La Joconde ». Elle est tellement petite !

Demain soir, nous irons au théâtre pour voir un spectacle.

Samedi, nous prendrons l'avion à 14h20 de l'aéroport Charles de Gaulle et j'arriverai à la maison à 18h30. J'ai acheté beaucoup de souvenirs pour toute la famille !

Grosses bises !

Amy

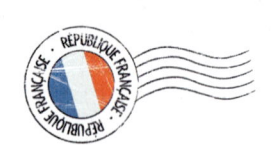

1. How have they got around Paris?
2. What does Amy say about the *Mona Lisa*?
3. Where are they going tomorrow night?
4. What time is Amy's flight on Saturday?
5. What time will she arrive home?
6. What does she say she has bought?
7. Find two verbs in the future tense.
8. Find two verbs in the past tense.

Le texte authentique

Regardez attentivement le panneau et répondez aux questions.

Junior Cycle French – Second and Third Year

PISCINE
OUVERTE DE 09h00 À 19h00

La piscine est exclusivement réservée aux résidents de l'hôtel

RÈGLEMENT DE LA PISCINE
Douche obligatoire
INTERDIT

Baignade non surveillée !
Les enfants doivent être accompagnés d'un adulte

Numéros d'urgences

SAMU	POLICE	POMPIERS
15	17	18

Gardez la porte fermée

---

1. What time does the pool close? *7pm*
2. What does the sign say about children? *children must be accompanied by an adult.*
3. What must people do before entering the pool? *people must shower before entering the pool.*
4. What is the emergency number for an ambulance? *15*
5. The pool is open to the public. True or **false**?
6. There is a lifeguard at the pool. **True** or false?

7. Translate the following pool rules:
   a. Musique interdite *no music*
   b. Défense de fumer *no smoking*
   c. Interdiction de boire et de manger *no drinking or eating*
   d. Interdit de plonger *no diving*
   e. Interdit aux chiens *no dogs*
   f. Interdit de courir *no running.*

5 Les vacances

cent quatre-vingt-sept

Allons-y 2

Évaluation en classe

🔍 CBA 1: Oral Communication

Créez un jeu de rôle – à l'accueil d'un hôtel

1. Split into pairs.

2. Using the vocabulary you have learned in chapter 5, plan and write a short role play (approximately three minutes) imagining a conversation at the front desk of a hotel. One person should play the guest and the other(s) should play the receptionist(s). The conversation should include:

    - greetings
    - details about the type of room booked
    - the guest's personal details
    - details about the hotel facilities
    - the room number and location
    - any other details you want to include.

3. Perform your role play.

4. Your teacher will ask you some questions about your role play and give you feedback.

5. Go to **page 173** of your *Chef d'œuvre* to reflect on your part in the role play:

    - Comment on how you used the vocabulary you've learned so far in your role play.
    - Give one important thing you learned from doing the task.
    - Say what things you would change or try to improve on.

Allez à la **page 63** de votre *Chef d'œuvre* pour évaluer ce que vous avez appris au chapitre 5.

cent quatre-vingt-huit

6 Le camping

J'adore dormir à la belle étoile !

Dans ce chapitre, vous allez étudier :
In this chapter, you will study:

- Au camping 190
  At the campsite
- Se plaindre 205
  Making a complaint
- À l'office de tourisme 210
  At the tourist office

Grammaire
Grammar

- Le passé composé avec **avoir** 2 200
  The past tense with avoir 2
- Écrire une lettre formelle 208
  Writing a formal letter

Culture
Culture

- Le camping en France 193
  Camping in France
- Les colonies de vacances 213
  Holiday camps in France
- Le dossier francophone :
  La Martinique 216
  The francophone file: Martinique
- Le texte authentique : Une journée typique dans une colonie de vacances 223
  Authentic text: a typical day at a holiday camp

- Résumé 218
  Revision
- Évaluation en classe : Créez un jeu de rôle – voyager en France 224
  Classroom-Based Assessment: Create a role play – travelling to France

cent quatre-vingt-neuf

189

Allons-y 2

Au camping

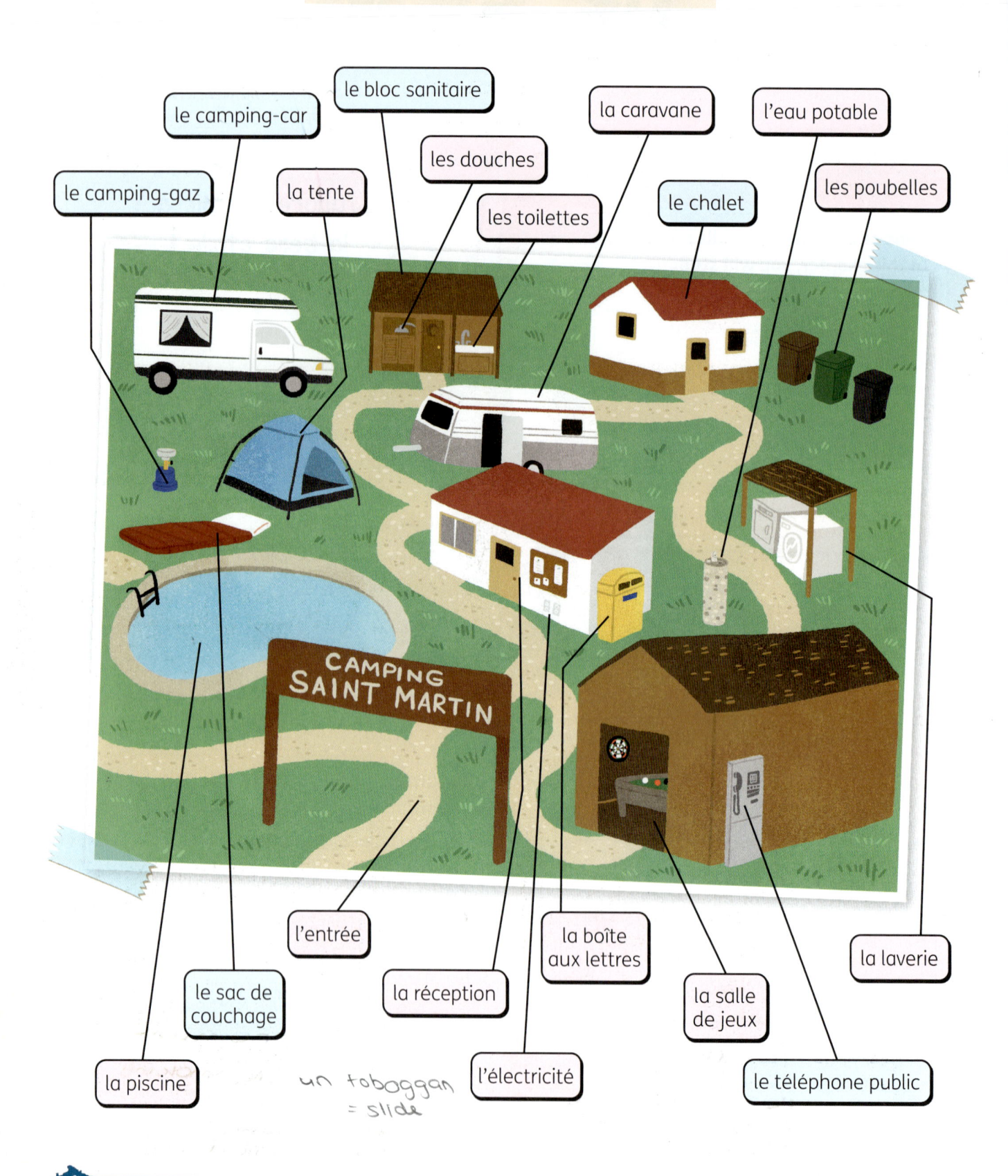

- le camping-gaz
- le camping-car
- la tente
- le bloc sanitaire
- les douches
- les toilettes
- la caravane
- le chalet
- l'eau potable
- les poubelles
- la piscine
- le sac de couchage
- l'entrée
- la réception
- la boîte aux lettres
- l'électricité
- la salle de jeux
- le téléphone public
- la laverie

un toboggan = slide

6.1 Écoutez !
Écoutez et répétez les installations du camping.

190   cent quatre-vingt-dix

Junior Cycle French – Second and Third Year

EXERCICE 1

Déchiffrez les mots et mettez l'article défini devant chaque mot.

Exemple
ceiipsn — La piscine

1. euplsoble — les poubelles
2. reténe — l'entrée
3. aacnreva — la caravane
4. eaerivl — la laverie
5. apgcinm-cra — le camping-car
6. sudohec — les douches
7. pimcgan-zga — le camping-gaz
8. asc ed ucecoagh — le sac de couchage

EXERCICE 2

Reliez les nombres avec les lettres.

1. L'eau potable — a.
2. Les poubelles — b.
3. Le bloc sanitaire — c.
4. Le téléphone public — d.
5. La salle de jeux — e.
6. L'entrée — f.
7. La laverie — g.
8. La boîte aux lettres — h.

1.	2.	3.	4.	5.	6.	7.	8.
b.	f.	e.	h.	c.	g.	d.	a.

Le camping

cent quatre-vingt-onze

Allons-y 2

6.2 Écoutez !

Écoutez et cochez (✓) la case correcte.

1. Nathalie et Valérie parlent de

☐   ✓   ☐

2. Pierre et sa mère parlent de

✓   ☐   ☐

3. Marc et son père parlent de

☐   ☐   ✓

cent quatre-vingt-douze

Le camping en France

1. La France est un paradis pour les campeurs et les vacanciers. Presque huit millions de Français font du camping chaque année et il y a plus de 11,000 campings en France ! C'est un moyen de logement moins cher pour les familles et les jeunes.

2. Beaucoup d'Irlandais aiment faire du camping en France. Ils y vont chaque été en ferry ou en avion. Beaucoup de touristes prennent leur propre voiture, d'autres louent un véhicule pour explorer la campagne française, s'arrêtant au camping en cours de route.

3. Le Languedoc-Roussillon est la région française la plus populaire pour le camping. Les visiteurs aiment aussi la Bretagne, la Vendée et la Dordogne. On peut rester dans une tente, un camping-car ou une caravane.

4. Les installations des campings français sont excellentes. Il y a toutes sortes d'animations dans le camping pour la famille. Tous les campings ont l'essentiel, comme des douches, des toilettes et de l'eau potable. Les plus grands campings peuvent avoir une piscine, un restaurant ou une salle de jeux sur place.

EXERCICE 3

Lisez le texte ci-dessus et répondez aux questions.

1. How many French people go camping each year? (Section 1)
2. Why is camping a good option for families and young people? (Section 1)
3. How do most Irish people travel to France? (Section 2)
4. Many tourists bring their own car to France. What is the other option? (Section 2)
5. Which region of France is most popular with campers? (Section 3)
6. What are the three types of accommodation available on site? (Section 3)
7. What essential facilities do all French campsites offer? (Section 4)
8. What facilities might one find on larger French campsites? (Section 4)

cent quatre-vingt-treize

Allons-y 2

Des mots clés

| de la place | space |
| un emplacement | pitch/location/site |

6.3 Écoutez !

Écoutez et lisez la conversation à la réception du camping, puis répondez aux questions.

Client : Bonjour, madame. Avez-vous de la place, s'il vous plaît ?

Réceptionniste : Oui, monsieur. C'est pour une tente ?

Client : Non, madame. Nous avons une caravane.

Réceptionniste : Pas de problème. C'est pour combien de nuits ?

Client : Pour cinq nuits, madame.

Réceptionniste : Vous êtes combien ?

Client : Nous sommes cinq : deux adultes et trois enfants.

Réceptionniste : D'accord. Vous avez l'emplacement numéro 33. C'est tout près de la piscine.

Client : Ah, parfait ! Nous aimons nager.

Réceptionniste : Pouvez-vous remplir cette fiche, s'il vous plaît ? J'ai besoin d'un passeport aussi.

Client : Oui, voilà mon passeport. Ça fait combien par nuit ?

Réceptionniste : Ça fait 45,00 € par nuit, monsieur.

Client : Parfait.

Réceptionniste : Merci et bon séjour ici, monsieur.

1. What type of accommodation do the campers have?
   - [ ] A tent
   - [x] A caravan
   - [ ] A campervan
2. How many nights will they stay? 5 nights
3. How many adults and children are in the party? 2 adults, 3 children
4. What facility is their site close to? the pool
5. What item does the customer give to the receptionist? their passport
6. How much does the stay cost per night? €45

Junior Cycle French – Second and Third Year

EXERCICE 4

Reliez les questions avec les réponses qui conviennent.

1.	Vous avez de la place ?	a.	C'est pour une semaine.
2.	Avez-vous une voiture ?	b.	C'est au nom de Metrope.
3.	C'est pour combien de temps ?	c.	L'emplacement est juste à côté de la salle de jeux.
4.	Vous êtes combien ?	d.	Oui, bien sûr monsieur.
5.	Où est l'emplacement ?	e.	Oui, nous avons des emplacements.
6.	Pouvez-vous remplir cette fiche, s'il vous plaît ?	f.	Oui, j'ai une réservation.
7.	C'est à quel nom ?	g.	Non, nous n'avons pas de voiture.
8.	Avez-vous réservé ?	h.	Nous sommes quatre, deux adultes et deux enfants.

1.	2.	3.	4.	5.	6.	7.	8.
e.	g.	a.	h.	c.	d.	b.	f.

EXERCICE 5

Lisez le texte ci-dessus et répondez aux questions.

De: Benoît@wemail.fr
À: Les amis
Sujet: Camping

Bonjour tout le monde,

J'organise un séjour pour tout le monde du 8 au 11 juin. Nous logerons au camping du Soleil.

Le camping se trouve près des Sables d'Olonne en Vendée et dispose de tous les services essentiels – l'électricité, l'eau potable et les douches, mais nous devons apporter nos tentes et sacs de couchage.

Le prix du séjour de trois nuits est de 60 €. Je dois payer d'avance. Merci de me donner l'argent avant samedi prochain.

Dites-moi le plus tôt possible si vous pouvez venir !

Benoît

Envoyé depuis mon smartphone

1. When is the camping trip? *8 July – 11 July*
2. What essentials does the campsite have?
   - [x] Electricity, drinking water and showers
   - [ ] Electricity, bins and showers
   - [ ] Electricity, food and a pool
3. What two things must they bring with them? *tents and sleeping bags*
4. How much will the stay cost? *3 nights → €60*

Le camping

cent quatre-vingt-quinze

Allons-y 2

6.4 Écoutez !

Écoutez et remplissez la grille.

	Type of accommodation	Number of nights	Number of people	Site number	Total cost
1.					
2.					
3.					
4.					

EXERCICE 6

Par deux, utilisez les informations pour avoir une conversation à la réception du camping. Jouez les rôles du client / de la cliente et du / de la réceptionniste.

Type of accommodation: Tent **Number of nights:** Five **Number of people:** Two adults **Site number:** 16 **Total cost:** €110	**Type of accommodation:** Camper van **Number of nights:** Two **Number of people:** Four: two adults and two children **Site number:** 28, near the shower block **Total cost:** €65
Type of accommodation: Tent **Number of nights:** Four **Number of people:** Five: two adults and three children **Site number:** 34, past the launderette **Total cost:** €80	**Type of accommodation:** Caravan **Number of nights:** Six **Number of people:** Seven: three adults and four children **Site number:** 42, beside the games room **Total cost:** €150

Allez à la **page 68** de votre *Chef d'œuvre* pour compléter l'Activité 1 : Une fiche de réservation pour un emplacement.

Je sais réserver un emplacement de camping.

EXERCICE 7

Lisez l'affiche et effectuez les exercices.

Camping du Lac Sainte-Croix

Vendredi 14 juin

ANIMATIONS

9h–10h30	Mini club pour les petits	15h–16h	Sports nautiques (rendez-vous devant l'entrée)
10h00–11h	Tournoi de pétanque	18h–19h	Discothèque pour les enfants
10h30–12h	Cours d'aquagym	20h30–22h	Barbecue à la plage
14h–15h15	Foot, basket et tennis		

Bienvenue à tous !

Parents, attention: n'oubliez pas la crème solaire pour les enfants !

A. Répondez aux questions en anglais.

1. What is taking place between 10 a.m. and 11 a.m.?
2. What three sports can campers play between 2 p.m. and 3.15 p.m.?
3. Where should campers meet for water sports?
4. What are parents asked to remember?

B. Répondez aux questions en français.

1. Comment s'appelle le camping ?
2. À quelle date sont les animations ?
3. À quelle heure commence la discothèque pour les petits ?
4. Où est le barbecue ?

Allons-y 2

EXERCICE 8

Lisez les brochures publicitaires sur les campings et répondez aux questions.

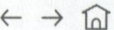

www.camping.fr

Camping de la Mer ★★★★

Camping quatre étoiles situé à environ 500 m de Valras Plage près de Béziers dans la région Languedoc avec soixante-quinze hébergements : des tentes, des caravanes et des camping-cars.

Installations :
- laverie
- bloc sanitaire
- espace barbecue
- cours de sports nautiques (surfing, voile et plongée sous-marine)

Ouverture du 13 mai au 17 septembre

Camping Grande Forêt ★★★

Camping trois étoiles de cinquante hectares avec quatre-vingt-dix emplacements avec eau et électricité, niché dans un charmant petit village au cœur de la Dordogne.

Installations :
- bloc sanitaire
- piscine
- salle TV
- cybercafé

Ouverture du 1 mai au 25 septembre

Camping du Soleil ★★★★★

Un camping cinq étoiles à Villeneuve-Loubet dans le sud de la France, à seulement quinze kilometres de Nice. Les clients ont le choix entre cinquante hébergements : caravanes, camping-cars, mobil-homes et chalets de luxe en bois.

Installations :
- laverie
- bloc sanitaire (et une salle de bains privée dans les chalets)
- parc aquatique pour les enfants
- salle de jeux
- restaurant
- accès WiFi

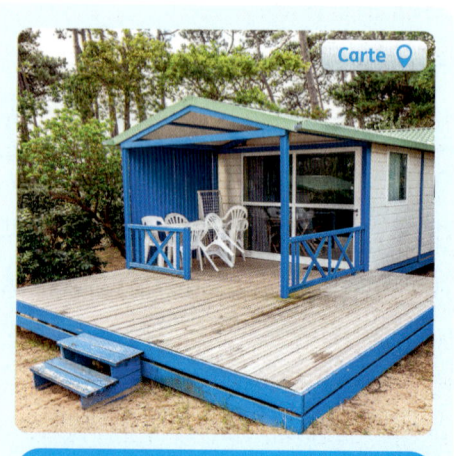

Ouverture du 5 mai au 30 septembre

1. Quel camping est situé près d'une plage ?
2. Quel camping est situé dans la région de la Dordogne ?
3. Le camping Grande Forêt est proche d'une grande ville. Vrai ou faux ?
4. Quel camping a le plus grand choix d'emplacements ?
5. Quel camping est ouvert le premier mai ?
6. Quel est le meilleur camping pour les gens qui veulent apprendre les sports nautiques ?
7. Quel est le meilleur camping pour les gens qui aiment manger en plein air ? *eating outside*
8. Quel est le meilleur camping pour les gens qui souhaitent accéder à Internet dans leur hébergement ?

Allez à la **page 69** de votre *Chef d'œuvre* pour compléter l'Activité 2 : Mon camping.

EXERCICE 9

Par deux, utilisez les informations de l'exercice 8 pour parler du camping que vous préférez. Expliquez pourquoi.

Exemple :

– Moi, je préférerais rester au Camping de la Mer parce que j'adore les vacances à la plage et j'aimerais apprendre à surfer. Et toi ?

– J'aimerais rester au Camping Grande Forêt car j'adore la campagne et on dit que la Dordogne est très belle.

6.5 Écoutez !

1. What time does the kids club start? 9:00
2. Where should the teenagers meet for the watersports? in front of the pool
3. What is taking place at 3 p.m.? tennis tournament
4. What is the main event of the day? karaoke
5. Spell the address of the website where campers can get further information.

| w | w | w | . | c | a | m | p | i | n | g | m | e | r | . | f | r |

Je connais le vocabulaire du camping.

Allons-y 2

Le passé composé avec avoir 2

In chapter 5 (page 170), you learned how to form the past tense (**le passé composé**) using the auxiliary or 'helping' verb **avoir** (to have) with regular past participles. Now let's look at how to form **le passé composé** using the auxiliary verb **avoir** with irregular past participles.

The two steps of the process are largely the same. The difference is that irregular past participles do not follow any rules, so they must be learned.

1. Choose the part of **avoir** that you want to use (**j'ai**, **tu as**, **il / elle / on a**, **nous avons**, **vous avez**, **ils / elles ont**).
2. Add the irregular past participle – the part of the verb that describes the action that has been done. The following tables show verbs grouped based on the endings of their irregular past participles.

Verb	Irregular past participles that end in –u	Avoir + past participle	Translation
avoir	eu	j'ai eu	I had
boire	bu	elle a bu	she drank
croire	cru	ils ont cru	they believed
connaître	connu	vous avez connu	you knew
lire	lu	j'ai lu	I read
pleuvoir	plu	il a plu	it rained
pouvoir	pu	elles ont pu	they were able to/could
recevoir	reçu	tu as reçu	you received
savoir	su	j'ai su	I knew
vivre	vécu	elle a vécu	she lived
voir	vu	tu as vu	you saw
vouloir	voulu	nous avons voulu	we wanted

Verb	Irregular past participles that end in –rt	Avoir + past participle	Translation
couvrir	couvert	elle a couvert	she covered
offrir	offert	il a offert	he/it offered
ouvrir	ouvert	on a ouvert	one opened
souffrir	souffert	ils ont souffert	they suffered

Verb	Irregular past participles that end in –it	Avoir + past participle	Translation
conduire	conduit	j'ai conduit	I drove
dire	dit	nous avons dit	we said
écrire	écrit	tu as écrit	you wrote
faire	fait	il a fait	he/it made

Verb	Other irregular past participles	Avoir + past participle	Translation
être	été	nous avons été	we were
rire	ri	j'ai ri	I laughed
suivre	suivi	nous avons suivi	we followed
devoir	dû	vous avez dû	you had to

200   deux cents

Junior Cycle French – Second and Third Year

Verb	Irregular past participles that end in –is	Avoir + past participle	Translation
mettre	mis	il a mis	he/it put
prendre	pris	tu as pris	you took

appris – attendre   j'ai appris = I learned

Ils ont pris le bus pour l'école ce matin.

EXERCICE 10

Conjuguez les verbes suivants au passé composé, en respectant les pronoms.

Exemple
Mettre (ils) : Ils ont mis.

1. Boire (il) : il a bu
2. Dire (tu) : tu as dit
3. Croire (elle) : ___
4. Devoir (ils) : ils ont dû
5. Pouvoir (elles) : elles ont pu
6. Offrir (on) : on a offert
7. Avoir (je) : j'ai eu
8. Conduire (il) : ___
9. Faire (je) : j'ai fait
10. Savoir (tu) : ___

Retenez !
Remember that the verbs **pouvoir**, **vouloir** and **devoir** are followed by an infinitive (e.g. **J'ai pu lire quand j'avais trois ans**).

EXERCICE 11

Mettez les phrases au passé composé.

Exemple
Je connais son frère.   J'ai connu son frère.

1. Je fais mes devoirs. faire — J'ai fait mes devoirs
2. Il boit du thé. boire — Il a bu
3. Elle prend le car scolaire. prendre — Elle a pris
4. Je lis des romans. lire — J'ai lu
5. Ils reçoivent des cadeaux. recevoir — Ils ont reçu
6. Nous écrivons des méls. écrire — Nous avons écrit
7. Ils ne veulent pas aller en ville. vouloir — Ils n'ont pas voulu
8. Je vois mes amis à l'école. voir — J'ai vu
9. Tu dois aider ta grand-mère. devoir — Tu as dû
10. Ils peuvent sortir vendredi soir. pouvoir — Ils ont pu
11. Je mets mon écharpe bleue. mettre — J'ai mis
12. Nous vivons dans un monde bizarre. ___

Allez à la **page 42** de votre *Trousse de grammaire* pour compléter les exercices : Le passé composé avec **avoir** 2.

Je connais le passé composé avec l'auxiliaire **avoir** et les participes passés irréguliers.

6. Le camping

deux cent un   201

Allons-y 2

EXERCICE 12

Lisez le texte et répondez aux questions.

1. Salut ! Je m'appelle Maeve Cafferty. La semaine dernière, nous avons visité la France en famille pour les vacances. Nous avons pris notre voiture et ma mère et mon père ont conduit. Quand nous sommes arrivés à Cherbourg en bateau, nous avons voyagé vers le sud-ouest en direction de la Normandie.

2. Après environ une heure et demie, nous sommes arrivés au Camping Arromanches. Le camping est assez grand, avec un mélange de tentes, de caravanes et de camping-cars. D'abord, ma mère a complété une fiche de réservation à la réception. On nous a donné l'emplacement numéro trente-neuf, près du bloc sanitaire. J'ai aidé mon père à monter notre tente.

3. Lorsque nous avons fini, j'ai exploré le camping. J'ai vu une salle de jeux et une piscine avec deux toboggans. Le camping propose beaucoup d'animations chaque jour. Lundi, j'ai joué au water-polo dans la piscine. Chaque mardi soir, il y a un barbecue. J'ai mangé deux hamburgers et j'ai bu de la limonade !

4. Le mercredi matin, nous avons marché cinq minutes jusqu'à la plage. Ma petite sœur a construit des châteaux de sable et j'ai nagé. Mais dans l'après-midi il a plu, alors nous avons couru vers la tente et j'ai lu un roman.

5. Jeudi, j'ai écrit des cartes postales à mes amis et ma famille en Irlande, puis je suis passée à la boîte postale pour les envoyer. Nous avons passé cinq jours en tout au Camping Arromanches. J'ai adoré le camping et je veux revenir l'année prochaine.

1. When did Maeve's family visit France? (Section 1)
2. Who drove the family car? (Section 1)
3. How long did it take to drive from the ferry to the campsite? (Section 2)
4. What kinds of accommodation were at the campsite? (Section 2)
5. What did Maeve's mother do first when they arrived? (Section 2)
6. What was their site number and what was it near? (Section 2)
7. What did Maeve help her dad to do? (Section 2)
8. What two facilities did she see when she explored the campsite? (Section 3)
9. What did she do on Monday? (Section 3)
10. What happened on Wednesday afternoon and how did her plans change? (Section 4)
11. Why did she go to the postbox on Thursday? (Section 5)
12. What does Maeve say in her final sentence? (Section 5)

6.6 Écoutez !

Écoutez et remplissez la grille.

		What they did last weekend
1.	Mélodie	
2.	Jean	
3.	Béatrice	
4.	André	

EXERCICE 13

Par deux, parlez de ce que vous avez fait le week-end dernier.

Exemple

Qu'est-ce que tu as fait le week-end dernier ?

Samedi matin, j'ai acheté une nouvelle robe en ville. Le soir, j'ai préparé le dîner pour mes parents. J'aime cuisiner.

Sympa ! Qu'est-ce que vous avez mangé ?

Nous avons mangé du poulet avec de la salade et du pain. Délicieux !

Et dimanche ? Qu'est-ce que tu as fait ?

Dimanche, j'ai dormi jusqu'à 11h ! Après le déjeuner, nous avons regardé un film, puis j'ai fait mes devoirs. Et toi ? Qu'est-ce que tu as fait le week-end dernier ?

Allons-y 2

EXERCICE 14

Lisez le récit du week-end fantastique d'Henri et répondez aux questions.

> Samedi, je me suis réveillé à midi.

> Pour le petit-déjeuner, j'ai mangé des crêpes au chocolat

> Mes amis et moi avons joué au football dans le parc.

> Lionel Messi a demandé s'il pouvait jouer dans mon équipe !

> J'ai marqué le but gagnant !

> Nous avons célébré notre victoire 20-0 !

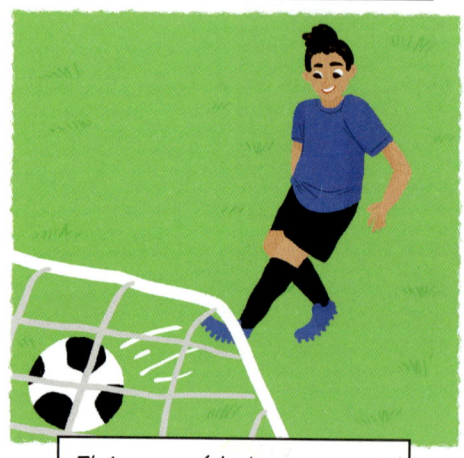

1. What time did Henry wake up on Saturday?
2. What did he have for breakfast?
3. Where did he play football?
4. What did Lionel Messi ask Henri?
5. What happened next?
6. What was the final score?

Allez à la **page 70** de votre *Chef d'œuvre* pour compléter l'Activité 3 : Mon week-end fantastique.

204　　deux cent quatre

Se plaindre

Nous espérons que vos vacances seront toujours agréables. Mais s'il y a quelque chose dont vous n'êtes pas content, il est utile de savoir se plaindre.

Des mots clés

Nous ne sommes pas satisfaits de …	We are not satisfied with …
Le camping est très bruyant.	The campsite is very noisy.
Il n'y a pas assez de …	There is not enough …
Le terrain est boueux.	The ground is muddy.
La prise d'eau / d'électricité ne marche pas.	The water/electricity supply doesn't work.
Les douches sont sales.	The showers are dirty.
Les toilettes sont bouchées.	The toilets are blocked.
La machine à laver ne marche jamais.	The washing machine never works.
La nourriture dans le restaurant est horrible.	The food in the restaurant is horrible.
Notre emplacement est en plein soleil.	Our site is in full sun.
Notre emplacement est trop loin de tout !	Our site is too far from everything.

EXERCICE 15

Cochez (✓) la case correcte pour dire si leur opinion est positive ou négative.

1. John (Royaume-Uni)
Je dois admettre que notre camping est super. Les restaurants et la piscine sont excellents.
- positif ☐
- négatif ☐

2. Carine (France)
Je suis vraiment en colère. Les douches sont sales et les toilettes sont bouchées. C'est un cauchemar !
- positif ☐
- négatif ☐

3. Gianni (Italie)
Je suis très déçu. Notre emplacement est trop loin de tout et le camping est trop bruyant.
- positif ☐
- négatif ☐

4. Kerstin (Allemagne)
Nous avons passé des vacances incroyables. Nous reviendrons l'année prochaine.
- positif ☐
- négatif ☐

Allons-y 2

6.7 Écoutez !
Écoutez et remplissez la grille.

	What is the problem?
1.	
2.	
3.	
4.	

EXERCICE 16

Par deux, utilisez les informations ci-dessous pour effectuer une conversation à la réception du camping. Jouez les rôles du client / de la cliente et du réceptionniste / de la réceptionniste.

Réceptionniste — Ask how you can help.

Client / cliente — You are in site 45. It is very noisy.

Réceptionniste — You are very sorry. Ask what the problem is.

Client / cliente — Someone was playing guitar after midnight last night.

Réceptionniste — Ask if they know which site is responsible.

Client / cliente — You believe it is the caravan at site 43.

Réceptionniste — You will talk to them. Ask if there is anything else you can help with.

Client / cliente — No. You are very happy with everything else. Thank you.

EXERCICE 17

Lisez le règlement et répondez « vrai » ou « faux » aux affirmations.

Camping le Vieux Pont

RÈGLEMENT DU CAMPING

- Il est strictement interdit d'allumer des feux.
- Il est défendu d'utiliser un camping-gaz.
- Il est interdit de faire du bruit après 22h.
- Les animaux sont interdits sauf les animaux de compagnie qui doivent être tenus en laisse.
- La vitesse autorisée dans le camping est limitée à 10 km / h.
- Les emplacements de camping doivent être propres tout le temps.
- Il est interdit de fumer dans les blocs sanitaires.
- L'heure de départ est fixée à 13h.
- Les cordes à linge ne sont pas autorisées.
- Les campeurs doivent déposer leurs ordures et recyclages dans les conteneurs prévus à cet effet.

Le règlement est mis en place afin de s'assurer que chacun profite pleinement de son séjour

	Vrai	Faux
1. On peut faire du bruit avant dix heures du soir	☐	☐
2. Il est interdit de fumer dans tout le camping.	☐	☐
3. La vitesse est limitée à 20 km / h.	☐	☐
4. Tous les animaux sont interdits.	☐	☐
5. On peut cuisiner à l'aide d'un camping-gaz.	☐	☐
6. Il faut recycler dans le camping.	☐	☐

EXERCICE 18

Avez une discussion en classe. Pensez-vous que le règlement de l'exercice 17 soit juste ? Pourquoi ou pourquoi pas ?

Allez à la **page 71** de votre *Chef d'œuvre* pour compléter l'Activité 4 : Un questionnaire de satisfaction.

Allons-y 2

Écrire une lettre formelle

If you want to make a complaint, apply for a job or request information, the letter you write will look slightly different to the letters you send to friends or family members.

As in English, there are some rules to follow when you write a formal letter in French, as shown on the sample letter below.

Les coordonnées de l'expéditeur
The sender's name and address go in the top-left corner of the letter.

John Byrne
23 Poolbeg Street,
Dublin
Irlande

Les coordonnées du destinataire
The recipient's name and address go on the right-hand side, one line below the sender's details.

Camping Belle Rive
Chemin de Notre-Dame
04120 Castellane
France

La formule d'appel
The letter is addressed to **Monsieur** / **Madame** and no **cher** / **chère** is needed.

Dublin, le 14 octobre

Monsieur,

Le lieu et la date
The place and date go one line below the recipient's details.

Ma femme et moi avons passé trois nuits dans **votre** camping le mois dernier (du 4 au 7 septembre). Après réflexion, nous ne sommes pas satisfaits de notre séjour.

Le corps de la lettre
Explain why you are writing. Keep it polite and to the point. Note that the polite form of 'you' and 'your' (**vous** / **votre**) must be used throughout.

Deux des trois nuits, nous n'avons pas pu dormir en raison du bruit qui a continué bien après minuit. J'ai informé la réception du problème deux fois pendant notre séjour, mais nos voisins bruyants ont persisté. Et parce que le camping était complet, nous n'avons pas pu être déplacés vers un nouvel emplacement.

Nous sommes satisfaits de tous les autres aspects du camping. Cependant, je **vous** suggère de mettre en place un règlement pour limiter le bruit après une certaine heure.

La formule de politesse
The letter ends with the sentence **Je vous prie d'agréer, Monsieur / Madame, l'expression de mes sentiments distingués**. This is the French equivalent of 'Yours sincerely'.

Je vous prie d'agréer, Monsieur, l'expression de mes sentiments distingués.

La signature
The sender's signature (plus their job title if the letter is being sent on behalf of an organisation).

John Byrne

Allez à la **page 48** de votre *Trousse de grammaire* pour compléter les exercices : Écrire une lettre formelle.

EXERCICE 19

Lisez la lettre et répondez aux questions.

Julie Murphy
234 Main Street,
Wexford
Irlande

Camping Beausoleil
Avenue de la Mer
06600 Antibes
France

Wexford, le 3 mai

Monsieur,

En avril, ma famille et moi avons passé nos vacances dans votre camping. Nous avons réservé plusieurs mois en avance, mais quand nous sommes arrivés, nous avons dû attendre deux heures pour avoir un emplacement.

Les repas dans le restaurant étaient froids et le bloc sanitaire était toujours sale. Nous sommes très déçus par nos vacances car mon oncle nous avait recommandé votre camping après son séjour l'année dernière.

La réceptionniste a été très amicale, mais je voudrais vous informer de ces désagréments.

En attendant votre réponse.

Je vous prie d'agréer l'expression de mes sentiments distingués.

Julie Murphy

1. In what month did Julie's family stay at Camping Beausoleil?
2. What happened when they arrived?
3. What is Julie's complaint about the restaurant?
4. What facility does she say was dirty?
5. Why did Julie's family choose the campsite in the first place?
6. How does she describe the receptionist?

Allez à la **page 72** de votre *Chef d'œuvre* pour compléter l'Activité 5 : Une letter formelle de plainte.

Je sais écrire une lettre formelle.

Allons-y 2

À l'office de tourisme

Vous avez …	une liste des campings / des hôtels / des gîtes l'horaire de bus / train
	un dépliant une brochure
	un plan de la ville
	des renseignements sur …
Où est …	la gare / le musée / le château / l'auberge de jeunesse / le camping
J'aimerais acheter …	des timbres / des cartes postales / des souvenirs / un plan de la ville
Qu'est-ce qu'il y a à faire …	pour les personnes âgées / les jeunes / les gens sportifs
Pourriez-vous …	me réserver / me recommander / m'envoyer
Y a-t-il …	une visite guidée / un parc d'attractions / un zoo / des monuments historiques / une réduction pour les étudiants
Je cherche …	un bon restaurant / le parc / la gare

6.8 Écoutez !

Écoutez et lisez la conversation à l'office de tourisme, puis répondez aux questions.

Employé : Bienvenue, madame. Comment allez-vous ?

Cliente : Ça va bien, merci.

Employé : Je peux vous aider ?

Cliente : Oui. J'aimerais acheter deux cartes postales et deux timbres, s'il vous plaît.

Employé : Pas de problème, madame. Voilà ! Ça fait 6,00 €.

Cliente : Merci. Pourriez-vous me recommander un bon restaurant près d'ici aussi ?

Employé : Bien sûr, madame. Chez Pierre n'est pas loin d'ici et la cuisine est délicieuse.

Cliente : Parfait. Comment fais-je pour y aller ?

Employé : Prenez la deuxième rue à gauche au feu.

Cliente : Merci, monsieur. Au revoir.

1. What items is the customer buying?
2. How much do they cost?
3. What does the customer ask the tourist office employee to recommend?
4. What directions does the employee give?

EXERCICE 20

Reliez les nombres avec les lettres.

1. Un plan de la ville	a.	5. L'horaire de train	e.
2. Un château	b.	6. Les souvenirs	f.
3. Des timbres	c.	7. Une visite guidée	g.
4. Des cartes postales	d.	8. L'auberge de jeunesse	h.

1.	2.	3.	4.	5.	6.	7.	8.

Allons-y 2

6.9 Écoutez !

Écoutez la conversation et remplissez les blancs.

Client : Bonjour, monsieur. Nous sommes en vacances et nous venons d'_____. Pouvez-vous me dire quand le _____ est ouvert ?

Employé : Il ouvre à 10h et ferme à 18h pendant l'_____.

Client : Merci. Y-a-t-il une _____ guidée ?

Employé : Oui, monsieur.

Client : Parfait. Est-elle en _____ ?

Employé : Oui, deux _____ par jour. À 11h et à _____.

Client : Merci, monsieur. Pourriez-vous me _____ un billet pour 11h ?

Employé : Bien sûr, monsieur.

Client : Ça fait _____ ?

Employé : C'est gratuit.

Client : Parfait ! Comment fais-je pour y _____ ?

Employé : C'est près d'ici. Prenez la première rue à _____ et vous ne pouvez pas le _____.

Client : Merci beaucoup.

Employé : Bonnes _____.

EXERCICE 21

Par deux, utilisez les informations ci-dessous pour effectuer une conversation à l'office de tourisme. Jouez les rôles du client / de la cliente et de l'employé(e).

Employé / employée

- Ask how you can help.
- Here it is.
- It's free. Ask if you can help with anything else.
- Of course. Camping Les Chevaliers is excellent. It is marked on the map.

Client / cliente

- Ask if they have a map of the town.
- Ask how much it costs.
- Ask if they can recommend a good campsite nearby.

Je connais le vocabulaire lié à l'office de tourisme.

Les colonies de vacances

1. Chaque été, beaucoup d'adolescents français passent une ou deux semaines dans une colonie de vacances. Il y a beaucoup de « colos » différentes. Certaines colos ont lieu à la montagne, d'autres à la campagne ou au bord de la mer. Normalement, les campeurs restent dans des tentes ou des chalets.

2. C'est un bon moyen pour se faire de nouveaux amis et apprendre de nouvelles choses. Les jeunes deviennent plus indépendants et assument des responsabilités comme le nettoyage et la cuisine.

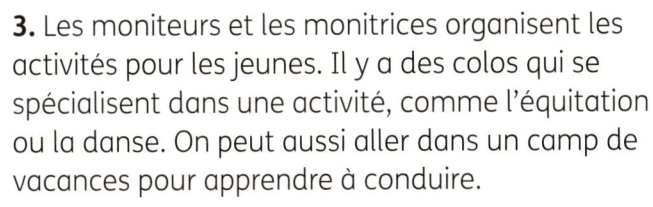

3. Les moniteurs et les monitrices organisent les activités pour les jeunes. Il y a des colos qui se spécialisent dans une activité, comme l'équitation ou la danse. On peut aussi aller dans un camp de vacances pour apprendre à conduire.

4. Il y a des séjours linguistiques français organisés en Irlande – des camps de vacances où les jeunes peuvent améliorer leur français. On peut essayer de nouvelles activités, manger la cuisine française et rencontrer d'autres jeunes. Un séjour linguistique est une expérience formidable qui vous permet d'apprendre une langue étrangère et de vous plonger dans une nouvelle culture.

EXERCICE 22

Lisez le texte ci-dessus et répondez aux questions.

1. How long do French teens usually spend at a summer camp? (Section 1)
2. What are les **colonies de vacances** commonly known as? (Section 1)
3. What types of accommodation do campers usually stay in? (Section 1)
4. What kinds of responsibilities can teens learn at camp? (Section 2)
5. What are the people who organise the activities in summer camps called? (Section 3)
6. Name the three types of speciality camps mentioned. (Section 3)
7. What kind of camps take place in Ireland? (Section 4)
8. What do attendees of the camps in Ireland do? (Section 4)

Allons-y 2

EXERCICE 23

Lisez le journal intime de James et répondez aux questions.

Lundi

Je viens d'arriver dans ma colonie de vacances. Le voyage en train a duré trois heures, mais tout s'est bien passé. C'est ma première fois dans une colo. Nous restons dans des chalets et je partage ma chambre avec trois garçons.

Mardi

Je viens de passer ma première journée ici et c'est génial ! Tous les garçons sont très sportifs comme moi et nous avons les mêmes goûts. J'ai essayé la pétanque, le tir à l'arc et les échecs. Tous les moniteurs et monitrices sonts très sympas.

Mercredi

Quelle journée ! Nous sommes allés à la plage et j'ai fait du ski nautique. C'est difficile et je suis tombé plusieurs fois, mais c'est vraiment amusant ! La nourriture est délicieuse ici et j'ai mangé des plats différents, comme le coq au vin et la bouillabaisse.

Jeudi

Aujourd'hui, nous avons visité une ville historique. J'ai acheté des cadeaux pour toute ma famille au petit marché. Le paysage ici est vraiment pittoresque, avec des collines et des champs verts. J'ai pris de belles photos pour ma mère. Nous aurons un barbecue ce soir et il y aura une soirée karaoké.

Vendredi

Ce matin nous avons fait du VTT. J'ai fait de l'escalade aussi. Je suis triste car ce soir c'est ma dernière soirée ici ! Je dois faire ma valise. Ce soir nous irons en discothèque et je danserai avec tous mes nouveaux amis.

Samedi

Bien sûr, tout est bien qui finit bien. J'ai passé une semaine formidable à la colo. C'était une éxperience inoubliable et je reviendrai l'année prochaine.

1. How long was James's journey to summer camp?
2. What type of accommodation is he staying in?
3. Name three sports that James took part in on Tuesday.
4. How does James describe his water-skiing experience?
5. What does he say about the food at the camp?
6. Name two things James did on Thursday.
7. Why is James sad on Friday?
8. Find two verbs in the **passé compose**.
9. Find two verbs in the **futur simple**.
10. Find two adjectives James uses to describe his experience at camp.

6.10 Écoutez !

Écoutez et remplissez les blancs.

Une journée typique dans une colonie de vacances

Je me lève vers _____ heures le matin.
Nous mangeons ensemble dans la salle à _____. Normalement, je mange des _____ et je bois du jus d'_____. Le matin, nous faisons du sport, comme le basket, la _____ ou le volley.

Nous avons le _____ à 13h. J'ai toujours faim après une matinée chargée. L'après-midi, d'habitude, nous allons à la plage et nous faisons de la natation ou du _____. La mer ici est chaude et très _____. J'adore les vagues fortes.

Nous dînons à 19h, un plat différent chaque soir. J'adore la quiche _____ et le dessert. Tout le monde donne un coup de main pour la _____.

Après le dîner, nous apprenons des chansons et aussi de nouveaux _____. Nous passons le soir à _____ et à rigoler. Nous nous couchons vers _____ heures après une journée très _____.

EXERCICE 24

Lisez le texte ci-dessus et répondez aux questions.

Nos Jours heureux est une comédie sur la vie dans une colonie de vacances. Le film est sorti en 2006. L'histoire a lieu durant l'été 1992, lorsque Vincent decide d'organiser une colo pour les enfants dans la campagne française. Mais d'abord, il doit trouver des moniteurs et des monitrices.

Il engage six jeunes, dont Lisa qui est jolie mais très paresseuse et le Canadien Truman qui aime faire la fête. Au cours des trois semaines de vacances, il y a des histoires d'amour, des disputes et des problèmes de comportement au camp – à la fois chez les enfants et chez les moniteurs !

Il y a des problèmes avec la météo, l'hébergement et la nourriture, mais en fin de compte c'est un été mémorable pour tous.

1. Translate the title of the film into English.
2. Where does Vincent set up his camp?
3. How many young people does he employ as camp supervisors?
4. How is Lisa described?
5. What nationality is Truman?
6. How long does the camp last for?
7. Name two things that both the kids and the supervisors get up to.
8. What three things are there problems with?

Allez à la **page 74** de votre *Chef d'œuvre* pour compléter l'Activité 6 : Une carte postale de la colo.

deux cent quinze

Allons-y 2

Le dossier francophone : La Martinique

Le drapeau :

La population : 396,012
La capitale : Fort-de-France
La monnaie : L'euro

C'est intéressant !

Le serpent sur le drapeau de la Martinique est une espèce qu'on trouve sur l'île, connue sous le nom de « vipère fer-de-lance ».

C'est intéressant !

La Martinique est souvent appelée « l'île des fleurs » en raison de sa flore et faune très riche.

Des montagnes : La montagne Pelée, les Pitons du Carbet (le Piton Lacroix, le Morne Piquet, le Piton Dumauzé, le Piton de l'Alma, le Piton Boucher)

Des rivières : La rivière Blanche, la rivière Madame, la rivière Sèche, la rivière des Pères, la rivière Lézarde

Le temps : La Martinique a un climat tropical. La température moyenne annuelle est de 26 degrés et il y a du soleil presque tous les jours.

Des personnes célèbres : Simon Jean-Joseph (coureur automobile), Tony Chasseur (chanteur), Lucien Jean Baptiste (réalisateur)

La nourriture : Le boudin créole (saucisse de sang de porc), la fricassée de chatrou (poulpe aux oignons, citrons et tomates), le lambis (grand escargot de mer), le blanc-manger à la noix de coco (gelée de noix de coco)

Des fêtes : Le Vaval (février), le Mai de Saint-Pierre (mai), le Tour de Martinique (juillet), le Beaujolais Nouveau (novembre)

C'est intéressant !

La montagne Pelée est un volcan semi-actif. Quand il est entré en eruption en 1902, il a tué 29,000 personnes – plus que tout autre volcan au cours du siècle dernier. Le Mai de Saint-Pierre a lieu en mémoire de cet événement.

Junior Cycle French – Second and Third Year

Étude de cas

Lisez le texte.

Plus de 900,000 touristes ont visité l'île de la Martinique en 2019. Cette expansion rapide du tourisme est due à de nouveaux vols en provenance des États-Unis et à l'ouverture de nouveaux hôtels. Sans surprise, « l'île des fleurs » offre de nombreux choix à ceux qui aiment se promener dans la nature.

Les Gorges de la Falaise est une balade le long d'une rivière dans une forêt tropicale qui dure environ 30 minutes. N'oubliez pas votre maillot de bain pour découvrir la cascade. Il est aussi nécessaire de porter une paire de chaussures de randonnée ou une paire de vieilles baskets.

- Ouvert tous les jours de 08h à 17h30
- Adultes : 7,00 €, enfants : 4,00 €

Le Jardin de Balata est un parc botanique où l'on retrouve plus de 3,000 variétés de plantes des Caraïbes. Dans le parc, il y a une balade de deux heures. C'est une expérience inoubliable pour toute la famille. Le jardin est aussi adapté aux personnes à mobilité réduite.

- Ouvert tous les jours de 09h à 18h (dernière entrée à 16h30)
- Adultes : 13,50 €, enfants de 3 à 12 ans : 7,50 €, moins de 3 ans : gratuit

A. Répondez aux questions en anglais.
1. What two reasons are given for Martinique's growth in tourism?
2. What is Les Gorges de la Falaise?
3. What item of clothing should visitors bring to Les Gorges de la Falaise?
4. What type of footwear should they wear to Les Gorges de la Falaise?
5. What will visitors see at the Jardin de Balata?
6. Why is the Jardin de Balata suitable for everyone?

B. Répondez aux questions en français.
1. À quelle heure ouvrent les Gorges de la Falaise ?
2. Combien coûte un billet pour les Gorges de la Falaise pour un adulte ?
3. À quelle heure ferme le Jardin de Balata ?
4. Combien coûte un billet pour le Jardin de Balata pour un enfant de 10 ans ?

Allez à la **page 75** de votre *Chef d'œuvre* pour compléter l'Activité 7 : Une lettre formelle à l'office de tourisme de la Martinique.

6 Le camping

deux cent dix-sept

Allons-y 2

Résumé

EXERCICE A

Vous restez dans un camping en France. Quel panneau devez-vous suivre ?

1. You want to go to the shower block.
- a. Poubelles
- b. Laverie
- c. Bloc sanitaire
- d. Piscine

2. You want to play table football.
- a. Terrain de boules
- b. Salle de jeux
- c. Salle de télévision
- d. Restaurant

3. You need to wash your clothes.
- a. Piscine
- b. Douches
- c. Laverie
- d. Parking

4. You want to recycle your rubbish.
- a. Barbecue
- b. Animations
- c. Terrain de sport
- d. Poubelles

5. You are thirsty.
- a. Eau potable
- b. Boîte aux lettres
- c. Téléphone public
- d. Électricité

EXERCICE B

Nommez le matériel de camping ci-dessous.

1.	2.	3.
4.	5.	6.
7.	8.	9.

EXERCICE C

Écoutez et répondez aux questions.

1.
   a. How many nights' accommodation does the customer want?
   b. What is the rate per night?
   c. Name three of the campsite's facilities.

2.
   a. How many tents does the customer need spaces for?
   b. How many nights are they staying for?
   c. What will it cost?

3.
   a. How many nights is the customer staying for?
   b. What is the customer's surname?
   c. What is his car number plate?

EXERCICE D

Traduisez en français.

1. We wrote a letter of complaint.

2. The food at the restaurant was cold.

3. I saw a spider in the tent.

4. Dad drove to the campsite.

5. Jenny drank a lot of water at the beach.

6. It rained yesterday.

7. They ate burgers at the barbecue.

8. Ian drank the last bottle of water.

9. They read the campsite rules.

10. The shower block was dirty.

deux cent dix-neuf

Allons-y 2

EXERCICE E

Remplissez la grille.

L'infinitif	Le présent	Le futur simple	Le passé composé
Manger	Je mange	Je mangerai	J'ai mangé
Finir			
Vendre		Je vendrai	
Mettre	Je mets		
Lire			J'ai lu
Prendre			
Devoir	Je dois		
Faire			
Avoir			J'ai eu
Être	Je suis		

EXERCICE F

Écoutez et répondez aux questions.

1. When did the customer arrive in town?
2. How many people does she need a camping place for?
3. What type of accommodation does she need a place for?
4. How many nights does she want to make a reservation for?
5. What is the customer's name?
6. How much does the map cost?
7. What are the directions to the campsite from the tourist office?
8. How long will it take to get there?

EXERCICE G

Traduisez en français.

1. Do you have a map of the town, please?

2. Is there a zoo nearby?

3. Is there a reduction for a family?

4. I am looking for a timetable for the metro.

5. What is there for young people to do in the area?

6. Is there a guided tour of the museum?

7. Could you reserve a ticket for the theme park, please?

8. What is there for older people to do?

9. I would like to buy four postcards and four stamps, please.

10. Excuse me, we are looking for the campsite.

Allons-y 2

EXERCICE H

Lisez le texte suivant, puis effectuez les exercices.

Salut ! Je m'appelle Eva. Je passe mes vacances avec ma tante, mon oncle et mes cousins. Nous visitons la France chaque été. Nous voyageons en bateau avec la voiture. Nous logeons dans un camping au bord de la mer.

Il fait beau en France et il ne pleut pas ! Je fais de la voile et je nage dans la mer. L'après-midi, nous jouons au tennis.

Les repas sont délicieux. J'adore le pain frais et des crêpes. Je mange des glaces aussi. Je bois de l'eau et du Coca-Cola, mais ma tante et mon oncle boivent du vin.

Quelquefois nous louons des vélos pour visiter le beau paysage. Je lis de bons romans et nous faisons du shopping au marché. J'achète des cadeaux pour ma famille et mes amis. Nous aimons les vacances au camping !

A. Répondez aux questions.
1. Who is Eva on holiday with?
2. How often do they visit France?
3. How do they get there?
4. Where do they stay?
5. What is the weather like?
6. What does Eva do in the afternoon?
7. What does she eat?
8. Why do they hire bikes?

B. Soulignez tous les verbes au présent.

C. Réécrivez l'article **au passé** (il faut changer tous les verbes !).

Le texte authentique

Lisez le texte et répondez aux questions.

SOLENN'S SCHOOL

Solenn's School est une colonie de vacances à la campagne dans le comté de Laois. Ce sont des séjours linguistiques pour enseigner l'anglais et le français à des enfants et à des adolescents.

Une journée typique

Horaires	Activités
09h	Réveil
09h–10h	Petit-déjeuner
10h	Arrivée des enfants qui ne sont pas pensionnaires et début des activités
10h–11h	Jeux de cartes et de société spécialement conçus pour améliorer la grammaire et le vocabulaire et pour faire parler les enfants.
11h	Cuisine (les enfants sont en groupes de langue avec leur assistante française, ils cuisinent en binôme et font une recette française)
11h30	Pause croissant / jus de fruits
12h–13h	Jeux dans le jardin bilingues
13h	Déjeuner ou pique-nique dans la ferme
13h30–15h30	Chansons / danse / musique (dans les deux langues)
16h–17h	Détente / jeux / promenade dans les prés ou football
17h–17h30	Tâches ménagères / moment pour téléphoner aux parents
17h30–19h	Cahier de vacances sur la France
19h–19h30	Douche
19h30	Dîner (spécialités françaises et irlandaises)
20h15–21h45	Film français ou anglais pour enfants (avec sous-titres)
21h45	Au dodo !
22h	Extinction des feux

SAMEDI : EXCURSION

Balade dans un bois ou une tourbière, pique-nique, visite d'un monument historique local tel que le château de Roscrea, le fort de Dunamase, le château de Kilkenny ou le château de Birr et shopping dans un petit magasin pour acheter un ou deux souvenirs !

Les enfants n'auront pas une minute pour s'ennuyer ou avoir le mal du pays !

1. Where is Solenn's School located?
2. What does it organise?
3. On a typical day, what happens at 10 a.m.?
4. At what time do the campers have a morning break?
5. What are the three activity options at 13.30 p.m.?
6. What two things take place between 5 p.m. and 5.30 p.m.?
7. What type of food is served for dinner?
8. Find out what **« Au dodo ! »** means.
9. What happens at 10 p.m.?
10. Describe the Saturday excursions.

Allons-y 2

Évaluation en classe

CBA 1: Oral Communication

Créez un jeu de rôle – voyager en France

1. Split into pairs.

2. Using the vocabulary you have learned in chapter 6, plan and write a short role play (approximately three minutes) imagining a conversation in a tourist office. It should contain:

   - details about one tourist site in the town
   - a recommendation for dinner
   - details about the nearest campsite (name and amenities)
   - directions to the campsite
   - any other details you want to include.

   Note that the person playing the customer should ask the person playing the tourist office employee for some of these details.

3. Perform your role play.

4. Your teacher will ask you some questions about your role play and give you feedback.

5. Go to **page 174** of your *Chef d'œuvre* to reflect on your part in the role play:

   - Comment on how you used the vocabulary you've learned so far in your role play.
   - Give one important thing you learned from doing the task.
   - Say what things you would change or try to improve on.

Allez à la **page 77** de votre *Chef d'œuvre* pour évaluer ce que vous avez appris au chapitre 6.

deux cent vingt-quatre

7 La cuisine

Dans ce chapitre, vous allez étudier :
In this chapter, you will study:

- La cuisine 226
  The kitchen
- Faire la cuisine 229
  Cooking
- La cuisine mondiale 240
  World cuisine
- Le gaspillage alimentaire 248
  Food waste

C'est un chef d'œuvre !

Grammaire
Grammar
- Le passé composé avec **être** 244
  The past tense with être

Culture
Culture
- Julia Child : une championne de la cuisine française 238
  Julia Child: a champion of French cooking
- Le gaspillage alimentaire en France 250
  Food waste in France
- Le dossier francophone : Le Maroc 252
  The francophone file: Morocco
- Le texte authentique : une affiche – « Les contes de l'antigaspi » 261
  Authentic text: a poster – 'Food waste tales'

- Résumé 254
  Revision
- Évaluation en classe : Faites une présentation – la cuisine française 262
  Classroom-Based Assessment: Make a presentation – French cuisine

deux cent vingt-cinq   225

Allons-y 2

La cuisine

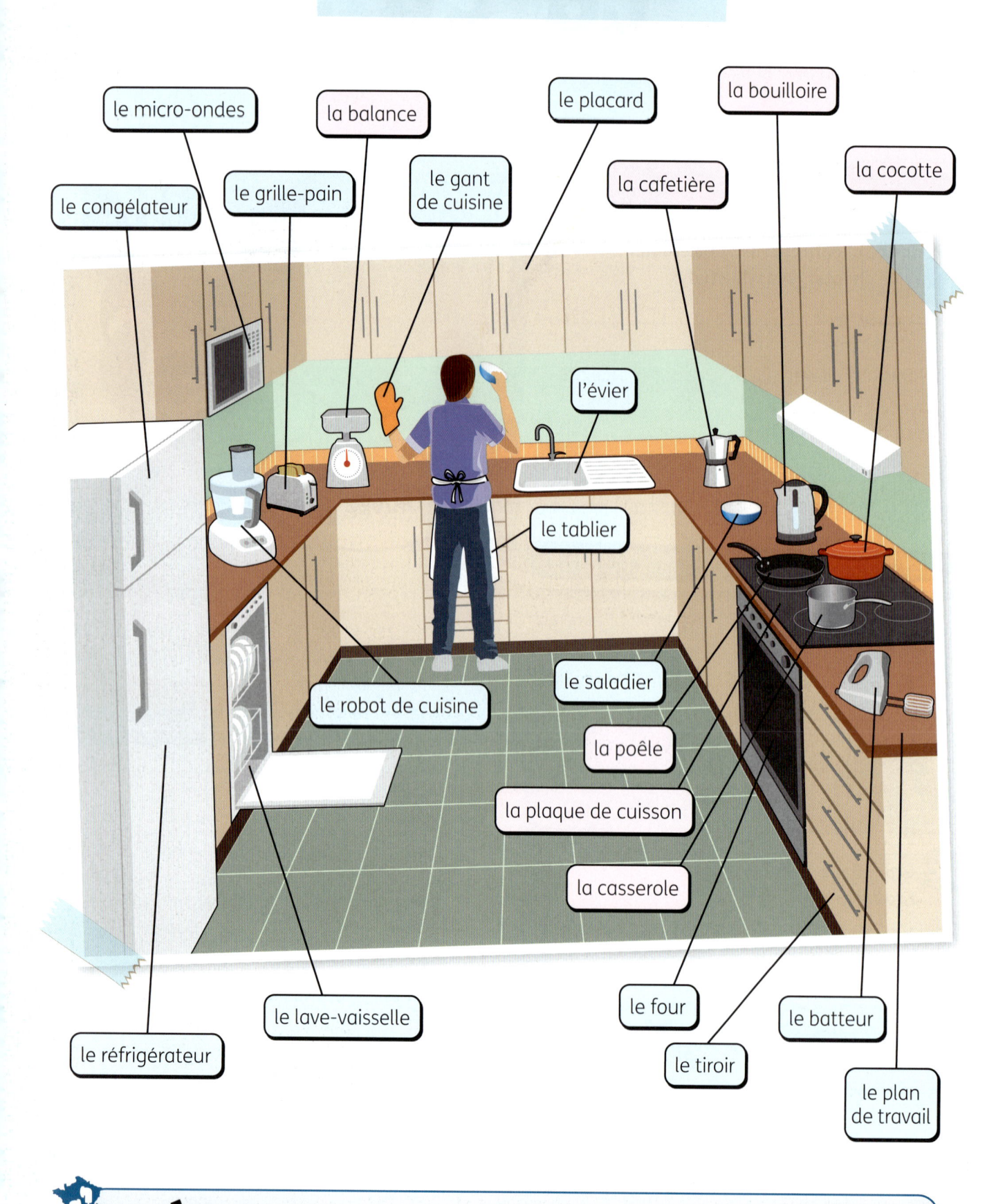

- le micro-ondes
- le congélateur
- le grille-pain
- la balance
- le gant de cuisine
- le placard
- la cafetière
- la bouilloire
- la cocotte
- l'évier
- le tablier
- le robot de cuisine
- le saladier
- la poêle
- la plaque de cuisson
- la casserole
- le lave-vaisselle
- le réfrigérateur
- le four
- le tiroir
- le batteur
- le plan de travail

7.1 Écoutez !
Écoutez et répétez le vocabulaire de la cuisine.

7.2 Écoutez !

Écoutez et cochez (✓) la case correcte.

1. Solenn et son père parlent de

☐   ☐   ☐

2. Luc et sa mère parlent de

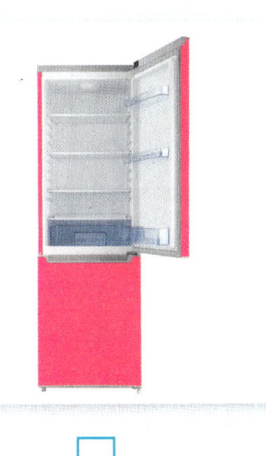

☐   ☐   ☐

3. Hugo et Sylvie parlent de

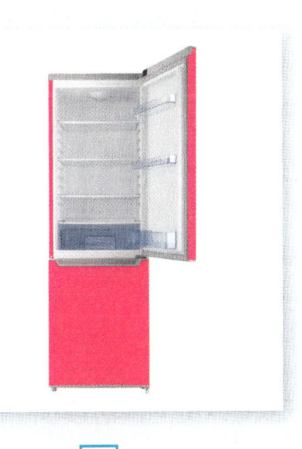

☐   ☐   ☐

Allons-y 2

EXERCICE 1

Qu'est-ce que c'est ?

Exemple
Il protège les mains du feu.   C'est un gant de cuisine.

1. Il grille du pain. _____
2. Elle fait bouillir de l'eau. _____
3. Il lave la vaisselle automatiquement. _____
4. Il protège les vêtements. _____
5. Il chauffe rapidement la nourriture. _____
6. Elle mesure les ingrédients. _____
7. Il conserve la nourriture au froid. _____
8. Il cuit la nourriture. _____

EXERCICE 2

Reliez les nombres avec les lettres pour réviser les tâches ménagères.

1. Faire la vaisselle	a.		1.
2. Faire la cuisine	b.		2.
3. Faire la lessive	c.		3.
4. Faire le ménage	d.		4.
5. Faire les courses	e.		5.

Je connais le vocabulaire de la cuisine.

Faire la cuisine

Les verbes pour faire la cuisine			
ajouter	to add	fondre (faire fondre)	to melt
accompagner	to accompany	laver	to wash
battre	to beat	mélanger	to mix
casser	to break	mettre	to put
chauffer	to heat	mijoter	to simmer
cuire (faire cuire)	to cook	préparer	to prepare
couper	to cut	refroidir	to cool
couvrir	to cover	réchauffer	to reheat
décorer	to decorate	saupoudrer	to sprinkle
éplucher	to peel	servir	to serve
frapper	to beat	verser	to pour

7.3 Écoutez !

Écoutez et répétez les verbes pour faire la cuisine.

Retenez !
In recipes, cooking instructions are usually given using the vous imperative form, e.g. **Épluchez l'oignon**.

EXERCICE 3

Déchiffrez les mots pour trouver les verbes (en forme impératif de vous) pour faire la cuisine.

1. cfuefazh _____
2. sseazc _____
3. zmjteio _____
4. pafezrp _____
5. eazvl _____
6. reoauupdsz _____
7. zlhpeécu _____
8. teuoazj _____
9. vreesz _____
10. vuerozc _____

deux cent vingt-neuf

Allons-y 2

C'est intéressant !

La gastronomie française est considérée comme un art. En fait, elle est inscrite au patrimoine mondial de l'UNESCO. L'ambition de chaque chef est de gagner des étoiles du guide Michelin. Certains chefs français sont très célèbres, par exemple Jean Christophe Novelli, Raymond Blanc ou Anne-Sophie Pic.

EXERCICE 4

Reliez les nombres avec les lettres.

1. Battez les œufs
2. Versez la crème
3. Saupoudrez le sucre
4. Faites cuire le poisson
5. Coupez la tomate
6. Mijotez la soupe
7. Lavez la laitue
8. Épluchez les pommes de terre

1.	2.	3.	4.	5.	6.	7.	8.

230   deux cent trente

EXERCICE 5

Mettez les étapes de la recette dans le bon ordre (1–5).

Crêpes

Servez avec du chocolat à tartiner et de la banane. ☐

Ajoutez un petit morceau de beurre dans une poêle. ☐

Dans un saladier, mélangez tous les ingrédients avec un fouet. ☐

Versez un peu de pâte dans la poêle chaude avec une louche. ☐

Laissez dorer pendant quelques secondes, puis tournez la crêpe. ☐

7.4 Écoutez !

Écoutez la recette pour préparer une omelette et mettez les différentes étapes dans le bon ordre (1–5).

Add the grated cheese.	
Fold the omelette and serve.	
Pour the eggs into the pan and cook for one minute.	
Heat a little olive oil in a pan.	
Beat the eggs in a bowl and add salt and pepper.	

7 La cuisine

deux cent trente et un — 231

Allons-y 2

EXERCICE 6

Cochez (✓) la case avec les quatre ingrédients mentionnés dans la recette.

Les ingrédients pour la salade niçoise

- 2 œufs
- 2 oignons nouveaux
- 1 boîte de thon
- 1 concombre
- 4 tomates
- 1 poivron vert
- 1 boîte d'anchois
- 1 cuillère à soupe d'huile d'olive
- des olives noires
- quelques feuilles de basilic frais
- sel
- poivre

A	Salmon	
B	Red pepper	
C	Green pepper	
D	Tuna	
E	Flour	
F	Olive oil	
G	Parsley	
H	Basil	

Des mots clés

un verre	glass	une tranche	slice
un (demi-) litre	(half) litre	une gousse	clove
un morceau	piece	en rondelles	in round slices
100 grammes	100 grams	en quartiers	in quarters

7.5 Écoutez !

Écoutez la recette et remplissez les blancs.

Hamburger maison

1. _____ et coupez l'oignon. _____ l'oignon coupé dans un _____.
2. _____ la viande hachée, le jaune d'œuf et le _____. _____ bien.
3. Avec la pâte ainsi obtenue, _____ quatre boulettes de _____.
4. Aplatissez les boulettes de viande avec la paume de la _____ pour en faire des _____.
5. Dans une _____, faites _____ les steaks cinq à dix minutes de chaque côté.
6. Dans chaque hamburger, posez des feuilles de _____, un steak et des rondelles de _____. _____ avec des frites.

Allez à la **page 82** de votre *Chef d'œuvre* pour compléter l'Activité 1 : Mon plat français préféré.

Je sais lire et écrire des recettes.

deux cent trente-trois

Allons-y 2

EXERCICE 7

Lisez le texte et répondez aux questions.

Les conseils pour faire la cuisine

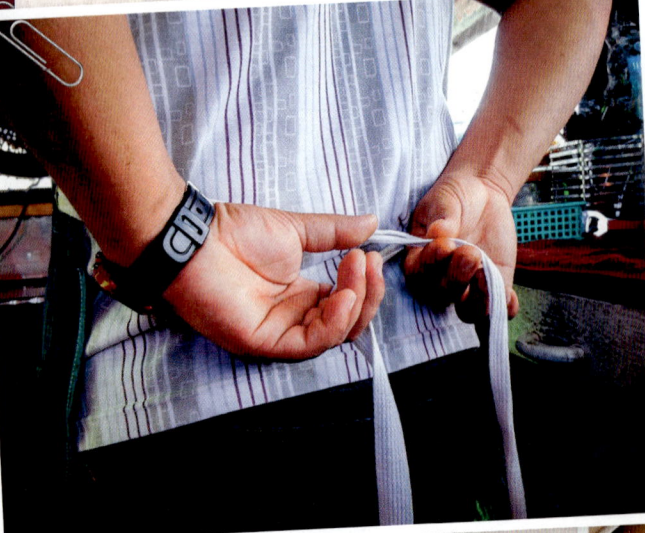

1. Avant de commencer, lavez-vous les mains, retroussez vos manches, attachez vos cheveux et mettez un tablier.

2. Préparez les ingrédients et utilisez la balance pour mesurer les quantités.

3. Séparez toujours la nourriture crue et la nourriture cuite pour éliminer les risques de contamination.

4. Lavez-vous les mains encore une fois après avoir manipulé de la viande crue.

Junior Cycle French – Second and Third Year

5. Les couteaux pointus ou le four peuvent être dangereux. Faites attention !

6. La température du four ne doit pas être trop élevée.

7. Mettez toujours un gant de cuisine quand vous saisissez des ustensiles chauds.

8. Quand vous avez fini, faites la vaisselle et nettoyez la cuisine !

7 La cuisine

1. What four things should you do before you begin?
2. What should you use scales for?
3. What should you do with cooked and uncooked foods?
4. When should you wash your hands again?
5. What items can be dangerous when cooking?
6. What advice is given about the oven temperature?
7. What should you always put on when handling hot utensils?
8. What two things should you do when you have finished cooking?

deux cent trente-cinq

Allons-y 2

Un garde-manger typiquement français

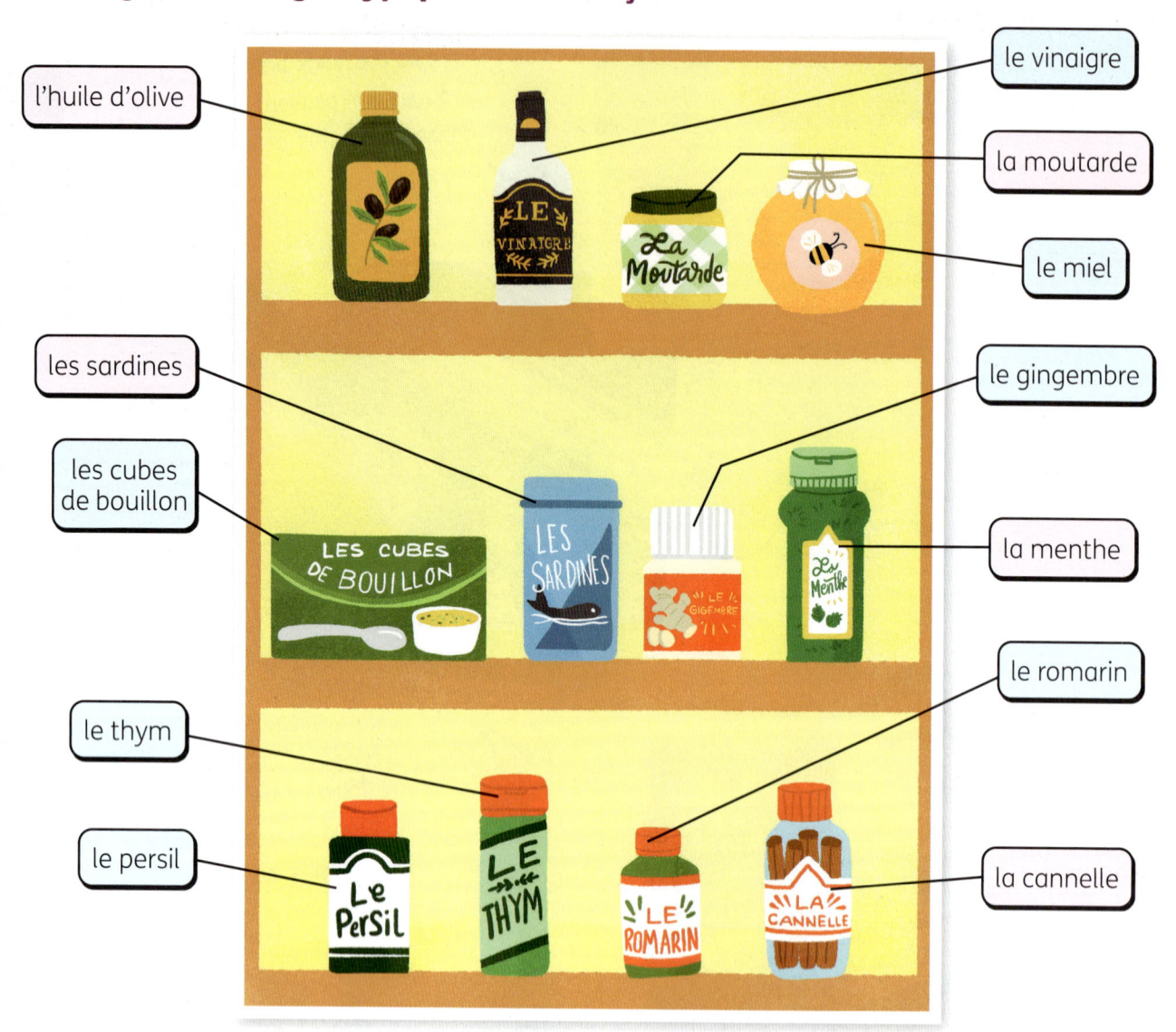

- l'huile d'olive
- le vinaigre
- la moutarde
- le miel
- les sardines
- les cubes de bouillon
- le gingembre
- la menthe
- le thym
- le romarin
- le persil
- la cannelle

Des mots clés

un garde-manger — pantry

C'est intéressant !

On trouve des herbes de Provence dans de nombreux garde-mangers français. C'est un mélange de fenouil, de romarin, de thym et d'origan.

7.6 Écoutez !

Écoutez et répétez les ingrédients trouvés dans un garde-manger typiquement français.

7.7 Écoutez !

Écoutez et complétez les listes de courses.

1.
Olive oil
_____
_____
6 _____
_____
_____ lemons

2.
_____
_____ tomatoes
_____
_____
_____
_____

3.
_____
_____
_____
_____
_____ eggs
_____

EXERCICE 8

Traduisez en français.

1. Beat the vinegar and mustard.

2. Simmer the water and add a stock cube.

3. Put the olive oil in a saucepan.

4. Peel the ginger and cut into slices.

5. Wash the parsley in cold water.

6. Mix the butter, rosemary and thyme.

7. Decorate the cake with cinnamon.

8. Pour the melted honey into the cream.

Je connais les ingrédients utilisés dans la cuisine française.

7 La cuisine

deux cent trente-sept

Julia Child : une championne de la cuisine française

1. En 1946, Julia Child a quitté les États-Unis pour habiter en France avec son mari Paul. Le jour où elle a mangé un repas d'huîtres, de poisson au beurre, de salade verte et de fromage blanc, elle a déclaré « C'est le repas le plus excitant de ma vie ! ». Julia a voulu apprendre à faire la cuisine française à la maison.

2. En 1950, Julia s'inscrit au Cordon Bleu Paris – une école pour étudier les arts et les techniques culinaires. Bientôt, elle commence à écrire un livre de cuisine pour enseigner aux anglophones tout ce qu'il faut savoir sur la cuisine française classique. Le livre de 726 pages *Mastering the Art of French Cooking* a été publié en 1961. Ses recettes sont bien connues pour les grandes quantités de beurre et de crème !

3. De retour aux États-Unis, Julia a animé des émissions de télévision culinaire. À la fin de chaque émission, elle souhaitait « Bon appétit ! » aux téléspectateurs. Les émissions ont été filmées dans sa propre cuisine. Aujourd'hui, la cuisine de Julia Child est conservée au Musée National d'Histoire Américaine.

4. Le film *Julie et Julia* est sorti en 2009. Meryl Streep joue Julia Child. C'est l'histoire d'une femme qui s'appelle Julie Powell (Amy Adams) et qui découvre le livre de Julia Child. Julie essaie de cuisiner ses 524 recettes au cours d'une année dans sa petite cuisine de New York City. Elle écrit un blog quotidien sur son expérience culinaire.

EXERCICE 9

Lisez le texte ci-dessus et répondez aux questions.

1. Describe the meal that Julia declared 'the most exciting of my life'. (Section 1)
2. What is Cordon Bleu Paris? (Section 2)
3. What was the aim of Julia's cookbook? (Section 2)
4. How many pages is it? (Section 2)
5. What are Julia's recipes well known for? (Section 2)
6. What did Julia do when she returned to the USA? (Section 3)
7. What is in the National Museum of American History? (Section 3)
8. In the film *Julie & Julia*, what does Julie Powell try to do? (Section 4)

EXERCICE 10

Lisez la recette inspirée par Julia Child et répondez aux questions.

Bœuf bourguignon

Pour 4 personnes   🕐 **6 h**

Ingrédients

500 g de bœuf
6 tranches de bacon
100 g de champignons
4 oignons
2 carottes
1 bouteille de vin rouge
2 cubes de bouillon
100 g de beurre

3 gousses d'ail
1 cuillère à café de romarin
1 cuillère à café de thym
1 cuillère à soupe de persil
2 cuillères à soupe de beurre
Sel
Poivre

Préparation

1. Coupez les carottes, les oignons et les champignons en petits morceaux. Couper l'ail finement.
2. Coupez le bœuf en cubes. Enlevez les morceaux de gras. Séchez le bœuf en utilisant une serviette.
3. Dans un saladier, mélangez le bœuf, les légumes, l'ail et les herbes. Couvrez et laissez mariner au réfrigérateur pendant trois heures.
4. Coupez le bacon en petits morceaux.
5. Faites fondre le beurre dans une cocotte et ajoutez le bacon et le mélange de bœuf, légumes et herbes.
6. Quand la viande est dorée à l'extérieur, ajoutez le vin rouge et les cubes de bouillon.
7. Laissez mijoter à feu doux pendant deux heures trente. Ajoutez du sel et du poivre selon votre goût et décorez avec du persil.

---

1. What three vegetables are ingredients in this recipe?
2. How much butter is needed?
3. How does step 1 say the garlic should be cut?
4. According to step 2, what two things should be done to the beef after it is cut into cubes?
5. How long should the beef, vegetable and herb mixture spend in the fridge?
6. What instruction is given in step 4?
7. When should the red wine and stock cubes be added?
8. How long should the stew simmer for before serving?

C'est intéressant !

Vous pouvez regarder Julia préparer le bœuf bourguignon sur son émission télévisée sur YouTube. Bon appétit !

| Allons-y 2 |

La cuisine mondiale

La cuisine est un excellent moyen de comprendre la culture d'un pays. Faites un voyage gastronomique à travers le monde sans quitter votre cuisine !

EXERCICE 11

Reliez les nombres avec les lettres.

1. L'Inde	a. La paella	5. La Grèce	e. Le sushi
2. Le Canada	b. La salade grecque	6. L'Allemagne	f. La poutine
3. L'Italie	c. Le gâteau forêt noire	7. Le Japon	g. Les pâtes
4. L'Espagne	d. Le bœuf au curry de Madras	8. La France	h. Le bœuf bourguignon

1.	2.	3.	4.	5.	6.	7.	8.

EXERCICE 12

Lisez la recette et répondez aux questions.

Curry de poulet indien

Pour 4 personnes   1 h 30

Ingrédients

5 blancs de poulet
2 oignons
4 cuillères à soupe d'huile végétale
2 gousses d'ail
2 cuillères à café de poudre de curry
2 cuillères à café de gingembre
1 cuillère à café de cumin
1 cuillère à café de paprika
200 ml de lait de coco
200 g de tomates
1 bouquet de coriandre fraîche

Préparation

1. Coupez les oignons, écrasez l'ail et ajoutez le tout dans une poêle avec un peu d'huile végétale.
2. Épluchez et coupez le gingembre et mélangez-le avec la poudre de curry et les épices.
3. Coupez le poulet en morceaux et recouvrez-le du mélange d'épices. Versez le tout dans la poêle et faites cuire à feu vif.
4. Coupez les tomates et ajoutez-les dans la poêle quand le poulet est doré.
5. Ajoutez le lait de coco et laissez mijoter à feu doux.
6. Disposez dans les assiettes et saupoudrez de coriandre pour décorer.
7. Servez avec du riz et du pain naan.

1. How long does this recipe take?
2. What amount of vegetable oil is needed?
3. In step 2, what two things should be done to the ginger before mixing it with other ingredients?
4. What type of heat should the chicken be cooked on, according to step 3?
5. When should the tomatoes be added to the frying pan?
6. What cooking instruction is given after the coconut milk is added in step 5?
7. How is the coriander to be used?
8. What is the curry to be served with?

Allons-y 2

EXERCICE 13

Lisez le texte et répondez « vrai » ou « faux » aux affirmations.

Je m'appelle Nathalie et je viens de Suisse. Chez nous, on mange de façon très traditionnelle. Alors quand je vais au restaurant, j'aime beaucoup essayer de nouvelles cuisines. J'adore manger au restaurant chinois parce que j'aime les épices, les légumes et les petits plats variés. En fait, j'adore les arômes de la cuisine chinoise !

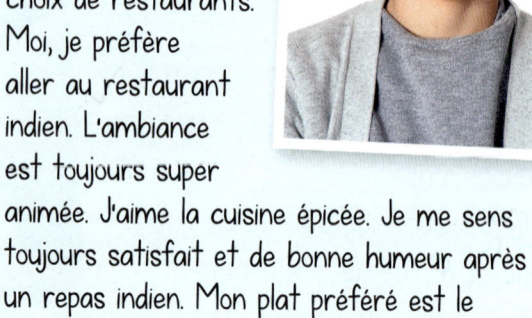

Je m'appelle René et j'habite à Montréal au Canada. Montréal est une grande ville, donc il y a beaucoup de choix de restaurants. Moi, je préfère aller au restaurant indien. L'ambiance est toujours super animée. J'aime la cuisine épicée. Je me sens toujours satisfait et de bonne humeur après un repas indien. Mon plat préféré est le poulet jalfrezi. J'adore les plats au curry très forts !

Je m'appelle David et j'habite à Rennes en France. Je n'aime pas du tout la cuisine étrangère. Ma mère fait toujours des plats traditionnels chez nous et quelquefois, nous allons au restaurant typiquement français. Pour moi, la cuisine chinoise ou indienne est trop épicée et elle contient trop de sel, alors j'ai toujours soif après un repas comme ça.

Je m'appelle Maria et j'habite en Corse. Je mange beaucoup de cuisine méditerranéenne. Heureusement, j'adore les herbes cuisine, la salade et les fruits de mer. J'aime aussi beaucoup manger au restaurant japonais car c'est une expérience différente. J'aime particulièrement les restaurants avec un tapis roulant à sushi ! C'est marrant !

	Vrai	Faux
1. Nathalie aime essayer de nouvelles cuisines.	☐	☐
2. Ce que Natalie préfère, c'est la cuisine chinoise.	☐	☐
3. Selon René, il n'y a pas beaucoup de restaurants à Montréal.	☐	☐
4. René n'aime pas la nourriture épicée.	☐	☐
5. René aime les plats au curry doux.	☐	☐
6. David préfère la cuisine française.	☐	☐
7. La mère de David cuisine des plats étrangers.	☐	☐
8. Maria aime manger le poisson.	☐	☐

7.8 Écoutez !

Écoutez et répondez aux questions.

1.
a. When was Pierre in Italy?
b. What was his favourite dish?
c. List three ingredients in the sauce.
d. What does he sprinkle on this dish?
e. What is his favourite ice cream flavour?

2.
a. Where does Lucie's aunt live?
b. How long was Lucie there for?
c. List three ingredients needed to make baklava.
d. As what course in a meal is baklava eaten?
e. List three ingredients in a Greek salad.

EXERCICE 14

Par deux, parlez de la nourriture que vous aimez ou n'aimez pas.

Exemple

- Quelle cuisine étrangère préfères-tu ?

  Moi, j'adore la cuisine espagnole. J'aime les restaurants de tapas car c'est parfait pour partager avec des amis. On peut essayer un peu de chaque plat.

- Et quel est ton plat préféré ?

  Mes tapas préférées sont les patatas bravas. C'est un plat simple de pommes de terre en cubes recouvertes de sauce tomate à l'ail.

- Quelle cuisine étrangère n'aimes-tu pas ?

  Je n'aime pas beaucoup la cuisine italienne. Elle est souvent trop grasse et lourde.

Je sais parler de la cuisine mondiale en français.

deux cent quarante-trois

243

Le passé composé avec être

In chapters 5 (page 170) and 6 (page 200), you learned how to form the past tense (**le passé composé**) using the auxiliary or 'helping' verb **avoir** (to have) with regular and irregular past participles. In the case of a select few verbs, **le passé composé** is formed using the auxiliary verb **être** (to be) instead.

The first two steps of the process are the same, except you use the verb **être** instead of **avoir**.

1. Choose the part of **être** that you want to use (**je suis, tu es, il / elle / on est, nous sommes, vous êtes, ils / elles sont**).

2. Add the past participle – the part of the verb that describes the action that has been done. The following table shows all fourteen verbs that take **être** to form the past tense and their past participles. Most of these verbs follow the regular past participle pattern (i.e. –er = –é, –ir = –i, –re = –u). Those that do not are marked with an asterisk*.

Retenez !
Note that many of these verbs describe going somewhere or physical movement (e.g. coming, going, going up, going down, going out, going back, falling, arriving, leaving). In general, if you did something, use **avoir**, and if you went somewhere, use **être**.

There is a third step when forming **le passé composé** using the auxiliary verb **être**.

3. The past participle of verbs that take **être** must agree in terms of gender (masculine/feminine) and quantity (one/more than one), for example **Il est sorti hier soir** / **Elle est sortie hier soir** / **Ils sont sortis hier soir** / **Elles sont sorties hier soir**.

Verb	Past participle	Être + past participle	Translation
monter	monté	je suis monté(e)	I went up
rester	resté	il est resté	he/it stayed
sortir	sorti	tu es sorti(e)	you went out
*venir	venu	je suis venu(e)	I came/I have come
aller	allé	nous sommes allé(e)s	we went
*naître	né	elle est née	she was born
descendre	descendu	ils sont descendus	they went down
entrer	entré	vous êtes entré(e)(s)	you entered
tomber	tombé	je suis tombé(e)	I fell
retourner	retourné	il est retourné	he/it went back
arriver	arrivé	tu es arrivé(e)	you arrived
*mourir	mort	il est mort	he/it died
partir	parti	vous êtes parti(e)(s)	you left

Retenez !
Use the mnemonic **MRS VANDETRAMP** (made up of the first letters of each verb) to help you remember the verbs that use **être** as the auxiliary verb.

Je m'appelle MRS VANDETRAMP. Je suis venue vous aider à vous rappeler le passé composé avec être !

Junior Cycle French – Second and Third Year

EXERCICE 15

Complétez les phrases suivantes et traduisez en anglais.

1. Je (arriver) __Je suis arrivé(e)__ tôt à la gare. — I arrived at the train station.
2. Tu (aller) __Tu es allé(e)__ au cinéma vendredi. — You went to the cinema on ~~Wednesday~~ Friday.
3. Il (partir) __Il est parti__ à treize heures. — He left at ~~1~~ 3 o'clock.
4. On (entrer) __On est entré(e)(s)__ par la porte. — One entered through the door.
5. Elle (mourir) __Elle est morte__ en 1987. — She died in 1987.
6. Nous (tomber) __Nous sommes tombé(e)s__ sur la piste. — We fell on the track / ski slope.
7. Je (naître) __Je suis né(e)__ en 2006. — I was born in 2006.
8. Ils (rester) __Ils sont resté(s)__ à la maison. — They stayed at home.

Retenez !
When talking about a mixed group of males and females, use the masculine plural form of the past participle.

EXERCICE 16

Mettez les phrases au passé composé.

Exemple

Les enfants vont (aller) à la piscine. → Les enfants sont allés à la piscine.

1. Ils sortent vendredi soir. → Ils sont sorti(s) vendredi soir.
2. Nous retournons à l'école en septembre. → Nous sommes retourné(s) à l'école en septembre.
3. Tu pars tôt. → Tu es parti(e) tôt.
4. Paul arrive sain et sauf. → Paul est arrivé sain et sauf.
5. Elle ne descend pas de l'autobus. → Elle n'est descendu pas de l'autobus.
6. Je vais au cinéma vendredi. → Je suis allé(e) au cinéma vendredi.
7. Je meurs de rire ! → Je suis mort(e) de rire !
8. Ils restent dans un camping. → Ils sont resté(s) dans un camping.

EXERCICE 17

Avoir ou **être** ?

1. __es__-tu sorti hier soir ?
2. Pierre __a__ bu trop du vin hier soir.
3. Nous __avons__ pris l'autobus après le concert.
4. Ils __sont__ retournés au bureau hier soir.
5. Elles __sont__ arrivées lundi matin.
6. Fiona __a__ lu un bon livre pendant les vacances.
7. Vous __êtes__ partis avant la fin du concert.
8. Je __suis__ monté la valise au grenier. J'ai
9. Il __est__ descendu à la cuisine à 09h.
10. Elle __a__ fini l'école à 16h.

Allez à la **page 50** de votre *Trousse de grammaire* pour compléter les exercices : Le passé composé avec **être**.

Je connais le passé composé avec l'auxiliaire **être**.

La cuisine

deux cent quarante-cinq 245

Allons-y 2

EXERCICE 18

Lisez la conversation par texto et répondez aux questions en anglais.

AUJOURD'HUI

Didier : Es-tu arrivé à l'heure à la gare ?

Seb : Oui, et je suis parti à midi et demi.

Didier : Je suis rentré sain et sauf aussi ! *safe and sound*

Seb : Je suis arrivé chez ma tante hier soir. Elle avait préparé un bon repas pour mon arrivée.

Didier : Bon séjour à Lyon !

Seb : Merci, Didier ! À la semaine prochaine.

1. Where did Séb travel to?
   - [ ] The airport
   - [ ] The bus station
   - [x] The train station
2. What time did he leave? 12:30
3. What did his aunt give him when he arrived at her house?
   - [x] A meal
   - [ ] A party
   - [ ] A present
4. What does Didier wish him? *go and stay in Lyon*
   - [ ] A happy birthday
   - [x] A good holiday
   - [x] A safe journey
5. When will Séb next see Didier? next week

7.9 Écoutez !

Écoutez et répondez aux questions.

1. Who gave Ella cinema tickets?
2. What did Ella and Sarah eat after the cinema?
3. What type of films does Ruth say she loves?
   - [ ] Adventure films
   - [ ] Action films
   - [ ] Horror films
4. What reason does Ella give for not inviting Ruth to the cinema?
5. What does Ella promise Ruth?

EXERCICE 19

Dites trois choses sur votre passé : deux vraies et une fausse. Votre partenaire doit deviner le mensonge !

Exemple

Personne 1 : Je suis né aux États-Unis. L'été dernier, j'ai rencontré Emma Watson. Je suis resté dans un château en France.

Personne 2 : Le mensonge est que tu as rencontré Emma Watson l'été dernier ?

Personne 1 : Non, c'est vrai ! Je ne suis pas né aux États-Unis.

deux cent quarante-six

EXERCICE 20

Lisez la lettre de Beth et répondez aux questions.

Carcassonne, le 3 juin

Salut Maman et Papa,

Comment allez-vous ? Je viens de passer une semaine inoubliable dans une école de cuisine à Carcassonne en France ! Je suis restée dans une cabane avec deux autres filles.

Nous nous sommes levées tous les jours à 07h. Nous avons préparé le petit-déjeuner chaque matin chacun notre tour. Mardi matin, j'ai préparé du pain perdu. J'ai utilisé du pain, du lait et des œufs. J'ai eu un petit accident – un œuf est tombé et s'est cassé ! Oups !

Après le petit-déjeuner, nous avons appris à préparer des recettes de régions différentes, comme le coq au vin, la quiche lorraine et le bœuf bourguignon. J'ai goûté la bouillabaisse. Il s'agit d'une soupe de poisson avec des croûtons et des pommes de terre.

L'après-midi, nous sommes allés au marché pour acheter des ingrédients frais pour le dîner. Nous avons goûté les produits et parlé avec les marchands. Hier soir, nous avons mangé des cuisses de grenouille, qui sont une spécialité ici.

Je suis maintenant en route à Paris. Je suis partie de l'école de cuisine ce matin à 08h30. Je rentre à la maison vendredi. J'espère trouver un emploi à temps partiel dans un restaurant français. Peut-être que je deviendrai un chef célèbre, qui sait ?

C'est tout pour le moment,

Beth

1. Where has Beth spent the week?
2. What did she make for breakfast on Tuesday?
3. What went wrong?
4. What are the ingredients for bouillabaisse?
5. Name two things they did at the market.
6. Where is Beth on her way to now?
7. When will she be home?
8. What does she hope to do?

Allez à la **page 84** de votre *Chef d'œuvre* pour compléter l'Activité 2 : Une lettre de l'école de cuisine.

Allons-y 2

Le gaspillage alimentaire

Après un repas, que faites-vous des restes ? Le gaspillage alimentaire est un problème en Irlande et en France. Nous devons penser à des moyens de réduire la quantité de nourriture que nous jetons.

Des mots clés

la date de péremption	expiry date	jeter	to throw away
les restes	leftovers	le lendemain	the next day

EXERCICE 21

Lisez le texte et répondez aux questions.

Les conseils pour réduire le gaspillage alimentaire

1. Planifiez vos repas pour la semaine. Puis faites la liste des ingrédients dont vous avez besoin.

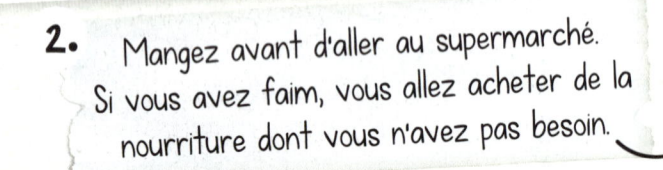

2. Mangez avant d'aller au supermarché. Si vous avez faim, vous allez acheter de la nourriture dont vous n'avez pas besoin.

3. Faites attention aux dates de péremption. Achetez des articles avec des plus longues dates.

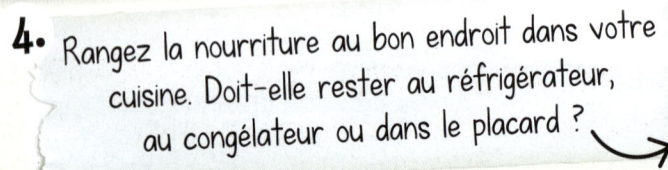

4. Rangez la nourriture au bon endroit dans votre cuisine. Doit-elle rester au réfrigérateur, au congélateur ou dans le placard ?

deux cent quarante-huit

Junior Cycle French – Second and Third Year

5. Faites attention aux recettes. Adaptez les quantités au nombre de personnes qui mangent.

6. Mangez les restes au déjeuner ou au dîner du lendemain, ou congélez-les si c'est possible.

7. Réutilisez les os d'animaux et les peaux végétales pour faire du bouillon pour les soupes et les ragoûts.

8. Mettez tous les aliments que vous ne pouvez pas réutiliser dans la poubelle brune.

1. What should you do after you plan meals for the week?
2. Why should you eat before going to the supermarket?
3. What should you pay attention to while shopping?
4. What three places are suggested for storing food?
5. How should you adapt recipes?
6. What should you do with leftovers?
7. What can animal bones and vegetable skins be used for?
8. What colour bin should food waste be put into?

Allez à la **page 86** de votre *Chef d'œuvre* pour compléter l'Activité 3 : Mon journal de gaspillage alimentaire.

7 La cuisine

deux cent quarante-neuf

Allons-y 2

Le gaspillage alimentaire en France

LE GASPILLAGE ALIMENTAIRE EN FRANCE
Ministère de l'Agriculture, de l'Agroalimentaire et de la Forêt
gaspillagealimentaire.fr

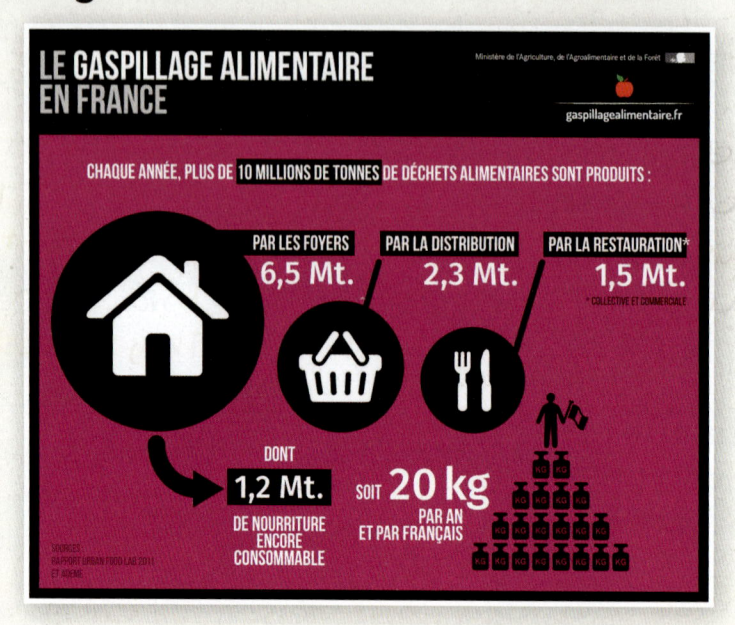

CHAQUE ANNÉE, PLUS DE 10 MILLIONS DE TONNES DE DÉCHETS ALIMENTAIRES SONT PRODUITS :

PAR LES FOYERS 6,5 Mt.
PAR LA DISTRIBUTION 2,3 Mt.
PAR LA RESTAURATION* 1,5 Mt.
*COLLECTIVE ET COMMERCIALE

DONT 1,2 Mt. DE NOURRITURE ENCORE CONSOMMABLE
SOIT 20 kg PAR AN ET PAR FRANÇAIS

SOURCES : RAPPORT URBAN FOOD LAB 2011 ET ADEME

En février 2016, le gouvernement français a interdit aux supermarchés de jeter la nourriture.

La France a été le premier pays au monde à adopter cette loi. Depuis l'introduction de cette loi, 10 millions de repas ont été donnés aux pauvres.

À présent, quand la nourriture est proche de sa date de péremption, les supermarchés doivent faire un don aux banques alimentaires. La nourriture peut être consommée par les citoyens les plus pauvres. Si un supermarché enfreint la loi, il peut être condamné à une amende de 75,000 €.

Le gouvernement veut aussi encourager les familles françaises, les restaurants et les cantines scolaires à ne pas gaspiller la nourriture.

Des mots clés

les foyers	homes	enfreindre	to break (the law)
la loi	law	faire un don	to make a donation
pauvre	poor	condamner	to sentence

EXERCICE 22

Regardez l'infographie, lisez le texte ci-dessus, puis répondez aux questions.

1. How many tonnes of food waste are produced each year in France?
2. How much of this is household waste?
3. How much of the waste is still edible when it is thrown away?
4. What does the 20 kg figure refer to?
5. What did the French government ban supermarkets from doing in 2016?
6. What happens to food near expiry now?
7. What can happen to a supermarket that breaks this law?
8. What else is the French government doing to reduce the country's food waste?

7.10 Écoutez !

Écoutez la conversation et remplissez la grille.

		How they reduce food waste in school
1.	Lilou	
2.	Alban	
3.	Charline	
4.	Philippe	
5.	Loeiza	
6.	Oscar	

EXERCICE 23

En classe, parlez du gaspillage alimentaire.

- Croyez-vous que ce problème existe en Irlande ?
- Êtes-vous conscient(e) de ce problème ?
- Est-ce que ce problème existe à l'école ?
- Qu'est-ce que nous pouvons faire pour réduire le gaspillage alimentaire à l'école ?

Allez à la **page 88** de votre *Chef d'œuvre* pour compléter l'Activité 4 : Une affiche pour encourager la réduction du gaspillage alimentaire à l'école.

Je sais discuter du gaspillage alimentaire.

deux cent cinquante et un

Allons-y 2

Le dossier francophone : Le Maroc

Le drapeau :

La population : 35,300 millions
La capitale : Rabat
La monnaie : Le dirham marocain

C'est intéressant !

L'arabe est la langue officielle du Maroc. Le français est utilisé par le gouvernement et dans le commerce et l'éducation et 33% des Marocains parlent la langue.

Des montagnes : Les montagnes de l'Atlas : l'Atlas, le Toubkal, l'Ouanoukrim, l'Ighil M'Goun, l'Afella

Des rivières : La rivière du Drâa, l'oued Oum-er-Rbia, l'oued de la Moulouya, l'oued Sebou

Le temps : Le climat est méditerranéen au nord (des étés chauds et des hivers doux), océanique à l'ouest (des étés frais et des hivers froids) et désertique au sud (sec et chaud toute l'année)

C'est intéressant !

Marrakech est connue comme « la ville rouge » en raison de ses bâtiments peints en rose.

Des personnes célèbres : French Montana (rappeur), Richard Virenque (cycliste), Saad Lamjarred (chanteur), Jean Reno (acteur)

La nourriture : Le tagine (ragoût de viande, de légumes et d'épices), la harira (potage avec tomates et agneau), le mesfouf (semoule saupoudrée de raisins secs et d'amandes), la chermoula (sauce à base d'huile, d'ail, de cumin et de paprika)

Des fêtes : La journée mondiale de l'Afrique (mai), le Ramadan, la Fête de la jeunesse (août), la Fête de l'Indépendance du Maroc (novembre), l'Aïd el-Mouled, le Festival international du film à Marrakech

Junior Cycle French – Second and Third Year

Étude de cas

Lisez le texte et répondez aux questions.

1. La cuisine marocaine est un mélange d'influences – méditerranéenne, arabe et nord-africaine. Les épices jouent un rôle important dans la cuisine, surtout le safran, le gingembre et le paprika. Le plat marocain le plus célèbre est le tagine. Le mot « tagine » se réfère à deux choses : un plat de cuisson et le ragoût aromatique qui est traditionnellement cuisiné et servi à l'intérieur.

2. Les tagines sont faciles à reconnaître par leurs hauts couvercles en forme de cône. Cette forme permet à la vapeur de circuler dans le pot et ceci rend la viande tendre et savoureuse. Les pots sont traditionnellement en terre cuite et souvent peints de motifs colorés. On peut les trouver sur les marchés de Marrakech.

3. Le tagine – le ragoût – se compose de viande (agneau, bœuf ou poulet) ou de poisson avec un mélange d'huile d'olive, d'épices, de fruits et de légumes et du miel. Il est cuit lentement dans le four ou sur la plaque de cuisson et mijote pendant environ une heure et demie.

4. Le tagine est un plat social. Il est placé au centre de la table et partagé par la famille et les amis. Il est traditionnellement servi avec du pain sans levain et mangé avec les mains. Le repas est souvent accompagné de thé à la menthe.

1. Which cultures have influenced Moroccan cooking? (Section 1)
2. Name the three spices that are especially important in Moroccan dishes. (Section 1)
3. What function does the tagine pot's cone-shaped lid have? (Section 2)
4. Where can one find tagine pots? (Section 2)
5. Name three ingredients in a tagine. (Section 3)
6. Describe how tagine is cooked. (Section 3)
7. How is tagine traditionally eaten? (Section 4)
8. Which drink often accompanies tagine? (Section 4)

Allez à la **page 90** de votre *Chef d'œuvre* pour compléter l'Activité 5 : Bonjour du Maroc !

7 La cuisine

deux cent cinquante-trois

Allons-y 2

Résumé

EXERCICE A

Complétez la grille de mots croisés.

Horizontalement

3. Cooking instruction: to simmer. (7)
6. Famous cookery school in Paris. (6, 4)
8. Moroccan stew. (6)
9. Cooking instruction: to peel. (8)
10. Food waste: le _____ alimentaire. (10)

Verticalement

1. French beef dish: le bœuf _____. (11)
2. Cooking instruction: to add. (7)
4. Cut in round slices. (9)
5. Julia Child ended her TV show with this French phrase. (3, 7)
7. Cooking instruction: to mix. (8)

254   deux cent cinquante-quatre

Junior Cycle French – Second and Third Year

EXERCICE B

Étiquetez les articles de cuisine.

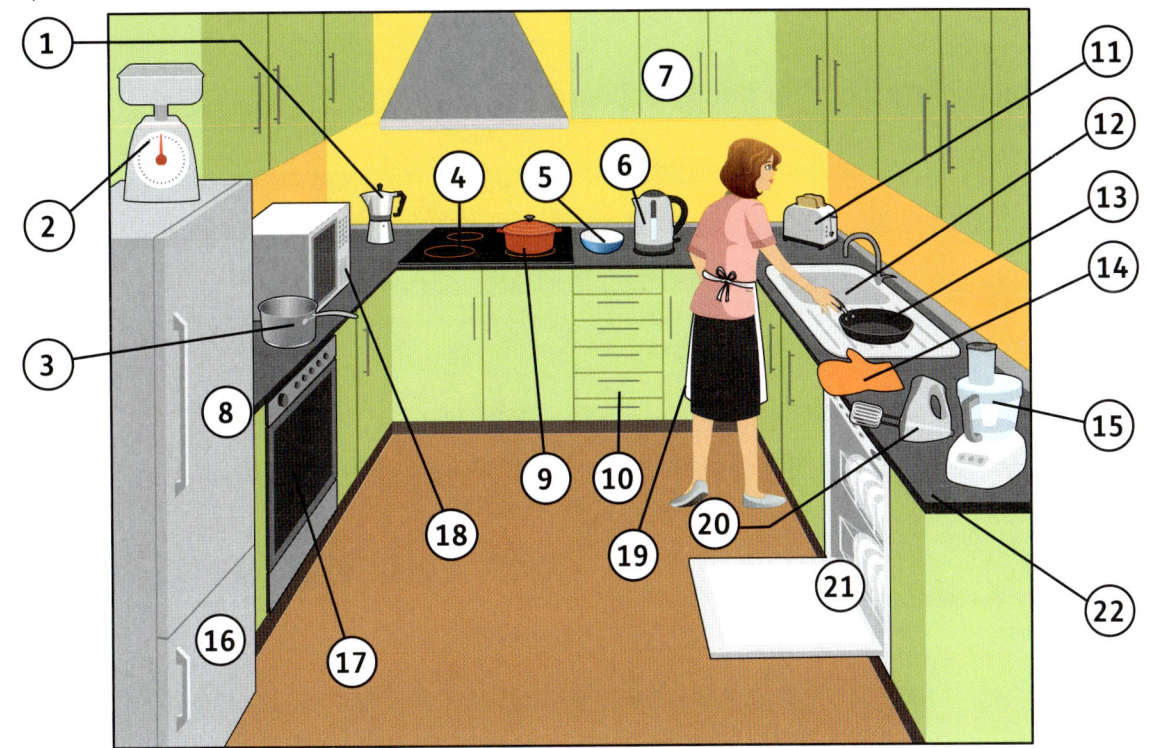

1. _____
2. _____
3. _____
4. _____
5. _____
6. _____
7. _____
8. _____
9. _____
10. _____
11. _____
12. _____
13. _____
14. _____
15. _____
16. _____
17. _____
18. _____
19. _____
20. _____
21. _____
22. _____

EXERCICE C

Lisez le message et répondez aux questions.

> Pierre,
>
> Tu as utilisé les derniers œufs ! Je voudrais faire une omelette aux champignons ce soir. Est-ce que tu peux aller au supermarché cet après-midi ? Nous avons aussi besoin de lait, de fromage et de poivre. Merci !
>
> Je serai à la maison à 17h30.
>
> Lucie x

1. Which ingredient has Pierre used?
2. What would Lucie like to make this evening?
3. When does she ask if he can go to the supermarket?
4. What other items do they need?
5. What time will she be home?

7 La cuisine

deux cent cinquante-cinq

Allons-y 2

EXERCICE D

Cochez (✓) la case avec les cinq ingrédients mentionnés dans la recette.

Les ingrédients pour la paella espagnole

450 g de crevettes
700 g de poulet
400 g de riz blanc
50 g de haricots verts
1 oignon
1 poivron rouge
2 cuillères à soupe d'huile d'olive
3 gousses d'ail
1 cuillère à soupe de paprika
1 citron
Poivre
Sel

A	Prawns		E	Lamb	
B	Red pepper		F	Olive oil	
C	Green pepper		G	Parsley	
D	Chicken		H	Garlic	

EXERCICE E

Écoutez et complétez la liste des ingrédients.

Les ingrédients pour la bouillabaisse

2 _____ blancs
_____ crevettes
20 _____
2 cuillères à _____ d'huile d' _____
2 gousses d' _____
_____ tomates
1 _____
2 _____ à soupe de _____

256 deux cent cinquante-six

EXERCICE F

Lisez la recette et répondez aux questions.

Potage de légumes

Pour 6 personnes 🕐 **1 h**

Ingrédients

4 pommes de terre
1 oignon
2 carottes
25 g de champignons
2 courgettes
1 litre de bouillon de légumes
Sel
Poivre

Préparation

1. Épluchez les pommes de terre, l'oignon, les carottes et les champignons.
2. Lavez les courgettes et coupez tous les légumes en morceaux.
3. Versez le bouillon de légumes dans une casserole et ajoutez les légumes. Faites cuire pendant environ 45 minutes.
4. Passez le tout au robot de cuisine afin d'obtenir une soupe lisse. Si vous préférez les soupes plus liquides, ajoutez un peu d'eau.
5. Salez et poivrez.
6. Servez cette soupe bien chaude dans des bols et accompagnez-la de crème fraîche et de persil.

---

1. How many potatoes are needed to make the soup?
2. What quantity of mushrooms is needed?
3. What instruction is given in step 1?
4. How should the vegetables be cut (step 2)?
5. How long should you cook the soup for (step 3)?
6. What should you do if you prefer a thinner soup (step 4)?
7. What instruction is given in step 5?
8. How should you serve the soup (step 6)?

Allons-y 2

EXERCICE G

Remplissez la grille.

Verb	Past participle	English example	French translation
monter	monté	he went up	il est monté
rester		we stayed	
sortir		I went out	
venir		they came	
aller		she went	
naître		he was born	
descendre		you (*polite*) went down	
entrer		you (*sing.*) entered	
retourner		we went back	
tomber		it fell	
arriver		I arrived	
mourir		she died	
partir		they (*feminine*) left	

EXERCICE H

Traduisez en français.

1. Julia Child was born on 15 August 1912.
   _____

2. Julia and her husband left the United States in 1948.
   _____

3. They lived in Paris.
   _____

4. Julia attended the Cordon Bleu school.
   _____

5. She learned French cooking.
   _____

6. In 1961, Julia wrote a cookery book.
   _____

7. People fell in love with her recipes.
   _____

8. Julia died on 13 August 2004.
   _____

EXERCICE I

Utilisez les mots pour remplissez les blancs.

œufs	goûté	août	mangé	voyagé	espagnole
terre	repas	froid	revenus	allée	cuisine

L'été dernier, au mois d'_____, je suis _____ en vacances en Espagne avec ma sœur cadette et mes parents. Nous avons _____ en avion.

Tous les soirs, nous avons _____ au restaurant. J'ai adore la _____ espagnole. Mon plat préféré est l'omelette _____. La recette est très simple : des pommes de _____, des oignons et des _____. C'est délicieux servi chaud ou _____. Nous avons aussi _____ les tapas et la paella.

Nous sommes _____ en France hier. Je pense que je vais cuisiner un _____ espagnol ce week-end pour me rappeler de nos vacances.

EXERCICE J

Écoutez la conversation et répondez aux questions.

1. Where is Marie-Agnès going soon?
2. Why can't Alex go with her?
3. What does Marie-Agnès hope to make for dinner tonight?
4. What four items does she need to buy to make this dish?
5. What four items does Alex want Marie-Agnès to buy?
6. What is he planning to make?

Allons-y 2

EXERCICE K

Reliez les images aux descriptions.

Cinq adolescents décrivent ce qu'ils ont fait le week-end dernier

1.	Omar	a.
	Comme surprise pour mes parents, j'ai préparé le petit déjeuner. J'ai fait du pain grillé et du bon café.	
2.	Nicole	b.
	Pour aider à la maison, j'ai débarrassé la table après le dîner et j'ai mis la vaisselle sale dans le lave-vaisselle. C'était très facile !	
3.	Julie	c.
	J'ai passé un week-end inoubliable au bord de la mer. J'ai nagé dans la mer et j'ai fait de la planche à voile.	
4.	Timothée	d.
	Pour mon anniversaire, j'ai assisté à un concert. J'ai vu mon groupe préféré. J'ai passé la soirée à chanter et à danser.	
5.	Lila	e.
	Malheureusement je n'ai pas eu le temps de faire beaucoup de choses parce que mes devoirs m'ont pris trois heures. J'ai mes examens en juin.	

1.	2.	3.	4.	5.

Le texte authentique

Regardez l'infographie et répondez aux questions.

Junior Cycle French – Second and Third Year

LE GASPILLAGE ALIMENTAIRE
et les contes de l'antigaspi

gaspillagealimentaire.fr
Ministère de l'Agriculture, de l'Agroalimentaire et de la Forêt

JETER MOINS = MANGER MIEUX

LE GASPILLAGE ALIMENTAIRE DANS LA CONSOMMATION DES MÉNAGES REPRÉSENTE EN FRANCE :
20 kg DE DÉCHETS PAR AN ET PAR PERSONNE
SOURCE : ADEME

MAÎTRE CORBEAU NE LAISSERA PLUS TOMBER SON FROMAGE

DONT :
7 kg DE DÉCHETS ALIMENTAIRES NON CONSOMMÉS ENCORE EMBALLÉS
SOURCE : ADEME

BLANCHE NEIGE AURAIT DÛ CROQUER UNE POMME MOCHE

QUAND PEAU D'ÂNE PRÉPARE SA GALETTE LE PRINCE N'EN PERD PAS UNE MIETTE

PETIT POUCET A COMPRIS COMBIEN LE PAIN EST PRÉCIEUX

LE COÛT DU GASPILLAGE ALIMENTAIRE EN FRANCE EST ESTIMÉ ENTRE 100 et 160 € PAR AN ET PAR PERSONNE SOIT DE 12 À 20 MILLIARDS D'EUROS
SOURCE : ADEME

À MINUIT LE POTIRON DE CENDRILLON FERA UN BON BOUILLON

DANS LE MONDE, ENVIRON 1/3 DES ALIMENTS DESTINÉS À LA CONSOMMATION HUMAINE EST PERDUE TOUT AU LONG DE LA CHAÎNE ALIMENTAIRE
SOURCE : FAO

---

1. Lisez les carrés gris.
   a. How much food per person is wasted every year in French households?
   b. How much of this food is still packaged?
   c. What is the estimated cost of food waste per person per year in France?
   d. What fraction of the world's food is lost before it is eaten?

2. Lisez les carrés en couleur.
   a. Which fairy tales do you recognise?
   b. What links these stories?
   c. Why do you think the French government has mixed these stories with information about food waste?

7 La cuisine

deux cent soixante et un

Évaluation en classe

CBA 1: Oral Communication

Faites une présentation – la cuisine française

1. Research an aspect of French cuisine, for example:
   - a French (or French-speaking) chef
   - a famous French restaurant
   - the Michelin Guide
   - a French regional speciality
   - cuisine in a French-speaking country

2. Present your topic to the class. Your presentation should last approximately three minutes. Use PowerPoint or Prezi, if possible. Include pictures.

3. Your teacher will ask you some questions about your presentation and give you feedback.

4. Go to **page 175** of your *Chef d'œuvre* to reflect on your presentation:
   - Comment on how you used the vocabulary you've learned so far in your presentation.
   - Give one important thing you learned from doing the task.
   - Say what things you would change or try to improve on.

Allez à la **page 92** de votre *Chef d'œuvre* pour évaluer ce que vous avez appris au chapitre 7.

8 La santé

Vous avez un chat dans la gorge !

Dans ce chapitre, vous allez étudier :
In this chapter, you will study:

- La tête 264
  The head
- Le corps 267
  The body
- À la pharmacie 272
  At the pharmacy
- La pandémie de Covid-19 275
  The Covid-19 pandemic
- Chez le médecin 280
  At the doctor's
- Prendre soin de ses dents 287
  Taking care of your teeth
- Écrire un petit mot 288
  Writing a note
- À l'hôpital 290
  At the hospital

Grammaire
Grammar

- Avoir mal à 270
  To have a sore …
- Les verbes pronominaux au passé composé 276
  Reflexive verbs in the past tense
- Les verbes pronominaux au passé composé à la forme négative 278
  The negative form of reflexive verbs in the past tense

Culture
Culture

- Les découvertes françaises en médecine 292
  French discoveries in medicine
- Le dossier francophone : L'Égypte 294
  The francophone file: Egypt
- Le texte authentique : une infographie – le Covid-19 301
  Authentic text: an infographic – Covid-19

- Résumé 296
  Revision
- Évaluation en classe : Créez un jeu de rôle – à la pharmacie / chez le médecin 302
  Classroom-Based Assessment: Create a role play – at the pharmacy/at the doctor's

deux cent soixante-trois

Allons-y 2

La tête

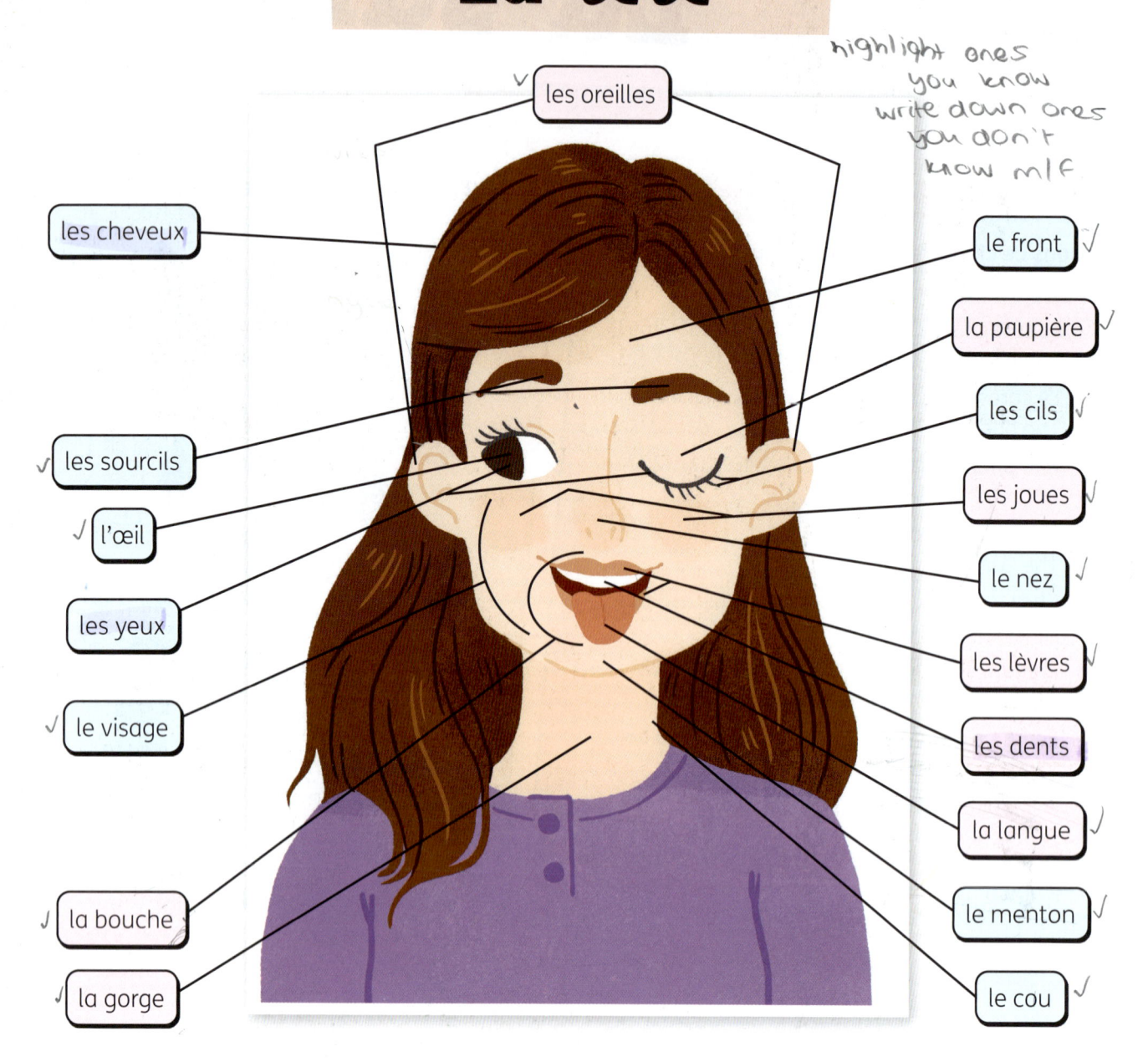

highlight ones you know, write down ones you don't know m/f

- les oreilles ✓
- les cheveux
- les sourcils ✓
- l'œil ✓
- les yeux
- le visage ✓
- la bouche ✓
- la gorge ✓
- le front ✓
- la paupière ✓
- les cils ✓
- les joues ✓
- le nez ✓
- les lèvres ✓
- les dents
- la langue ✓
- le menton ✓
- le cou ✓

C'est intéressant !

La tête figure dans nombreuses expressions françaises : « tête-à-tête », « avoir la tête en l'air », « avoir la grosse tête », « perdre la tête ».

8.1 Écoutez !

Écoutez et répétez les parties de la tête.

C'est intéressant !

L'expression française « Mon œil ! » signifie « Je ne vous crois pas ! ».

8.2 Écoutez !

Écoutez et cochez (✓) la case correcte.

1. Les filles parlent de

☐   ✓   ☐

2. Victor et Paul parlent de

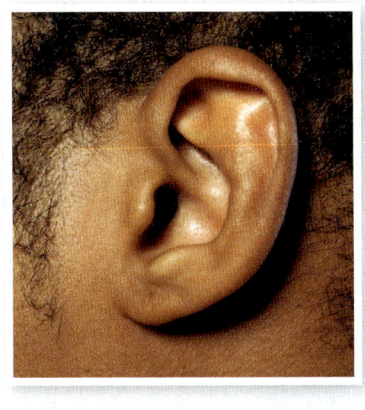

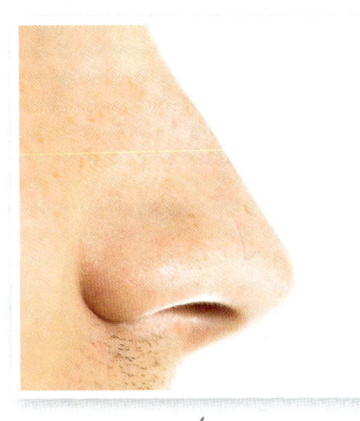

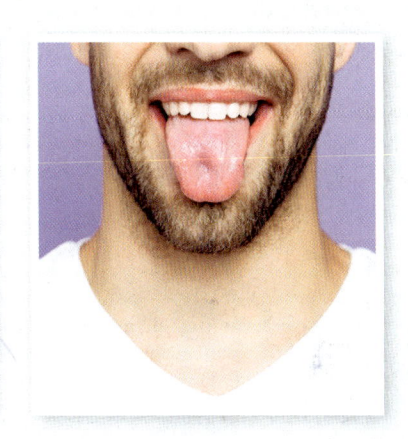

☐   ✓   ☐

3. Chloé et sa mère parlent de

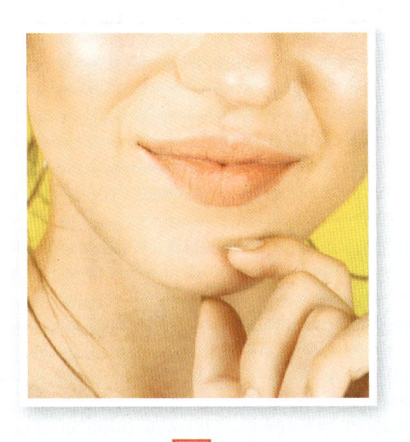

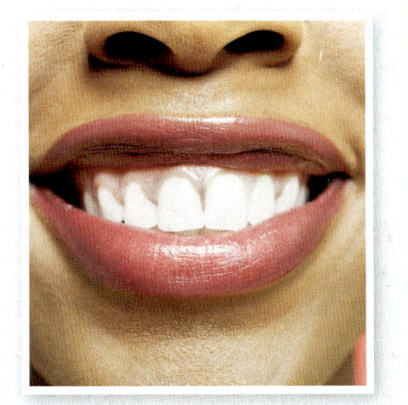

☐   ✓   ☐

Allons-y 2

EXERCICE 1

Complétez les mots avec des voyelles (et les accents nécessaires) pour trouver les parties de la tête, puis mettez l'article défini devant chaque mot.

Exemple
N_z.   Le nez

1. L_vr_s   les lèvres
2. G_rg_   la gorge
3. D_nts   les dents
4. L_ng_ _   la langue
5. _ _il   l'œil
6. Fr_nt   le front
7. C_ _   le cou
8. J_ _ _s   les joues

EXERCICE 2

Pour quelle partie du corps sont-ils utilisés ? Reliez les nombres avec les lettres.

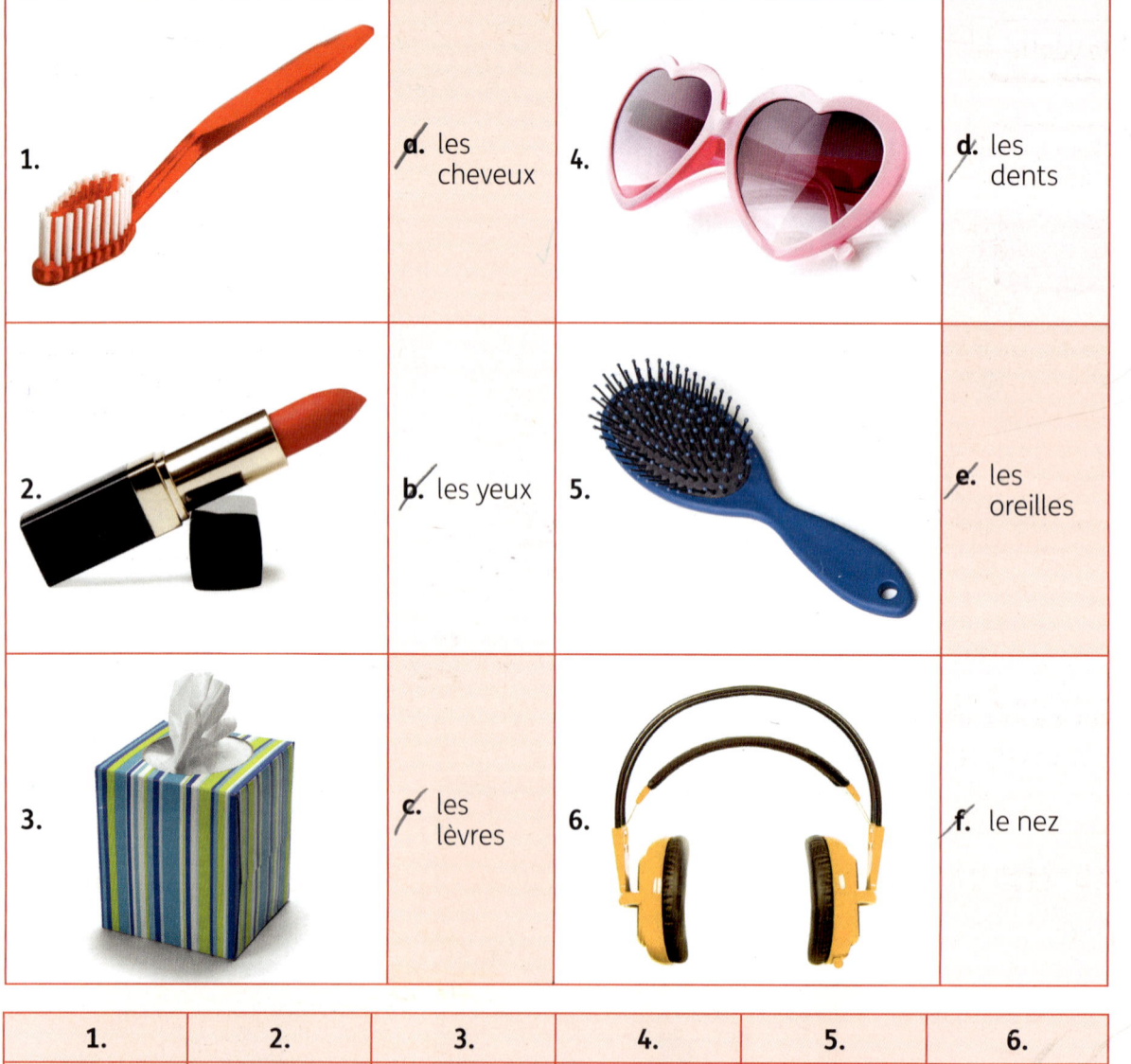

1. [brosse à dents] — a. les cheveux
2. [rouge à lèvres] — b. les yeux
3. [mouchoirs] — c. les lèvres
4. [lunettes de soleil] — d. les dents
5. [brosse à cheveux] — e. les oreilles
6. [casque audio] — f. le nez

1.	2.	3.	4.	5.	6.
d.	c.	f.	b.	a.	e.

Je connais le vocabulaire de la tête.

Junior Cycle French – Second and Third Year

Le corps

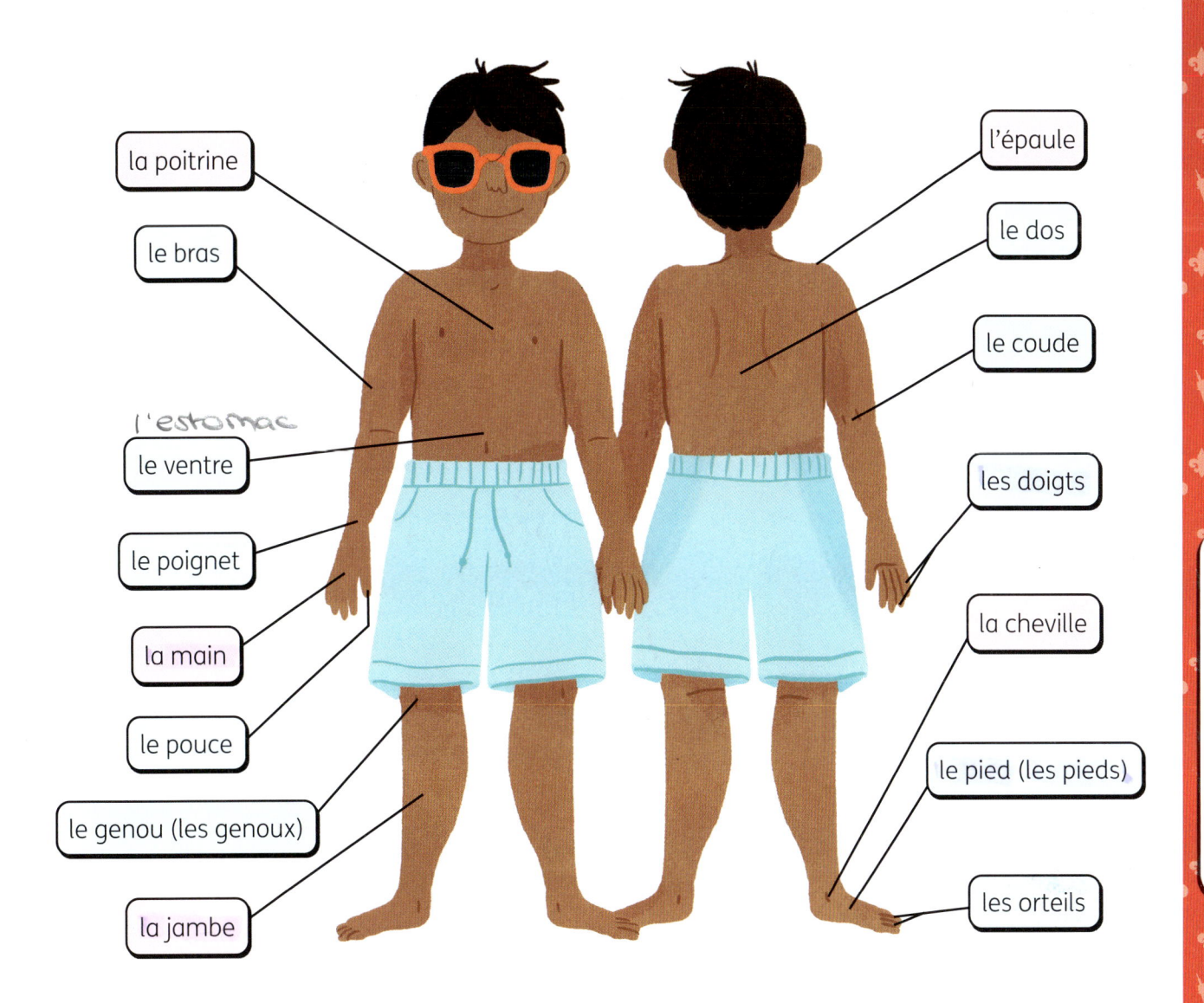

- la poitrine
- le bras
- l'estomac
- le ventre
- le poignet
- la main
- le pouce
- le genou (les genoux)
- la jambe
- l'épaule
- le dos
- le coude
- les doigts
- la cheville
- le pied (les pieds)
- les orteils

8 La santé

8.3 Écoutez !
Écoutez et répétez les parties du corps.

Des mots clés

la peau	skin
l'os	bone

Retenez !
In French, the definite article (**le**, **la**, **l'**, **les**) is used when talking about head and body parts. Unlike in English, you would not say 'my nose' or 'her toes', but **le nez** and **les orteils**.

C'est intéressant !
L'expression française « Tomber sur un os » signifie rencontrer un problème.

deux cent soixante-sept

267

Allons-y 2

8.4 Écoutez !
De quelle partie du corps parlent-ils ? Écoutez et cochez (✓) la case correcte.

1. 
2. 
3.

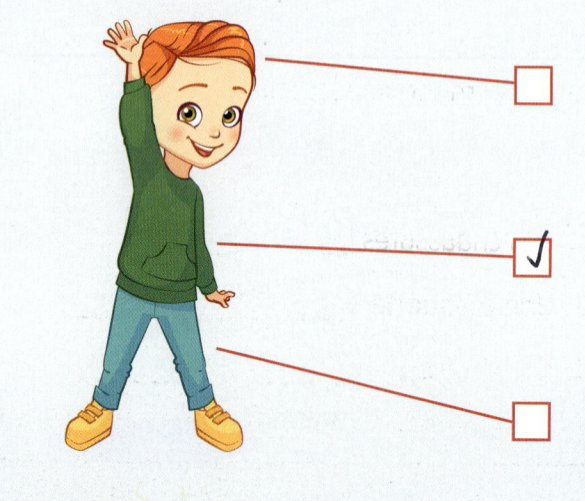

268　deux cent soixante-huit

EXERCICE 3

En classe, chantez la chanson « Tête, épaules, genoux et pieds ». Levez-vous et mimez les actions !

Tête, épaules, genoux et pieds.
Genoux et pieds.
Tête, épaules, genoux et pieds.
Genoux et pieds.

J'ai deux yeux, deux oreilles,
Une bouche et un nez.

Tête, épaules, genoux et pieds.
Genoux et pieds.

EXERCICE 4

Déchiffrez les mots pour trouver les parties du corps, puis mettez l'article défini devant chaque mot.

1. iedsp _____
2. ambejs _____
3. srab _____
4. pauéel _____
5. ngoeu _____
6. sgodit _____
7. eenrtv _____
8. niam _____
9. ods _____
10. rpsoc _____

EXERCICE 5

Donnez la partie du corps qui convient pour chaque vêtement ou accessoire.

Exemple
Un chapeau   La tête

1. Une écharpe _____
2. Des gants _____
3. Un pantalon _____
4. Des chaussures _____
5. Une casquette _____
6. Un bracelet _____

Je connais le vocabulaire du corps.

deux cent soixante-neuf

8 La santé

Allons-y 2

Avoir mal à ...

The phrase **avoir mal à ...** is used to express having a sore, hurt or aching body part.

To use this expression, you must choose the part of **avoir** that you need (**j'ai**, **tu as**, **il / elle / on a**, **nous avons**, **vous avez**, **ils / elles ont**) and use the correct contraction of the preposition **à** + the definite article (**le**, **la**, **les**), depending on the gender of the body part.

Gender	à + definite article	Example
Masculine	à + le = au	J'ai mal **au** bras.
Feminine	à + la = à la	Tu as mal **à la** tête.
Plural	à + les = aux	Il a mal **aux** dents.

If the body part in question begins with a vowel, use the contraction **à + l'**, e.g. **Elle a mal à l'épaule**.

Aïe ! J'ai mal au doigt !

EXERCICE 6

Remplissez les blancs avec le verbe **avoir** et la forme **au**, **à la**, **aux** ou **à l'**.

1. Jacques ___a___ mal ___au___ ventre.
2. Tu ___as___ mal ___aux___ genoux.
3. Maman ___a___ mal ___à l'___ épaule.
4. J'___ai___ mal ___au___ dos.
5. Vous ___avez___ mal ___à la___ cheville.
6. Nous ___avons___ mal ___à la___ tête.
7. Ils ___ont___ mal ___aux___ pieds.
8. Elle ___a___ mal ___à la___ jambe.
9. Il ___a___ mal ___aux___ dents.
10. Elles ___ont___ mal ___à la___ gorge.

Junior Cycle French – Second and Third Year

EXERCICE 7

Où ont-ils mal ?

1. Il a mal à la gorge.	2. Elle a mal à la tête. ✓	3. Il a mal au genou. ✓
4. Elle a mal à l'épaule ✓	5. Il a mal aux dents ✓	6. Elle a mal au bras ✓
7. Il a mal au cou. ✓	8. Elle a mal à la coude ✓	9. Ils ont mal à la cheville. ✓

EXERCICE 8

Traduisez en français.

1. I have a sore throat. — J'ai mal à la gorge.
2. Anna has hurt her arm. —
3. We have sore feet. — Nous avons mal aux pieds.
4. You have a sore ear. —
5. I have a sore knee. —
6. He has a stomach ache. — Il a mal au ventre.
7. I have a sore leg. —
8. He has hurt his neck. —

Allez à la **page 55** de votre *Trousse de grammaire* pour compléter les exercices : Avoir mal à.

Je sais utiliser l'expression **Avoir mal à … .**

8 La santé

deux cent soixante et onze

271

Allons-y 2

À la pharmacie

Pour une maladie mineure, on peut aller à la pharmacie. En France, les médicaments ne sont pas en libre-service. Il est donc nécessaire de décrire ses symptômes au pharmacien ou à la pharmacienne.

maladie = illness/sickness/disease

Des mots clés

Je tousse. – tousser	I have a cough.	J'ai une allergie.	I have an allergy.
J'éternue. – éternuer	I'm sneezing.	J'ai une piqûre d'insecte.	I have an insect bite/sting.
J'ai un rhume.	I have a cold.	J'ai une indigestion.	I have indigestion.
J'ai la grippe.	I have the flu.	J'ai de la fièvre.	I have a fever.
J'ai un coup de soleil.	I have sunburn.	J'ai la diarrhée.	I have diarrhoea.
J'ai le rhume des foins.	I have hay fever.	un comprimé	a tablet

une intoxication alimentaire = food poisoning

Les médicaments

vomir = to vomit
Je vomis beaucoup.

Ça ne va pas très bien aujourd'hui. Hier soir, j'ai mangé des fruits de mer (seafood) au restaurant local. Maintenant (now), j'ai une intoxication alimentaire.

- les cachets d'aspirine
- le sirop pour la toux
- les pastilles pour la gorge
- la crème solaire
- la pommade
- les vitamines
- les mouchoirs en papier (tissues)
- les analgésiques (painkiller)
- les antiallergiques
- les somnifères (sleeping pills)
- le produit anti-insectes (bug spray)
- les pansements
- la solution pour lentilles de contact (contact solution)
- la trousse de premiers secours

un gel après-soleil = after sun
J'ai un coup de soleil, il faut mettre du gel après-soleil.

8.5 Écoutez !

Écoutez et répétez le vocabulaire de la pharmacie.

8.6 Écoutez !

De quels médicaments parlent-ils ? Écoutez et cochez (✓) la case correcte.

8.7 Écoutez !

Écoutez et remplissez la grille.

	Problem	Item(s) purchased	Cost
1.			
2.			
3.			
4.			

deux cent soixante-treize

8 La santé

273

Allons-y 2

8.8 Écoutez !

Écoutez et lisez la conversation à la pharmacie, puis répondez aux questions.

Pharmacienne : Bonjour, monsieur. Je peux vous aider ?
Client : Oui, madame. J'ai besoin d'un sirop pour la toux.
Pharmacienne : C'est pour vous ?
Client : Oui. Je tousse.
Pharmacienne : Prenez-vous d'autres médicaments ?
Client : Non, rien d'autre.
Pharmacienne : Bien. Est-ce une toux sèche ?
Client : Oui. Elle est sèche et j'ai mal à la gorge.
Pharmacienne : Voici un sirop pour la toux et des pastilles pour la gorge.
Client : Merci beaucoup, madame. Ça fait combien ?
Pharmacienne : Ça fait 11,50 € pour les deux.
Client : Voilà, madame.
Pharmacienne : Merci, monsieur. Si la toux dure plus d'une semaine, contactez votre médecin. *(last)*
Client : Très bien. Au revoir, madame.
Pharmacienne : Au revoir, monsieur.

1. What does the customer ask for?
   ☐ Cough syrup
   ☐ Sleeping pills
   ☐ Aspirin
2. What are his symptoms?
3. Name the other item that the pharmacist gives him.
4. How much do both items cost in total?
5. What does the pharmacist tell the customer to do if his symptoms last more than a week?
   ☐ Return to the pharmacy
   ☐ Contact his doctor
   ☐ Rest more

EXERCICE 9

Par deux, utilisez les informations ci-dessous pour effectuer une conversation à la pharmacie. Jouez les rôles du client / de la cliente et du pharmacien / de la pharmacienne.

Pharmacien / pharmacienne — **Client / cliente**

- Ask how you can help.
- You have hayfever.
- Ask if they are sneezing.
- Yes, you are sneezing a lot.
- Recommend that they buy anti-allergy medication.
- Ask how much it costs.
- It's €7.50. They must take one tablet a day with a glass of water.
- Pay and thank the pharmacist for their help.

✓ Je peux acheter des choses à la pharmacie.   🙂 😐 ☹

274   deux cent soixante-quatorze

La pandémie de Covid-19

Des mots clés

la pandémie	pandemic
le Covid-19 / le coronavirus	Covid-19/coronavirus
le confinement	lockdown
le couvre-feu	curfew
le vaccin	vaccine
la deuxième / troisième vague	the second/third wave
le Département de la santé	Department of Health
l'Organisation mondiale de la Santé (OMS)	World Health Organization (WHO)
tester	to test
positif	positive
négatif	negative
contagieux	contagious
se laver les mains	to wash your hands
restez chez soi	to stay at home
isolé	isolated
porter un masque	to wear a mask
le travail à domicile	work from home
des cours en ligne	online classes
sain(e) / en bonne santé	healthy
un appel vidéo / le chat vidéo	video call
des travailleurs essentiels	essential workers
la distanciation physique	social distancing
le désinfectant pour les mains	hand sanitiser
les vacances à la maison	staycation

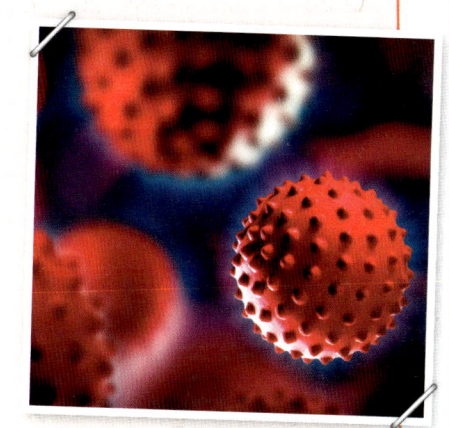

8.9 Écoutez !

Écoutez et répétez le vocabulaire de la pandémie de Covid-19.

C'est intéressant !

Pendant la pandémie de Covid-19, un couvre-feu était en place en France. Les Français devaient rester confinés entre 23h et 6h.

EXERCICE 10

Par deux, parlez de ce que vous avez fait pendant la pandémie de Covid-19.
- Qu'as-tu fait pendant le confinement ?

Allons-y 2

see page 4 for a list

Les verbes pronominaux au passé composé

In chapter 1 (page 3), you learned that reflexive verbs (**les verbes pronominaux**) are verbs that have the pronoun **se** or **s'** in front of them in the infinitive, and that this pronoun changes (**me**, **te**, **se**, **nous**, **vous**, **se**) depending on the subject pronoun (**je**, **tu**, **il**, etc.).

Like the verbs you met in chapter 7 (page 244), reflexive verbs use the auxiliary verb **être** to form **le passé composé**.

Most reflexive verbs follow the regular past participle pattern (i.e. –er = –é, –ir = –i, –re = –u). Let's look at a reflexive verb you are already familiar with in the past tense: **se laver** (to wash).

⚠ *Don't forget agreement* ⚠

Se laver (to wash oneself)	
je me suis lavé(e)	I washed myself
tu t'es lavé(e)	you washed yourself (informal)
il s'est lavé	he washed himself
elle s'est lavée	she washed herself
on s'est lavé(e)(s)	one washed oneself
nous nous sommes lavé(e)s	we washed ourselves
vous vous êtes lavé(e)(s)	you washed yourself (more than one person/formal)
ils se sont lavés	they washed themselves (masculine)
elles se sont lavées	they washed themselves (feminine)

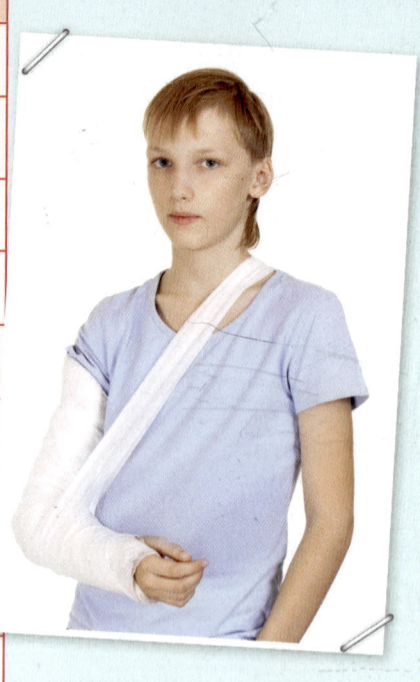

Note that if there is a direct object after the verb, there is no agreement in terms of gender (masculine/feminine) and quantity (one/more than one). This rule will apply when you use the past participle of verbs that take **être** to talk about body parts, as they are direct objects. For example:

- in the sentence **Elle s'est regardée dans le miroir**, there is agreement because the verb is followed by **dans**, which is not a direct object.
- in the sentence **Elle s'est regardé le nez**, there is no agreement because **le nez** is a direct object.

A number of useful verbs for talking about health are reflexive.

se sentir	to feel	se fouler	to sprain one's …
se trouver mal	to feel faint	se casser	to break one's …
se faire mal à …	to hurt one's …	se couper	to cut oneself
se blesser	to injure oneself	se brûler	to burn oneself

8.10 Écoutez !

Écoutez et répétez le verbe pronominal **se laver** au passé composé.

276   deux cent soixante-seize

EXERCICE 11

Complétez les phrases suivantes et traduisez-les en anglais.

1. Je (se blesser) __me suis blessé__ le genou hier.
   I injured my knee yesterday.

2. David (se fouler) __s'est foulé__ la cheville le week-end dernier.
   David sprained his ankle last weekend.

3. Je (se laver) __me suis lavé__ le visage hier matin.
   I washed my face yesterday morning.

4. Jane, tu (se sentir) __t'est sentie__ mieux après avoir pris le sirop pour la toux ?
   Jane, did you feel better after taking the cough syrup?

5. Ils (se brosser) __se sont brossés__ les dents après le petit-déjeuner.
   They brushed their teeth after breakfast.

6. Jacques (se casser) __s'est cassé__ le bras pendant le match.
   Jacques broke his arm during the match.

7. Papa (se couper) __s'est coupé__ le doigt en préparant le dîner.
   Papa cut his finger while preparing the dinner.

8. Ils (s'habiller) __se sont habillés__ vite le matin.
   They got dressed quickly in the morning.

EXERCICE 12

Mettez les phrases suivantes au passé composé.

Exemple
Pierre se casse la jambe. — Pierre s'est cassé la jambe.

1. Carine se coupe le doigt. — _Carine s'est coupé le doigt._
2. Je me couche tôt pendant la semaine. — _Je me suis couchée tôt pendant la semaine._
3. Nous nous habillons en uniforme. — _Nous nous sommes habillées en uniforme._
4. Je me douche le matin. — _Je me suis douchée le matin._
5. Vous vous détendez pendant les vacances. — _Vous vous êtes détendus pendant les vacances._
6. Je me dispute avec ma sœur. — _Je me suis disputée avec ma sœur._
7. Tu t'amuses bien à la fête. — _Tu t'es bien amusée à la fête._
8. Il se foule la cheville. — _Il s'est foulé la cheville._

Allez à la **page 56** de votre *Trousse de grammaire* pour compléter les exercices : Les verbes pronominaux au passé composé.

Je connais les verbes pronominaux au passé composé.

deux cent soixante-dix-sept

Allons-y 2

Les verbes pronominaux au passé composé à la forme négative

When you make a reflexive verb negative in the past tense, remember to keep the extra pronoun (**me**, **t'**, **s'** etc.) with **être**.
- **Ne** comes after the subject pronoun (**je**, **tu**, **il**, etc.).
- **Pas** comes after **être**.

For example, **Je me suis blessé** becomes **Je ne me suis pas blessé**. Look at the past tense of the verb **se blesser** (to injure oneself) in the negative form in full.

Se blesser (to injure oneself)					
je	ne	me	suis	pas	blessé(e)
tu	ne	t'	es	pas	blessé(e)
il	ne	s'	est	pas	blessé
elle	ne	s'	est	pas	blessée
on	ne	s'	est	pas	blessé(e)(s)
nous	ne	nous	sommes	pas	blessé(e)(s)
vous	ne	vous	êtes	pas	blessé(e)(s)
ils	ne	se	sont	pas	blessés
elles	ne	se	sont	pas	blessées

Retenez !
If a reflexive verb is not followed by a part of the body, you must remember to adjust the ending to agree in terms of gender and quantity. For example, **Elle s'est blessé le genou** but **Elle s'est blessée**.

8.11 Écoutez !
Écoutez et répétez le verbe pronominal se blesser au passé composé.

EXERCICE 13

Mettez les phrases suivantes à la forme négative.
1. Je me suis coupé le doigt quand je préparais le dîner.
2. Mon frère s'est senti mal la nuit dernière.
3. Elle s'est habillée en robe verte.
4. Monsieur, vous vous êtes couché tard hier soir ?
5. Ils se sont sentis mal en classe.
6. Il s'est foulé la cheville pendant le match de foot.
7. Nous nous sommes amusés en France.
8. Je me suis cassé des os quand j'étais enfant.
9. On s'est détendu pendant les vacances.
10. Les enfants se sont brossé les dents avant de se coucher.
11. Ils se sont couchés tard la nuit dernière.
12. Je me suis levé tôt samedi dernier.

Allez à la **page 60** de votre *Trousse de grammaire* pour compléter les exercices : Les verbes pronominaux au passé composé à la forme négative.

Allez à la **page 97** de votre *Chef d'œuvre* pour compléter l'Activité 1 : Mon expérience de la pandémie.

Je sais mettre les verbes pronominaux au passé composé à la forme négative.

EXERCICE 14

Lisez les textes et répondez aux questions.

Salut ! Je m'appelle Maxime. En général, je suis en très bonne santé : j'essaie de bien manger et j'attrape rarement un rhume ou la grippe. Mais l'hiver dernier, je me suis cassé l'épaule quand je faisais du snowboard dans les Alpes. Il a pris beaucoup de temps pour guérir. Je me sens mieux maintenant et je serai de retour sur les pistes l'hiver prochain.

Bonjour. Je m'appelle Noémie. J'ai le rhume des foins. Les étés sont un cauchemar pour moi ! Le nez qui coule et les yeux qui pleurent constamment. Cet été a été horrible. J'ai acheté les antiallergiques à la pharmacie, mais je ne me suis pas sentie mieux. J'espère que l'été prochain ne sera pas aussi affreux. C'est dommage car les fleurs sont très jolies.

Je m'appelle Ambre. Je partage une chambre avec ma sœur jumelle. Je dors dans un lit superposé, en haut. Le mois dernier, pendant que je dormais, j'ai roulé et je suis tombée par terre. Je me suis cassé le bras. Ma sœur a réveillé mes parents et nous sommes allés à l'hôpital. Maintenant, nous avons deux lits simples dans notre chambre !

Salut ! Je m'appelle Romain. Je suis très sportif. Je joue au rugby, au football, au basket et au volley. Naturellement, je me suis souvent blessé ! Il y a trois ans, je me suis cassé le nez en jouant au rugby. L'année dernière, je me suis foulé la cheville en jouant au football. Ça fait partie du jeu. Je pense que j'ai de la chance car je n'ai jamais eu de blessure plus grave.

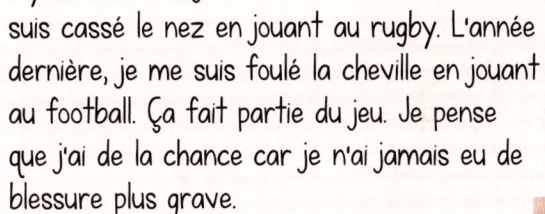

1. How does Maxime describe his general health?
2. What happened to him last winter?
3. Use your dictionary or *Lexique* to find out what the verb **guérir** means.
4. What does Noémie suffer from?
5. Which two parts of her face does it affect?
6. Anti-allergy medication made her feel better. True or false?
7. Who does Ambre share her bedroom with?
8. What happened to her?
9. What has changed in her bedroom as a result?
10. What sport was Romain playing when he broke his nose?
11. What injury did he sustain last year?
12. Why does he think himself lucky?

EXERCICE 15

Par deux, parlez de vos blessures ou maladies mineures passées. Comment les blessures se sont-elles produites ? Comment les maladies ont-elles été guéries ?

deux cent soixante-dix-neuf

Allons-y 2

Chez le médecin

Quand une maladie mineure ne disparaît pas, il faut se rendre chez un médecin.

Des mots clés

un médecin	doctor	une salle d'attente	waiting room
un patient / une patiente	patient	prendre rendez-vous	to make an appointment

8.12 Écoutez !

Écoutez et lisez la conversation à la réception du médecin.

Réceptionniste : Bonjour, madame. Avez-vous pris rendez-vous ?

Patiente : Oui. J'ai pris rendez-vous avec le docteur Durand.

Réceptionniste : À quelle heure, s'il vous plaît ?

Patiente : À 12h30.

Réceptionniste : Bien. C'est à quel nom ?

Patiente : C'est au nom d'Aucoin. A-U-C-O-I-N.

Réceptionniste : Merci, madame Aucoin. Asseyez-vous dans la salle d'attente et attendez d'être appelée.

Patiente : Merci, madame.

****

Réceptionniste : Madame Aucoin. Le médecin est prêt à vous recevoir.

Patiente : Merci. Où est-ce que je vais ?

Réceptionniste : Suivez le couloir. Le bureau du docteur Durand est la troisième porte à droite.

Patiente : Merci beaucoup, madame.

8.13 Écoutez !

Écoutez et remplissez la grille.

	Appointment time	Patient name	Location of doctor's office
1.			
2.			
3.			

Junior Cycle French – Second and Third Year

EXERCICE 16

Par deux, utilisez les informations ci-dessous pour effectuer une conversation chez le médecin. Jouez les rôles du / de la réceptionniste et du patient / de la patiente.

Réceptionniste | **Client / cliente**

- Ask if the patient has an appointment.
- You have made an appointment to see Doctor Robert.
- Find out what time the appointment is for.
- It is for 3.15 p.m.
- Ask for the patient's name.
- Your name is Thibault.
- Tell the patient to take a seat in the waiting room and wait to be called.
- Thank the receptionist.

Des mots clés

Quels sont vos symptômes ?	What are your symptoms?
Où est-ce que vous avez mal ?	Where do you have pain?
Est-ce que vous dormez / mangez bien ?	Are you sleeping/eating well?
l'intoxication alimentaire	food poisoning
la tension artérielle	blood pressure
une température égale ou supérieure à 38 °C	temperature equal to or greater than 38 °C
l'essoufflement ou la difficulté respiratoire	shortness of breath or difficulty in breathing
une sensation de fièvre	a feverish feeling
la fatigue	fatigue
la faiblesse	weakness
la perte de l'odorat ou du goût	loss of smell or taste
un mal de tête	a headache
le pouls	pulse
grave	serious
une infection	infection
une ordonnance	prescription
être gonflé	to be swollen
vomir	to vomit
prescrire	to prescribe
soigner	to treat
conseiller	to advise
le pass sanitaire	health pass/proof of Covid-19 status

8 La santé

deux cent quatre-vingt-un

Allons-y 2

8.14 Écoutez !

De quelle partie du corps parlent-ils ? Écoutez et cochez (✓) la case correcte.

1.

2.

3.

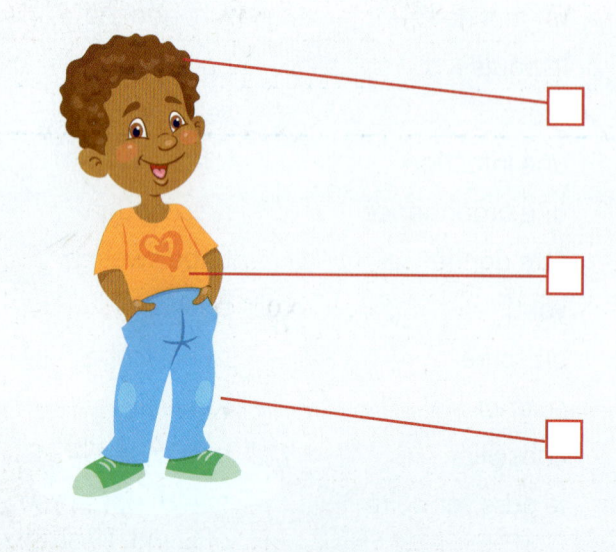

282 deux cent quatre-vingt-deux

8.15 Écoutez !

Écoutez et remplissez les blancs.

Patient : Bonjour, __docteur__ Bertrand.

Médecin : Bonjour, monsieur. En quoi puis-je vous aider aujourd'hui ?

Patient : Je ne me __sens__ pas bien. *(i don't feel well)*

Médecin : Quels sont vos __symptômes__ ?

Patient : J'ai mal à la __gorge__ depuis plus d'une semaine. Les __pastilles__ pour la gorge n'aident pas.

Médecin : Je vais vous examiner. Ouvrez la __bouche__, s'il vous plaît. Avez-vous de la __fièvre__ ?

Patient : Oui. Quelquefois j'ai chaud et ensuite j'ai __froid__.

Médecin : Je vais prendre votre __température__. D'accord. Vous avez une __infection__ à la gorge. Votre température est un peu élevée.

Patient : Alors, qu'est-ce que je dois faire, docteur ?

Médecin : Je vais vous donner une __ordonnance__. Prenez des antibiotiques deux __fois__ par jour. Je vous conseille de rester au lit pendant __trois__ jours.

Patient : Merci __beaucoup__, docteur.

8.16 Écoutez !

Écoutez et remplissez la grille.

avoir du mal à + INF = to have difficulty doing something

	Symptoms	Diagnosis	Remedy/advice
1.	she fell + her knee is very painful	she sprained her knee	pain killers / relief
2.	he has a stomach ache	food poisoning	drink water + don't eat anything.
3.	she has a cough and a fever / high temperature	she has the flu	stay in bed for 1 week + drink lots of hot drinks

faible = weak
fort(e) = strong

Allons-y 2

EXERCICE 17

Lisez le texte et répondez aux questions.

Les conseils d'un médecin pour le soleil

Pour protéger la peau et éviter les coups de soleil, il faut utiliser une bonne crème solaire avec un indice de protection solaire élevé.

Évitez le soleil entre midi et 15h. Trouvez de l'ombre !

Portez un chapeau pour vous protéger la tête, surtout les jeunes enfants !

Couvrez la peau en portant des T-shirts à manches longues.

Buvez plus d'eau quand vous êtes au soleil.

Pour protéger les yeux, il faut porter des lunettes de soleil !

284   deux cent quatre-vingt-quatre

Junior Cycle French – Second and Third Year

Réappliquez de la crème solaire toutes les deux heures et après avoir nagé.

N'oubliez pas les rayons du soleil sur la neige. Oui, il fait froid mais les rayons sont toujours dangereux !

1. How can you avoid sunburn (**les coups de soleil**)?
2. During what times of the day should the sun be avoided?
3. How should you protect your head in the sun?
4. What kind of T-shirt should you wear?
5. What should you drink when you are in the sun?
6. How should you protect your eyes in the sun?
7. How often and when should you reapply sun cream?
8. Why shouldn't you forget about the sun when you are in the snow?

EXERCICE 18

Par deux, utilisez les informations ci-dessous pour effectuer une conversation chez le médecin. Jouez les rôles et du patient / de la patiente et du médecin.

Patient / patiente — **Médecin**

- Tell the doctor you are not feeling well.
- Ask the patient to describe their symptoms.
- You have had a headache for two days.
- Ask the patient if they have a fever.
- Say yes, you are hot.
- Tell the patient you are going to examine them. Tell them they have an infection.
- Ask what you should do.
- Say you will write a prescription for painkillers and advise the patient to stay in bed for two days.
- Thank the doctor for their advice.

✓ Je peux aller chez le médecin.

deux cent quatre-vingt-cinq

8 La santé

Allons-y 2

EXERCICE 19

Lisez les lettres envoyées au Docteur Henri et répondez aux questions.

Cher Docteur Henri …

Cher Docteur Henri,

Hier soir, je suis allée à un concert de pop avec mes amis, j'ai dansé toute la soirée et j'ai beaucoup crié et chanté. C'était incroyable, mais aujourd'hui, je ne peux plus parler. J'ai perdu ma voix ! Je ne sais pas quoi faire. Je suis membre d'une chorale à l'école et nous avons un concours dans trois jours. Aidez-moi !

Rachel

Cher Docteur Henri,

Hier, il a fait très chaud et je suis allé à la plage avec mes amis. Nous avons passé toute la journée à l'extérieur, nous avons joué au volley et nous avons nagé. Aujourd'hui, je me sens malade. Ma peau est très rouge. Je pense que ce sont des coups de soleil. J'ai mal à la tête aussi. Qu'est-ce que je dois faire ?

Jasper

Cher Docteur Henri,

Hier, j'ai eu un match de foot. Il a plu pendant deux heures et j'étais trempé jusqu'aux os. Après le match j'ai eu froid et aujourd'hui, quand je me suis reveillé, j'avais mal partout. Je me sens mal et je pense que j'ai de la fièvre – un moment j'ai froid, puis j'ai chaud ! Qu'est-ce que j'ai et qu'est-ce que je peux faire pour me sentir mieux ?

Mathieu

Cher Docteur Henri,

Je ne peux pas dormir en ce moment. Quand je vais au lit, je pense à tout ce que je dois faire demain. Il n'y a pas assez de temps dans la journée avec l'école, les devoirs et le sport. Je suis fatiguée tous les jours et mon travail scolaire commence à souffrir. J'apprécierais vos conseils. Qu'est-ce que j'ai ?

Joëlle

1. How did Rachel lose her voice?
   - [ ] Cheering at a football match
   - [x] Singing and screaming at a concert
   - [ ] Coughing

2. Why does she need to be cured within three days? *She is a member of her school choir & they have a concert in 3 days*

3. What did Jasper and his friends spend all day at the beach doing?
   - [x] Volleyball and swimming
   - [ ] Sunbathing and swimming
   - [ ] Windsurfing and swimming

4. What symptoms does Jasper have today? *he has a sore head / headache. feels sick*

5. In Mathieu's letter, find the phrase meaning 'I was soaked to the bone'. *j'étais trempé jusqu'aux os.*

6. Why does Mathieu think he has a fever? *because at the moment he feels hot + cold*

7. What is Joëlle's problem?
   - [ ] She sleeps too much
   - [x] She can't sleep when she goes to bed
   - [ ] She goes to bed late

8. How is it affecting her school work? *her school work is starting to suffer.*

Allez à la **page 98** de votre *Chef d'œuvre* pour compléter l'Activité 2 : Les conseils du Docteur Henri.

Prendre soin de ses dents

Des mots clés

sourire	to smile	la brosse à dent	tooth brush
le dentifrice	toothpaste	le bain de bouche	mouthwash
le fil dentaire	dental floss		

8.17 Écoutez !

Écoutez les conseils du dentiste et remplissez les blancs.

Les conseils d'un dentiste pour avoir un beau _____.

- Brossez-vous les dents au minimum _____ fois par jour, et si c'est possible après chaque _____.
- Utilisez une bonne _____ à dents et _____ votre brosse tous les deux _____.
- Utilisez un dentifrice au fluor.
- _____ les boissons sucrées et les _____. Ils sont _____ pour les dents !
- Utilisez du fil _____.
- Prenez rendez-vous avec votre _____ deux fois par an. N'ayez pas peur de votre dentiste, nous sommes là pour vous _____ !

EXERCICE 20

Par deux, utilisez les informations ci-dessous pour effectuer une conversation chez le dentiste. Jouez les rôles du / de la dentiste et du patient / de la patiente.

Dentiste

- Tell the patient you are going to examine them. Ask them to open their mouth. Then ask them to close their mouth.
- Ask the patient how many times a day they brush their teeth.
- Ask the patient if they use dental floss.
- Advise the patient to use dental floss and to brush their teeth after each meal.

Patient / patiente

- Ask if everything is OK.
- You brush your teeth twice a day.
- No, you do not use dental floss.

✓ Je peux aller chez le dentiste.

deux cent quatre-vingt-sept

287

Allons-y 2

Écrire un petit mot

Des mots clés

Juste un petit mot pour te dire que …	Just a note to tell you that …
Cet après-midi / ce soir / ce matin	This afternoon/this evening/this morning
Je vais / je suis allé(e) …	I'm going to/I have gone
Être en retard / annuler	To be late/to cancel
Ton ami(e) a téléphoné	Your friend rang
Je serai de retour / je rentrerai	I will be back
Je te téléphonerai	I will ring you
Je t'enverrai un texto	I will send you a text
J'ai mon portable avec moi	I have my mobile with me
N'oublie pas	Don't forget

EXERCICE 21

Lisez le petit mot et répondez aux questions.

Retenez !
Notes are informal, so there is no need to include the date or to address the recipient as **cher** / **chère**. However, you should include the day and time (e.g. **Lundi, 15h**) in the top right-hand corner.

Jeudi, 12h

Salut Anna,

Juste un petit mot pour te dire que je dois annuler notre rendez-vous d'aujourd'hui. Je tousse et j'ai mal à la gorge. Je suis allé chez le médecin hier et il a dit que je dois rester au lit. Quand je me sentirai mieux, je te téléphonerai. Je suis désolé !

À bientôt,

Jean-Louis

1. What is Jean-Louis writing to let Anna know?
2. What are his symptoms?
3. When did he go to the doctor's?
4. What was the doctor's advice?
5. What will Jean-Louis do when he feels better?

EXERCICE 22

Remplissez les blancs avec les mots ci-dessous.

> avant grippe téléphoné médecin pharmacie te tard mercredi

_____, 17h

Maman,

Juste un petit mot pour _____ dire que pendant ton absence Papa a _____.

Il rentrera à 19h, _____ le dîner. Il a un rendez-vous chez le _____.

Il a la _____. Peux-tu acheter des cachets d'asprine à la _____ ?

À plus _____ !

Sophie

8.18 Écoutez !

Écoutez le petit mot et remplissez les blancs.

_____, 16h_____

Laurence,

Juste un petit _____ pour te dire que je ne peux pas _____ au tennis avec toi ce _____. Je me suis _____ le _____ hier soir et le _____ m'a conseillé de le reposer.

Je _____ de retour dans deux _____.

Christophe

Allez à la **page 99** de votre *Chef d'œuvre* pour compléter l'Activité 3 : Écrire des petits mots.

Je peux écrire un petit mot.

Allons-y 2

À l'hôpital

En cas d'urgence médicale, on téléphone au Samu (le Service d'aide médicale urgente) ou on se rend à l'hôpital.

une ambulance	un(e) infirmier(ère)	un fauteuil roulant
un chariot	une piqûre	une radiographie
un plâtre	des points de suture	des béquilles

EXERCICE 23

Déchiffrez les mots et mettez l'article défini devant chaque mot.

1. hoctari _____
2. pinots ed estuur _____
3. ésqlbileu _____
4. iûqper _____
5. miinreèrif _____
6. nmeauclba _____
7. peltrâ _____
8. pdraheiraoig _____

290　　deux cent quatre-vingt-dix

EXERCICE 24

Lisez l'article, puis effectuez les exercices.

Un accident de la route

Vendredi soir à 20h un jeune homme de 20 ans a eu un accident grave près de la ville de Lyon. Il était avec deux passagers.

Il a perdu de contrôle de sa voiture et il a renversé une femme de 45 ans. La femme a des blessures graves. Elle a été emmenée à la salle d'urgence en ambulance.

Le conducteur de l'automobile a été arrêté par la police qui a effectué une prise de sang de l'individu en vue de vérifier son taux d'alcoolémie.

La police lance un appel à témoins sur l'accident.

A. Trouvez les mots soulignés dans votre *Lexique* ou dictionnaire.

B. Répondez aux questions en français.

1. Quand est-ce que l'accident a eu lieu ?
2. Qui était dans la voiture ?
3. Qu'est-ce qui est arrivé ?
4. Qu'est-ce que la police a fait ?
5. Que recherche la police ?

C'est intéressant !

Le numéro d'urgence en France est le 112. On peut appeler ce numéro pour accéder au Samu, aux sapeurs-pompiers ou à la police. On peut appeler gratuitement le numéro à partir de n'importe quel téléphone.

Des mots clés

Au secours !	Help!	une urgence	Emergency

EXERCICE 25

Traduisez en français.

1. There has been an accident. _____
2. The doctor did an X-ray. _____
3. The man has serious injuries. _____
4. I have stitches in my finger. _____
5. It is an emergency! _____
6. Call an ambulance! _____
7. I needed crutches when I broke my leg. _____
8. The nurse *(f.)* did an injection. _____

deux cent quatre-vingt-onze

Allons-y 2

Les découvertes françaises en médecine

1667 : La première transfusion sanguine a été réalisée par Jean-Baptiste Denys, le docteur du roi Louis XIV. Denys a utilisé du sang de mouton ! Coup de chance, son patient a survécu.

1816 : Le médecin parisien René Laennec a inventé le stéthoscope. Avant sa découverte, les médecins écoutaient le cœur en mettant l'oreille près de la poitrine du patient.

1853 : Charles Frédéric Gerhardt a créé l'aspirine. Mais il ne voulait pas vendre sa création. Plus de 40 ans plus tard, la société pharmaceutique allemande Bayer a fait la même découverte et l'a vendue sous le nom de « Asprin ».

1853 : Le chirurgien Charles Pravaz a inventé l'aiguille hypodermique. Son invention a réduit le risque d'infection par piqûre.

1863 : Louis Pasteur a découvert que le fait de chauffer une substance à une certaine température tue les germes. Sa découverte – la pasteurisation – est utilisée pour conserver les aliments et les boissons.

1885 : Pasteur a développé le vaccin contre la rage – une maladie dangereuse qui se propage par la morsure d'un animal infecté.

1898 : Marie Curie a découvert la radioactivité. Sa découverte a contribué au traitement du cancer.

1921 : Albert Calmette et Jean-Marie Camille Guérin ont développé le vaccin contre la tuberculose. On donne le BCG (Bacillus Calmette–Guérin) aux bébés.

1959 : La première transplantation de moelle osseuse a été réalisée par Georges Mathé. Cette opération peut guérir le cancer du sang.

1983 : Françoise Barré-Sinoussi et Luc Montagnier ont découvert que le VIH est la cause du sida.

1998 : Le chirurgien Jean-Michel Dubernard et son équipe ont effectué la première transplantation de main. L'opération a duré 13 heures.

2005 : Dr Bernard Devauchelle a effectué la première transplantation du visage au monde. Le patient a reçu un nouveau nez, une bouche et un menton.

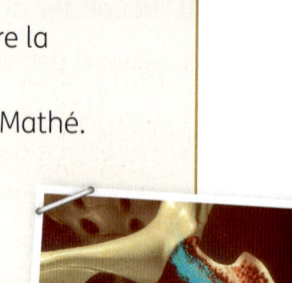

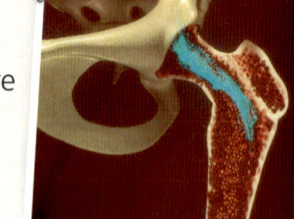

Des mots clés

le sang	blood	un vaccin	vaccine	la moelle osseuse	bone marrow
survivre	to survive	l'aiguille	needle	le VIH	HIV
un chirurgien	surgeon	la rage	rabies	le sida	AIDS

EXERCICE 26

Lisez le texte ci-dessus et répondez aux questions.

1. Which animal's blood did Denys use in the first blood transfusion?
2. How did doctors listen to a patient's heart before Laennec invented the stethoscope?
3. What nationality is the pharmaceutical company that went on to sell aspirin?
4. What did the invention of the hypodermic needle reduce the risk of?
5. What is pasteurisation used for?
6. What has Curie's discovery contributed to?
7. Who is the BCG vaccination given to?
8. What kinds of cancer can a bone marrow transplant cure?
9. How long did the first hand transplant operation last?
10. What new features did the patient receive in the first face transplant?

Junior Cycle French – Second and Third Year

EXERCICE 27

Qui peut aider ? Reliez les nombres avec les lettres.

1. Si l'on a besoin d'une radiographie.	**a.** L'ophtalmologue 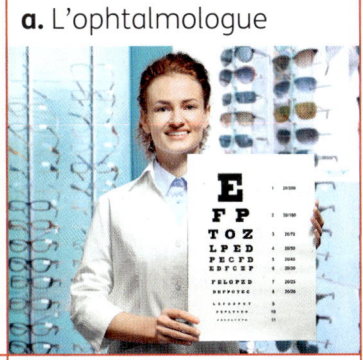	**5.** Si l'on a mal aux pieds.	**e.** Le dentiste 
2. Si l'on a des problèmes de peau.	**b.** Le chirurgien 	**6.** Si l'on a besoin d'une opération.	**f.** Le podologue 
3. Si l'on a besoin de lunettes.	**c.** Le médecin 	**7.** Si l'on a mal aux dents.	**g.** Le dermatologue 
4. Si l'on a la grippe.	**d.** Le kinésithérapeute 	**8.** Si l'on s'est blessé la cheville en faisant du sport.	**h.** Le radiologue 

1.	2.	3.	4.	5.	6.	7.	8.

Allez à la **page 101** de votre *Chef d'œuvre* pour compléter l'Activité 4 : Une lettre à un(e) correspondant(e).

Je connais le vocabulaire de l'hôpital.

8 La santé

deux cent quatre-vingt-treize

Allons-y 2

Le dossier francophone : L'Égypte

Le drapeau :

La population : 95,690 millions

C'est intéressant !

Le français n'est pas une langue officielle de l'Égypte. Cependant, quand l'Égypte était une colonie britannique, le français était la langue utilisée pour la communication entre les Égyptiens et les étrangers. On peut encore y voir de vieux panneaux en français aujourd'hui.

La capitale : Le Caire

La monnaie : La livre égyptienne

Des montagnes : Le mont Sinaï, le mont Catherine, le Gebel Elba, le mont Serbal

Des rivières : Le Nil

C'est intéressant !

La grande pyramide de Guizeh est l'une des sept merveilles.

C'est intéressant !

Le Nil est le plus long fleuve du monde (6,671 km). Il joue un rôle très important en Égypte – il apporte la vie en fertilisant la terre.

Le temps : Chaud et sec en été et frais en hiver. Il y a du vent toute l'année.

Des personnes célèbres : Cléopâtre (reine), Toutânkhamon (pharaon), Boutros Boutros-Ghali (homme politique), Ramy Ashour (joueur de squash), Claude François (chanteur), Mohamed Salah (joueur de football)

La nourriture : Le baba ganoush (aubergines, pois chiches, jus de citron), le tahini (sauce de grains de sésame écrasées avec de l'ail et du citron), les macaroni béchamel (pâtes avec une couche de viande épicée et oignons)

Des fêtes : La fête nationale (juillet), le Ramadan, le Mouled el-Nabi

C'est intéressant !

Toutânkhamon est un des pharaons les plus célèbres parce que sa tombe est la mieux conservée. Il est monté sur le trône à l'âge de neuf ans et a régné jusqu'à sa mort, à l'âge de dix-neuf ans.

Lisez le texte et répondez aux questions.

1. Médecins Sans Frontières (MSF) a été fondé en France en 1971 par des médecins et des journalistes. C'est une organisation humanitaire internationale. MSF fournit des soins de santé essentiels aux personnes en situation d'urgence. En 1999, MSF a remporté le prix Nobel de la paix. Aujourd'hui, l'organisation aide les personnes dans 70 pays à travers le monde.

2. Chaque année, 3,000 professionnels de la santé donnent de leur temps pour aider les personnes dans le besoin. Ce chiffre comprend des médecins, des infirmiers, des chirurgiens, des kinésithérapeutes et des pharmaciens. Pour le moment, les ambulanciers paramédicaux, les dentistes, les ophtalmologues ou les podologues ne peuvent pas faire de bénévolat et travailler avec MSF. Les bénévoles doivent parler anglais ou français.

3. MSF travaille en Égypte depuis 2010. MSF fournit des soins médicaux aux réfugiés et aux migrants qui habitaient dans le pays. Les bénévoles de MSF travaillent avec des Médecins égyptiens pour fournir des médicaments et des équipements aux hôpitaux locaux. MSF a deux cliniques de soins de santé mère-enfant au Caire. Là, les patients sont examinés et reçoivent des ordonnances. Ils vont ensuite à la pharmacie qui leur donnera des médicaments gratuitement.

4. MSF travaille dans de nombreux pays francophones et leur plus grande opération se trouve en République centrafricaine.

1. Translate the name Médecins Sans Frontières.
2. Who founded MSF? (Section 1)
3. What does the organisation do? (Section 1)
4. How many countries does MSF help people in today? (Section 1)
5. Name three types of medical professionals that volunteer with MSF. (Section 2)
6. Name three types of medical professionals that cannot currently volunteer with MSF. (Section 2)
7. Volunteers must speak one of which two languages? (Section 2)
8. How long has MSF worked in Egypt? (Section 3)
9. What services are provided at the MSF clinics in Cairo? (Section 3)
10. Which francophone country is MSF's largest operation in? (Section 4)

Allez à la **page 103** de votre *Chef d'œuvre* pour compléter l'Activité 5 : Bonjour d'Égypte.

Allons-y 2

Résumé

EXERCICE A

Remplissez les blancs pour compléter la grille de mots croisés.

Horizontalement

5. Quand on a mal aux dents, il faut aller voir le _____. (8)

8. Elle se sent _____. (6)

9. Au _____ ! (7)

11. Je dois rester au _____ pendant une semaine. (3)

Verticalement

1. On doit acheter de la crème _____ avant d'aller en vacances. (7)

2. Le médecin a donné une _____ au patient. (10)

3. On doit _____ rendez-vous avant de rendre visite au médecin. (7)

4. Je vais à l'_____ en ambulance. (7)

6. Mes chaussures sont trop petites. J'ai mal aux _____. (5)

7. Je vais prendre des pastilles. J'ai mal à la _____. (5)

10. Je me suis foulé la _____. (8)

EXERCICE B

C'est quelle partie du corps ?

1. J'en ai besoin pour écouter.
_____

2. J'en ai besoin pour vivre.
_____

3. J'en ai besoin pour manger.
_____

4. J'en ai besoin pour plier le bras.
_____

5. J'en ai besoin pour soutenir la tête.
_____

6. J'en ai besoin pour voir.
_____

7. J'en ai besoin pour sentir les odeurs.
_____

8. J'en ai besoin pour fléchir la jambe.
_____

296   deux cent quatre-vingt-seize

Junior Cycle French – Second and Third Year

EXERCICE C

Écoutez et cochez (✓) la case correcte.

1. Ces deux personnes parlent dans

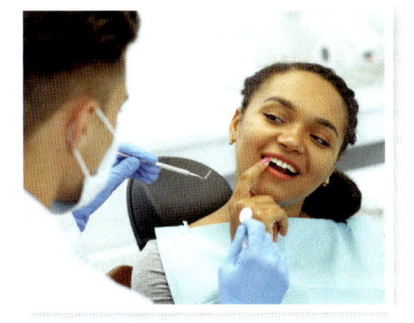

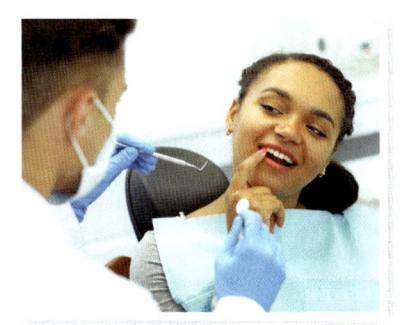

☐   ✓   ☐

2. Ces deux personnes parlent dans

✓   ☐   ☐

3. Ces deux personnes parlent dans

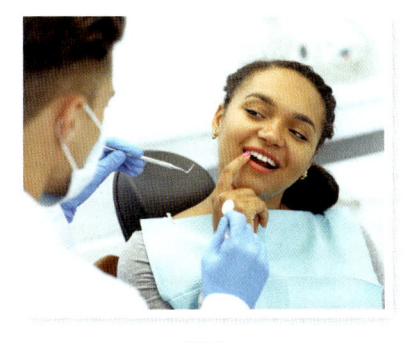

☐   ☐   ✓

4. Ces deux personnes parlent dans

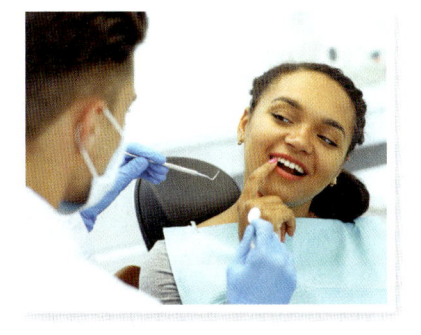

☐   ☐   ✓

8 La santé

deux cent quatre-vingt-dix-sept   297

Allons-y 2

EXERCICE D

Écoutez les conversations et répondez aux questions.

1.
   a. What are the customer's symptoms? red skin, headache
   b. What does the pharmacist give her? ointment
   c. What advice does the pharmacist give her? stay in bed for the day
   d. What is the total cost? €9.60

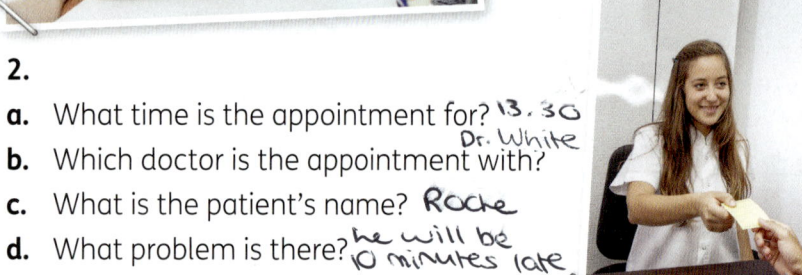

2.
   a. What time is the appointment for? 13.30
   b. Which doctor is the appointment with? Dr. White
   c. What is the patient's name? Roche
   d. What problem is there? he will be 10 minutes late

3.
   a. Name two of Lucie's symptoms. she has a sore ear + head
   b. What is her temperature? 39°
   c. What does the doctor give her? prescription for antibiotics
   d. Is she able to go to school? no

EXERCICE E

Cherchez l'intrus.

1. Coude, bras, main, doigt, dos.
2. Pharmacien, pompier, médecin, dentiste.
3. Ventre, jambe, cuisse (thigh), genou, pied.
4. Joue, pouce, front, oreille.
5. Tousser, se casser, se blesser, se fouler.
6. Froid, chaud, température, malade.

des cuisses de grenouille = frog legs

EXERCICE F

Trouvez les erreurs dans les phrases.

1. Il *est* sorti hier soir. (1)
2. Nous sommes allés *à la* plage. (2)
3. Tu *as* bu trop de vin. (1)
4. Tu iras en vacances le mois prochain. (3)
5. Elle s'est cassé le bras. (2)
6. Nous avons fini l'école à neuf heures. (3)
7. Ils se sont foulé les chevilles. (2)
8. J'aime la nourriture en Italie. (3)

298 deux cent quatre-vingt-dix-huit

EXERCICE G

Remplissez les blancs pour mettre les verbes pronominaux au passé composé.

Se réveiller	Se sentir
Je me _____ réveillé(e)	Je me suis _____
_____ t'es réveillé(e)	Tu t'_____ senti(e)
Il s' _____ réveillé	Il s'est _____
Elle s'est _____	_____ s'est sentie
_____ s'est réveillé(e)	On s'est _____
Nous _____ sommes réveillé(e)s	Nous nous sommes _____
Vous vous êtes _____	Vous vous _____ senti(e)(s)
Ils se _____ réveillés	Ils se sont _____
Elles se sont _____	Elles _____ sont senties

EXERCICE H

Reliez les nombres avec les lettres pour former les phrases du message.

1.	Juste un petit mot *(Just a note)*	a.	la jambe.
2.	Je suis desolé mais	b.	ton portable.
3.	Pendant ton absence *(when you were out)*	c.	elle a mal à la gorge.
4.	Je me suis cassé	d.	il a mal aux dents.
5.	Je suis allé chez le médecin car	e.	je dois annuler notre *(cancel (our) plan/meet up/catch up)* rendez-vous.
6.	Il est allé chez le dentiste car	f.	avant le dîner.
7.	Je serai de retour *(I will be back)*	g.	ton ami a téléphoné.
8.	N'oublie pas	h.	pour acheter des comprimés. — tablets
9.	Tu vas aller à la pharmacie	i.	j'ai la grippe.
10.	Elle tousse parce qu'	j.	*(to tell you that)* pour te dire que ...

1.	2.	3.	4.	5.	6.	7.	8.	9.	10.
j.	e.	b.	a.	i.	d.	f.	g.	h.	c.

deux cent quatre-vingt-dix-neuf

Allons-y 2

EXERCICE I

Utilisez les images pour trouver les mots qui manquent dans la lettre de Lorna à Aimée.

Roscommon, le 27 février

Chère Aimée,

Merci pour ta dernière lettre. J'espère que tout va bien chez toi. C'est une semaine désastreuse ici

car toute la _____ est malade !

Moi, j'ai très mal aux _____ et je dois aller chez le _____. J'ai peur du dentiste.

J'espère que je ne vais pas avoir une _____.

Ma petite sœur et mon frère ont de la _____ et ils toussent.

Ma mère a mal à la gorge. Elle est allée chez le _____ ce matin avec ma sœur et mon frère.

Il lui a donné une _____ pour le _____ _____ _____ _____.

Tout le monde doit rester au _____.

J'ai rendez-vous chez le dentiste lundi matin à _____. Croise les _____ pour moi !

Je voudrais aller à une fête la semaine prochaine.

J'espère que toute la famille chez toi est en bonne santé !

Amitiés,
Lorna

Le texte authentique

Regardez l'infographie et répondez aux questions.

COVID-19

SI JE SUIS MALADE, JE RESTE À LA MAISON

- Si j'ai de la fièvre le matin, je reste chez moi.
- Si je ne me sens pas bien en classe, je préviens mon professeur. =warn/let — know/tell
- J'attends que mes parents viennent me chercher *collect me* et je porte un masque.
- Je reste chez moi jusqu'à ce que je sois guéri. = to cure

GOUVERNEMENT.FR/INFO-CORONAVIRUS   0 800 130 000 (appel gratuit)

8 La santé

A. Regardez l'affiche réalisée par le gouvernement français pour les écoles pendant la pandémie et répondez aux questions en anglais.

1. Students should stay at home if they have what symptom in the morning? *if they have a fever.*
2. What should students do if they don't feel well in class? *they should tell the teacher.*
3. Name one thing that a student who feels unwell should do next. *wear a mask.*
4. Until when should a sick student stay at home? *until you feel better.*

B. Répondez aux questions suivantes sur le Covid-19 en français.

1. Quand le Covid-19 a-t-il commencé à circuler en Irlande ? *en mars 2020*
2. Quels sont les symptômes les plus fréquents ? *absence de l'odorat et du goût*
3. Combien de temps faut-il se laver les mains ? *tout le temps*

trois cent un

Allons-y 2

Évaluation en classe

🔍 CBA 1: Oral Communication

Créez un jeu de rôle – à la pharmacie / chez le médecin

1. Split into pairs.

2. Using the vocabulary you have learned in chapter 8, plan and write a short role play (approximately three minutes) imagining a conversation between a pharmacist and a customer or a doctor and patient. It should contain:
   - details of the symptoms/injury
   - details of the treatment and/or advice
   - anything else you want to include.

3. Perform your role play.

4. Your teacher will ask you some questions about your role play and give you feedback.

5. Go to **page 176** of your *Chef d'œuvre* to reflect on your part in the role play:
   - Comment on how you used the vocabulary you've learned so far in your role play.
   - Give one important thing you learned from doing the task.
   - Say what things you would change or try to improve on.

> ✏️ Allez à la **page 105** de votre *Chef d'œuvre* pour évaluer ce que vous avez appris au chapitre 8.

9 La technologie

Ouaf ?

Dans ce chapitre, vous allez étudier :
In this chapter, you will study:

- La technologie 304
  Technology
- Le portable 312
  The mobile phone
- Les e-mails 319
  Emails
- La vie en ligne 322
  Life online

Grammaire
Grammar

- Les adverbes 310
  Adverbs
- L'imparfait 316
  The imperfect tense
- Comment taper les accents français 321
  How to type French accents
- Les adjectifs démonstratifs 325
  Demonstrative adjectives

Culture
Culture

- Le smartphone en France 315
  The smartphone in France
- L'argot français 327
  French slang
- Le dossier francophone : La République démocratique du Congo 330
  The francophone file: Democratic Republic of the Congo
- Le texte authentique : une affiche – Le harcèlement en ligne 337
  Authentic text: a poster – online bullying

- Résumé 332
  Revision
- Évaluation en classe : Créer une vidéo TikTok 338
  Classroom-Based Assessment: Create a TikTok video

trois cent trois

Allons-y 2

La technologie

De nos jours, la technologie est partout. On communique de plus en plus par la technologie. La technologie numérique joue aussi un grand rôle dans nos passe-temps.

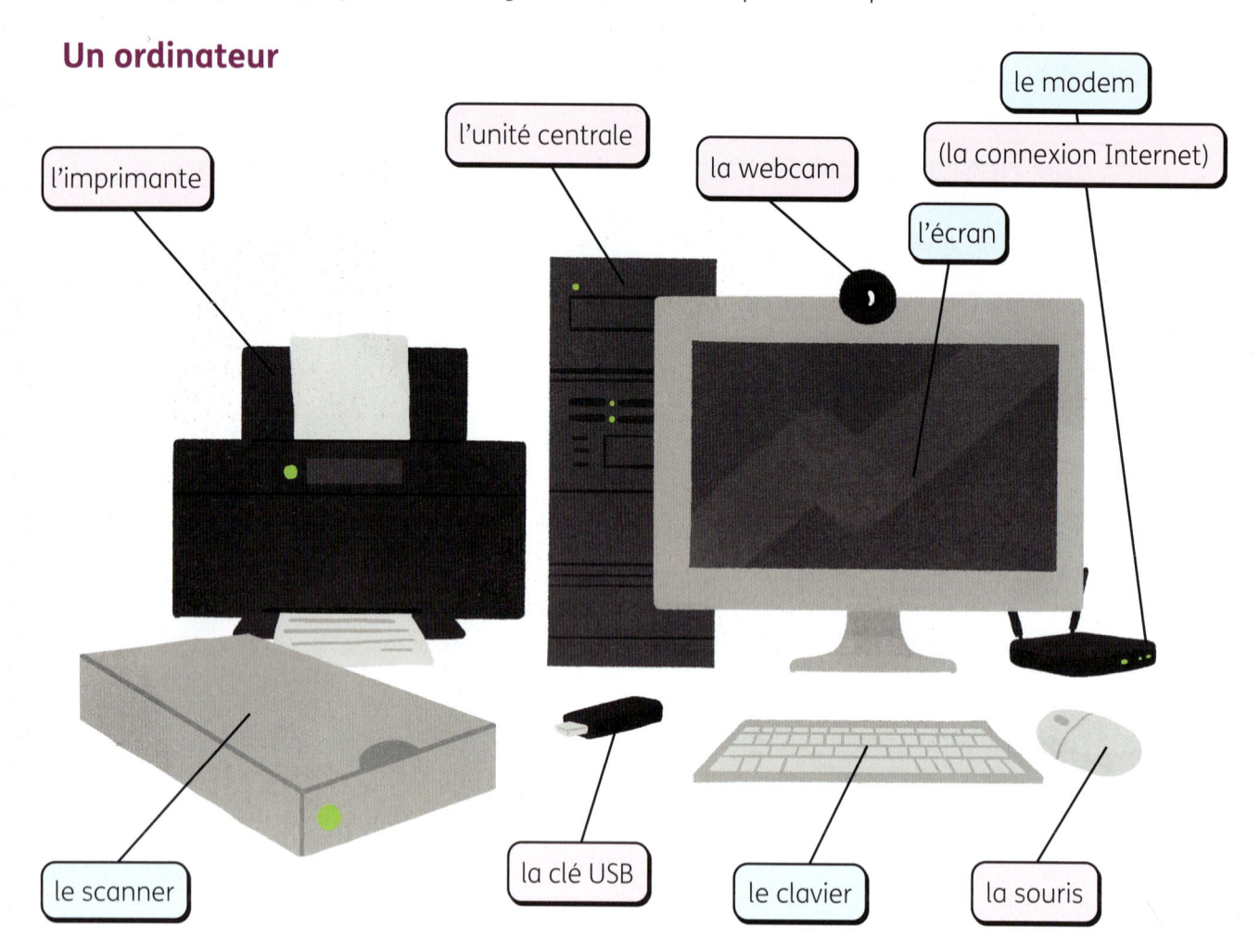

Un ordinateur

- l'imprimante
- l'unité centrale
- la webcam
- le modem (la connexion Internet)
- l'écran
- le scanner
- la clé USB
- le clavier
- la souris

9.1 Écoutez !

Écoutez et répétez les parties d'un ordinateur.

EXERCICE 1

Qu'est-ce que c'est ?

1. Elle est utilisée pour déplacer le curseur et cliquer.   C'est _____
2. Il permet à vos amis et à votre famille de vous voir.   _____
3. Il connecte l'ordinateur à Internet.   _____
4. Elle stocke des informations et peut être transportée.   _____
5. Il est utilisé pour taper des caractères.   _____
6. C'est la partie principale de l'ordinateur.   _____

Les appareils numériques

un ordinateur portable	un portable	un appareil photo numérique
une tablette	une liseuse	une console de jeux vidéo

des haut-parleurs | des écouteurs

9. La technologie

9.2 Écoutez !
Écoutez et répétez les appareils numériques.

EXERCICE 2
Trouvez les voyelles qui manquent pour retrouver le vocabulaire de la technologie. Mettez l'article défini devant chaque mot.

Exemple

T_bl_tt_   La tablette

1. H_ _t-p_rl_ _rs
2. _pp_r_ _l ph_t_ n_m_r_q_ _
3. _c_ t_ _rs
4. P_rt_bl_
5. L_s_ _s_
6. C_ns_l_ d_ j_ _x v_d_ _

trois cent cinq   305

Allons-y 2

9.3 Écoutez !

Quel appareil numérique utilisent-ils le plus ? Écoutez et cochez (✓) la case correcte.

1. Béatrice

☐ ☐ ☐ ☐

2. Hazel

☐ ☐ ☐ ☐

3. Henri

☐ ☐ ☐ ☐

4. Odile

☐ ☐ ☐ ☐

5. Bastien

☐ ☐ ☐ ☐

Des mots clés

la peau	skin
allumer	to switch on
charger	to charge
envoyer	to send
éteindre	to switch off
faire défiler	to scroll through
imprimer	to print
l'appareil numérique	digital device
les réseaux sociaux	social networks
se brancher	to connect
se connecter	to log in
taper	to type
télécharger	to download/upload
vérifier	to check

Retenez !

Most of these verbs follow the rules for regular **–er**, **–re** and reflexive verbs in the present tense. Note that **envoyer** is irregular: in the **j'**, **tu**, **il / elle / on** and **ils / elles** forms, the 'y' is replaced with an 'i'. e.g. **il envoie**. **Éteindre** is also irregular: it gains a 'g' before the 'n' in the **nous**, **vous** and **ils / elles** forms, e.g. **nous éteignons**.

EXERCICE 3

Remplissez les blancs avec les verbes ci-dessus, puis traduisez en anglais.

1. J'_____ mes photos en utilisant l'imprimante.
   _____

2. Elle _____ son portable quand la batterie est à plat.
   _____

3. Mon frère _____ des podcasts sur sa tablette.
   _____

4. Elle _____ un mél à son correspondant français.
   _____

5. Je _____ à Netflix avec mon mot de passe.
   _____

6. On _____ l'ordinateur avant de commencer le travail.
   _____

7. Le WiFi _____ l'ordinateur portable à Internet.
   _____

8. Nous _____ nos portables au cinéma.
   _____

Allez à la **page 109** de votre *Chef d'œuvre* pour compléter l'Activité 1 : Un sondage sur la technologie.

La technologie

Allons-y 2

EXERCICE 4

Reliez les images aux descriptions.

Cinq adolescents décrivent leur utilisation de la technologie

1.	Sandrine a.
	Je ne peux pas passer une journée sans mon portable. C'est sûr, j'y suis accro – je passe au moins 4 heures par jour sur mon portable !

2.	Pierre b.
	Pour mon anniversaire j'ai reçu une liseuse parce que j'adore la lecture. C'est plus pratique qu'un livre, surtout quand on voyage.

3.	Delphine c.
	Je me dispute constamment avec mon frère à cause de la tablette. Il écoute de la musique mais moi je l'utilise pour mes devoirs.

4.	Hugo d.
	Je préfère passer mon temps libre sur ma console de jeux vidéo. Je peux jouer en ligne avec mes amis. C'était très utile pendant la pandémie de Covid-19, surtout pendant le confinement.

5.	Félix e.
	À l'école, je fais partie d'un club de photographie. J'emporte mon appareil photo numérique partout. J'adore photographier la nature.

1.	2.	3.	4.	5.

EXERCICE 5

Lisez le texte et répondez aux questions.

Salut ! Je m'appelle Aahil. Je suis un grand fan de la technologie. C'est impossible d'imaginer une vie sans portable ou tablette. Pour moi, la technologie fait partie de la vie quotidienne. Quand je me réveille, la première chose que je fais, c'est de faire défiler Instagram, Snapchat et Twitter. C'est un réflexe !

À l'école, on utilise la technologie tous les jours et je fais mes devoirs sur l'ordinateur. J'utilise Internet pour faire des recherches. Grâce à Google, le monde est à portée de main. Pendant mon temps libre, je regarde des films sur Netflix et je télécharge et écoute de la musique. Tout est en ligne de nos jours.

Avant de me coucher, je vérifie mon portable une dernière fois pour m'assurer que je n'ai pas manqué de nouvelles sur les réseaux sociaux.

Bonjour. Je m'appelle Éliane. J'aime la technologie, mais ce n'est pas toute ma vie. Je pense que tout le monde est un peu obsédé par la technologie et c'est triste.

Grâce à Facebook et Skype, je peux rester en contact avec tous mes amis et ma famille. Mais j'essaie de ne pas vérifier les réseaux sociaux trop souvent car c'est une distraction, surtout à l'école. Internet peut être utile pour le travail scolaire, mais on ne peut pas croire tout ce qu'on lit en ligne. Par exemple, pour les cours de langue, je préfère avoir un dictionnaire entre les mains.

De nos jours, nous ne sommes même pas obligés de quitter la maison pour commander quelque chose. C'est bien, mais nous ne devons pas oublier de prendre l'air de temps en temps ! Je crois qu'il est important d'éteindre tous les appareils numériques la nuit.

1. Which two items of technology can Aahil not imagine life without?
2. What is the first thing he does when he wakes up?
3. What item of technology does Aahil use to do homework?
   - [ ] A tablet
   - [ ] A desktop computer
   - [ ] A laptop
4. Translate the phrase **Le monde est à portée de main**.
5. What does Aahil do during his free time?
6. What does Éliane say is sad?
7. Why does she try not to check social media too often?
8. Translate the phrase **On ne peut pas croire tout ce qu'on lit en ligne**.
9. What does Éliane prefer in language classes?
   - [ ] Using a translation app
   - [ ] Having a dictionary in her hand
   - [ ] Listening to exercises on her phone
10. What does she think it is important to do at night?

Retenez !

Although you have been taught to always use an article before a noun in French, the word **Internet** is an exception (note that it is also capitalised). Saying **l'internet** is the French equivalent of saying 'The Facebook' in English – **pas cool** !

EXERCICE 6

En groupes de trois ou quatre, parlez de la technologie.
- Es-tu un fan de technologie ?
- Comment la technologie fait-elle partie de ta vie quotidienne, à l'école et à la maison ?
- Quel appareil numérique utilises-tu le plus ?

Les adverbes

An adverb is a word that describes a verb or an adjective, e.g. 'Jane walked **slowly** to the bus stop' and 'Kieran drank his hot chocolate **carefully**.' Adverbs provide detail and make sentences more interesting.

In English, most adverbs end in **–ly**. In French, most adverbs end in **–ment**. In a sentence, adverbs (almost) always come after the verb.

Regular adverbs

- Most adverbs are formed by adding **–ment** to the feminine form of the adjective.

Adjective (m.)	Adjective (f.)	Adverb	Example
joyeux	joyeuse	joyeusement	Il chante joyeusement.
actif	active	activement	Nous jouons activement.
parfait	parfaite	parfaitement	Ils parlent parfaitement français.

- If the masculine form of the adjective ends in a vowel, add the **–ment** ending to it (not to the feminine form) to form the adverb.

Adjective (m.)	Adjective (f.)	Adverb	Example
poli	polie	poliment	Tu as demandé poliment.
triste	triste	tristement	Elle marche tristement.
vrai	vraie	vraiment	Il est vraiment désolé.
absolu	absolue	absolument	Est-ce absolument nécessaire ?

- If the masculine form of the adjective ends in **–ent**, chop these letters off and replace them with **–emment**. An exception to this rule is lent (slow), which simply becomes **lentement** (slowly).

Adjective (m.)	Adjective (f.)	Adverb	Example
intelligent	intelligente	intelligemment	Elle parle intelligemment.
patient	patiente	patiemment	Nous avons attendu patiemment.
récent	récente	récemment	Je l'ai vu récemment.

- If the masculine form of the adjective ends in **–ant**, chop these letters off and replace them with **–amment**.

Adjective (m.)	Adjective (f.)	Adverb	Example
constant	constante	constamment	Ils bavardent constamment.
suffisant	suffisante	suffisamment	Est-il suffisamment plein ?
bruyant	bruyant	bruyamment	Les enfants jouent bruyamment.

Il est constamment sur son portable !

Retenez !

When you follow the rules above, there should always be a vowel before the **–ment** ending of an adverb, except in the case of a double 'm' (**–emment** and **–amment**).

Irregular adverbs

The following common adverbs are irregular, so they must be learned.

Adjective (m.)	Adjective (f.)	Adverb	Example
bref	brève	brièvement	Puis-je vous parler brièvement?
gentil	gentille	gentiment	Il joue gentiment.

Other common irregular adverbs do not have a **–ment** ending. This can make them more difficult to identify as adverbs, although they are words that you know well.

Adjective (m./f.)	Adverb	Example
bon(ne)	bien	Elle danse bien.
mauvais(e)	mal	Il chante mal.
meilleur	mieux	Notre équipe joue mieux.
vite	vite	Elle lit vite les journaux.

EXERCICE 7

Soulignez l'adverbe dans les phrases.

1. Il regarde attentivement l'écran.
2. Vous tapez vite.
3. Le podcast télécharge lentement.
4. Il fait son entrée bruyamment.
5. Carine parle bien français.
6. Mon ordinateur portable se connecte facilement au WiFi.
7. Jean joue mal aux jeux vidéo.
8. Je vais probablement passer les vacances en France.

Retenez !

Although most French words that end with **–ment** are adverbs, there are a few nouns that end in these letters (e.g. **logement**, **jugement**, **encouragement**). They should be easy to distinguish, as unlike adverbs, they are preceded by an article.

EXERCICE 8

Remplissez la grille.

Adjective (m.)	Adjective (f.)	Adverb	Example
joyeux	joyeuse	joyeusement	joyfully
courageux			
patient	patiente		
direct			
premier			
actif	active		
facile			
lent			
gentil			
vite	vite		

Allez à la **page 62** de votre *Trousse de grammaire* pour compléter les exercices : Les adverbes.

Je peux utiliser les adverbes.

Allons-y 2

Le portable

EXERCICE 9

Regardez le langage SMS, puis écrivez les textos.

a+	à plus tard
ab1to	à bientôt
al1di	à lundi
b1	bien
b1sur	bien sûr
bcp	beaucoup
biz	bisous
bjr	bonjour
bsr	bonsoir
dac	d'accord
dsl	désolé(e)
jtm	je t'aime
koi29	quoi de neuf ?
mdr	mort de rire
mci	merci
pdp	pas de problème
pk	pourquoi
slt	salut
stp	s'il te plaît
tlm	tout le monde
ya	il y a

Exemple

Hello ! What's up?   bjr koi29

1. OK. See you soon.

2. LOL. See you on Monday.

3. Of course, no problem. Thanks.

4. I love you. Kisses!

5. Hi, everyone. What's up?

6. There are lots. See you later.

7. Good. Why?

8. Sorry! Good evening.

Junior Cycle French – Second and Third Year

EXERCICE 10

Lisez le texte et répondez aux questions.

Bonjour ! Je m'appelle Léa. J'adore mon portable et je l'ai toujours à la main. Je passe au moins sept heures par jour sur mon portable. C'est un outil magique. Je peux tout faire facilement. J'ai fait des économies pendant huit mois pour acheter mon smartphone. Les smartphones sont très chers ! J'utilise mon portable pour télécharger de la musique et pour rester en contact avec mes amis pendant le week-end.

Je m'appelle Simon. Ma vie serait insupportable sans mon portable. J'ai un forfait pour six mois et j'achèterai un nouveau modèle après ça. J'adore regarder des vidéos sur YouTube et passer du temps sur les réseaux sociaux. J'aime les applis pour le jogging et le vélo. Je pense que je passe environ cinq heures sur mon portable chaque jour. Je deviens rapidement accro !

Salut ! Je m'appelle Aidan. Je passe probablement quatre heures sur mon téléphone tous les jours. Peut-être plus le week-end. Le mois dernier, j'ai perdu mon portable. Je ne pouvais pas envoyer de textos ni prendre de selfies pendant une semaine. La sonnerie était en mode silencieux, donc je ne pouvais pas le trouver ! Je l'ai finalement trouvé sous mon lit. Maintenant, je suis plus prudent.

Je m'appelle Mya. J'ai un portable mais c'est un modèle ancien. Je ne passe que quelques minutes par jour sur mon portable. Je n'utilise mon portable qu'en cas d'urgence. La plupart des ados que je connais sont constamment sur leur portable ! Je préfère lire et passer du temps avec mes amis. Les portables sont interdits à l'école. À mon avis, c'est une bonne idée parce qu'ils sont énervants.

1. Who is becoming addicted to their mobile?
2. Who has a contract for their phone?
3. Who only uses their phone for emergencies?
4. Who uses their phone to download music?
5. Whose school has banned mobiles?
6. How long did Léa have to save for to buy a smartphone?
   - [ ] Seven days
   - [ ] Eight months
   - [ ] Six months
7. What type of apps does Simon like?
8. Why couldn't Aidan find his phone?
9. Where did he finally find it?
   - [ ] Inside a book
   - [ ] Under his bed
   - [ ] In the bin
10. What does Mya prefer to do with her time?
11. Who spends the longest time on their mobile every day?
12. Underline all the adverbs in the text.

La technologie

trois cent treize
313

Allons-y 2

9.4 Écoutez !

Écoutez et répondez aux questions.

1. Why did Cédric's dad buy him a new phone?
   - ☐ As a Christmas present.
   - ☐ His last phone broke.
   - ☐ He passed his exams.

2. Write in the rest of Cedric's new phone number.

| 07 | 43 | | | |

3. Name one thing that is better about his new phone.

4. What is Sylvie doing to get a new phone?

EXERCICE 11

Cochez (✓) la case correcte pour dire si leur opinion est positive ou négative.

1. **Vivienne** @vivienne1980
   Peut-être que je suis un peu démodée, mais chez nous les portables sont la cause principale des disputes !

   positif ☐   négatif ☐

2. **Olivier** @oooolivier
   Le portable est un outil formidable. C'est très pratique pour tout, par exemple, si vous avez besoin d'une carte.

   positif ☐   négatif ☐

3. **Joëlle** @ joëlle_m
   Les portables ne sont pas bons pour nous. De nos jours, personne ne se parle – tout le monde s'envoie des SMS !

   positif ☐   négatif ☐

4. **Théo** @théo22
   Je me sens en sécurité quand j'ai mon portable avec moi. C'est indispensable en cas d'urgence.

   positif ☐   négatif ☐

EXERCICE 12

Par deux, parlez des portables.
- Quelle sorte de portable as-tu ?
- Tu utilises ton portable pour quoi faire ?
- Combien de temps passes-tu sur ton portable chaque jour ?

Allez à la **page 110** de votre *Chef d'œuvre* pour compléter l'Activité 2 : Mon portable et moi.

Le smartphone en France

1. Un smartphone est plus qu'un simple portable. C'est un ordinateur puissant qui tient dans la main. En France, 81% des 13–19 ans et 77% des 20–75 ans ont un smartphone. C'est l'appareil numérique le plus populaire du pays.

2. On peut utiliser un smartphone pour effectuer de nombreuses tâches : prendre des photos, envoyer des textos, faire des vidéos, jouer à des jeux, télécharger des applis et, bien sûr, téléphoner. Il ne peut pas faire la vaisselle – enfin, pas encore !

3. Selon un sondage de Deloitte, les Français utilisent leur portable matin, midi et soir :

- 20% regardent leur smartphone dans les cinq minutes qui suivent leur réveil
- 49% l'utilisent dans les transports en commun
- 53% accèdent aux réseaux sociaux sur leur smartphone
- 82% prennent des photos avec leur smartphone
- 84% utilisent leur smartphone pour regarder un film ou la télévision
- 23% regardent leur smartphone dans les cinq minutes avant de s'endormir
- 41% le regardent au milieu de la nuit

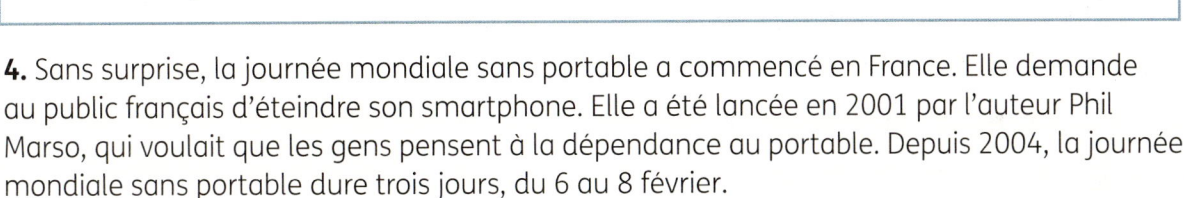

4. Sans surprise, la journée mondiale sans portable a commencé en France. Elle demande au public français d'éteindre son smartphone. Elle a été lancée en 2001 par l'auteur Phil Marso, qui voulait que les gens pensent à la dépendance au portable. Depuis 2004, la journée mondiale sans portable dure trois jours, du 6 au 8 février.

EXERCICE 13

Lisez le texte ci-dessus et répondez aux questions.

1. What percentage of French people aged 20 to 75 have a smartphone? (Section 1)
2. The smartphone is the most popular item of technology in France. True or false? (Section 1)
3. Name four of the tasks listed that can be done using a smartphone. (Section 2)
4. What task can a smartphone not do?
5. Write three sentences in French describing three other things that can be done using a smartphone. (Section 2)
6. According to the survey by Deloitte, what do 20% of French people do? (Section 3)
7. Where do 49% of people use their smartphone? (Section 3)
8. What do 41% of people do? (Section 3)
9. What is the purpose of **la journée mondiale sans portable**? (Section 4)
10. How did the event change in 2004? (Section 4)

Allons-y 2

L'imparfait

The French imperfect tense (**l'imparfait**) is another past tense. Unlike **le passé composé**, **l'imparfait** does not need an auxiliary (helping) verb. Use **l'imparfait** when you want to talk about something that used to happen regularly or was the case for a period of time, for example:

Je jouais au basket tous les samedis.   I used to play basketball every Saturday.

Quand j'avais cinq ans, j'aimais les dessins animés.   When I was five years old, I liked cartoons.

There are three steps to form **l'imparfait**:

1. Select the **nous** form of the verb in the present tense (e.g. **parler** = **nous parlons**; **finir** = **nous finissons**; **vendre** = **nous vendons**; **faire** = **nous faisons**).
2. Chop off the **–ons** to get the stem (e.g. **nous parlons** = **parl**; **nous finissons** = **finiss**; **nous vendons** = **vend**; **nous faisons** = **fais**).
3. Add the correct ending for the personal pronoun. These are shown in the table below.

Personal pronoun	Imperfect ending
je	–ais
tu	–ais
il	–ait
elle	–ait
on	–ait
nous	–ions
vous	–iez
ils	–aient
elles	–aient

Retenez !
The imperfect tense is the easiest past tense to form, as the same rules apply to **–er**, **–ir** and **–re** verbs, both regular and irregular.

Look at the examples below:

Parler (to talk)	Finir (to finish)	Vendre (to sell)
je parlais	je finissais	je vendais
tu parlais	tu finissais	tu vendais
il parlait	il finissait	il vendait
elle parlait	elle finissait	elle vendait
on parlait	on finissait	on vendait
nous parlions	nous finissions	nous vendions
vous parliez	vous finissiez	vous vendiez
ils parlaient	ils finissaient	ils vendaient
elles parlaient	elles finissaient	elles vendaient

Être

There is one exception to the imperfect tense and it is the verb you will use the most: **être** (to be).

To form **l'imparfait** of **être**, simply add the endings listed above to the stem **ét–**.

Être (to be)	
j'étais	I used to be/was
tu étais	you used to be/were *(informal)*
il était	he/it used to be/was
elle était	she used to be/was
on était	one used to be/was
nous étions	we used to be/were
vous étiez	you used to be/were *(more than one person/formal)*
ils étaient	they used to be/were *(masculine)*
elles étaient	they used to be/were *(feminine)*

Il y avait du soleil, mais j'étais accro aux jeux vidéo l'été dernier.

EXERCICE 14

Remplissez la grille.

Verbe	Forme nous au présent	Imparfait
aller	allons	j'allais
avoir		vous
choisir		il
devoir		on
écouter		tu
faire		nous
jouer		ils
passer		on
prendre		je
télécharger		il
venir		tu
vérifier		je

Allons-y 2

EXERCICE 15

Remplissez les blancs avec l'imparfait des verbes ci-dessous.

> être (2) avoir (4) traverser travailler chanter écouter jouer
> partager manger connaître acheter parler habiter

Un grand-père parle de son enfance

Quand j'_____ jeune, j'_____ à la campagne avec ma mère, mon frère et mes grands-parents. J'_____ une enfance heureuse. Nous n'_____ pas de voiture, donc mon frère et moi _____ les champs à pied pour aller à l'école. Nous _____ des bonbons au magasin local et nous les _____ avec nos camarades de classe.

Après l'école, je _____ à la ferme avec mon grand-père. Au dîner, nous _____ des légumes de la ferme. Après le dîner, mon frère et moi _____ aux boules jusqu'à ce qu'il fasse nuit.

La vie _____ simple. Il n'y _____ pas Internet. Toute la famille _____ de la musique à la radio. Nous _____ ensemble nos chansons préférées. Nous _____ face à face et nous _____ bien nos voisins. Si je me souviens bien, il y _____ du soleil tous les jours.

Allez à la **page 64** de votre *Trousse de grammaire* pour compléter les exercices : L'imparfait.

EXERCICE 16

En classe, utilisez l'imparfait pour parler de votre enfance.

Exemple

Quand j'étais petit(e), je faisais de la gymnastique. C'était difficile mais j'aimais ça. Et toi, qu'est-ce que tu faisais quand tu étais petit(e) ?

Allez à la **page 111** de votre *Chef d'œuvre* pour compléter l'Activité 3 : Une petite histoire du passé.

Je sais utiliser l'imparfait.

Les e-mails

Des mots clés

un tiret bas	underscore	un point	dot
un tiret	dash	une arobase	at symbol (@)

Quelle est ton adresse e-mail ?

Mon adresse e-mail est florine tiret bas dubois 1 arobase gmail point com (florine_dubois1@gmail.com)

9.5 Écoutez !

Quelles sont leurs adresses e-mail ? Écoutez et remplissez la grille.

		Adresse e-mail
1.	Sylvain	
2.	Mélanie	
3.	Monsieur Doufor	
4.	Madame Calvet	

C'est intéressant !

The words **un mél** and **un courriel** are often used instead of **un e-mail**, especially in newspapers and other official writing. This is because **l'Académie Française** (the government body that protects the French language) discourages the use of borrowed English words in French. It suggests new words, such as **un courriel**, to replace these English terms. The academy also suggests that **un hashtag** (#) is replaced with **un mot-dièse**.

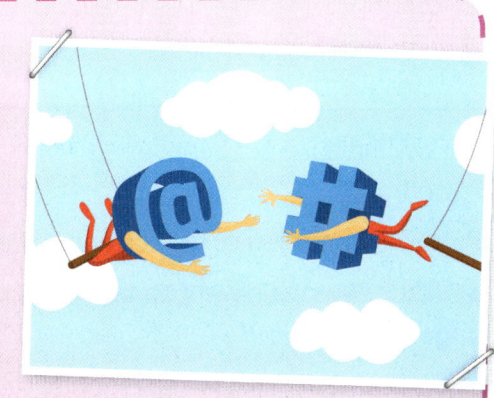

trois cent dix-neuf

Allons-y 2

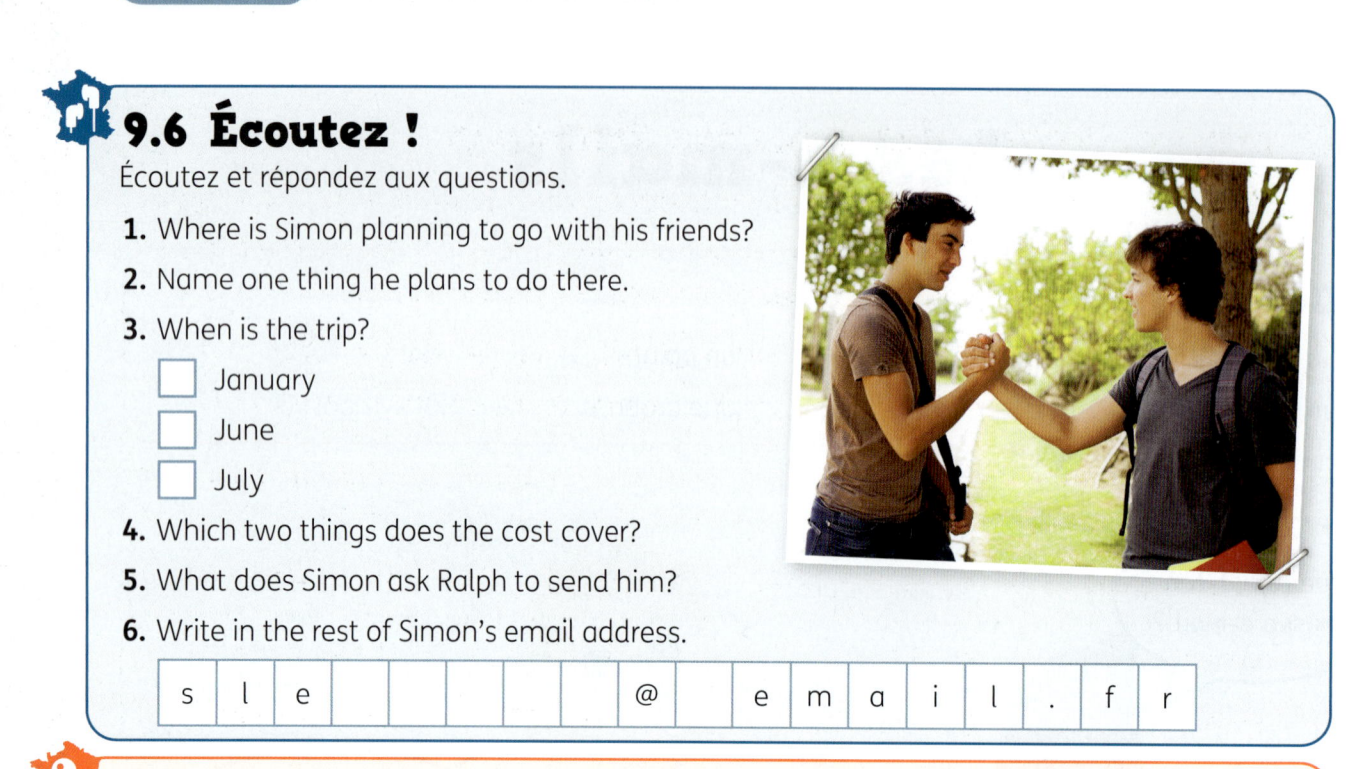

9.6 Écoutez !

Écoutez et répondez aux questions.

1. Where is Simon planning to go with his friends?
2. Name one thing he plans to do there.
3. When is the trip?
   - [ ] January
   - [ ] June
   - [ ] July
4. Which two things does the cost cover?
5. What does Simon ask Ralph to send him?
6. Write in the rest of Simon's email address.

| s | l | e | | | | | @ | e | m | a | i | l | . | f | r |

Des mots clés

de	from	un sujet	subject
à	to		

EXERCICE 17

Lisez le mél et répondez aux questions en anglais.

De lukeryan20@wemail.ie
À sebgerard@gmail.com
Sujet Nouveau correspondant

Bonjour Sébastien,

J'espère que tu vas bien ? Mon prof m'a donné ton adresse e-mail.

J'ai seize ans et j'habite à Kilkenny en Irlande. Ma matière préférée est le français et j'adore la cuisine et la culture française. En octobre j'irai à Paris avec mon école et je voudrais bien améliorer mon français avant mon séjour.

Peux-tu me décrire une journée typique dans ton école, et les matières que tu étudies ? Mon prof m'a dit que vous ne portez pas d'uniforme scolaire, vous avez vraiment de la chance !

J'attends ta réponse avec impatience.

Luke

Envoyé depuis mon smartphone

1. How did Luke get Sébastien's email address?
2. Name one thing Luke likes about France.
3. What does Luke want to do before he goes on his trip?
4. What does Luke ask Sébastien to describe?
5. What did Luke's teacher say about school in France?
   - [ ] They have a longer day
   - [ ] They have school on Saturday
   - [ ] They study more subjects
   - [ ] They don't wear a uniform

320 — trois cent vingt

Comment taper les accents français

As you know, it's important to always include the correct accents in French words. When you write an email to your French penpal, use a computer to do homework or give a PowerPoint presentation, you need to know how to type French accents using a keyboard.

To get the character you need in Windows®, simply turn on the numbers lock [Num Lock], hold down the Alt key [Alt] and type the code shown using the numbers at the right of your keyboard.

à = Alt + 133	À = Alt + 183	î = Alt + 140	Î = Alt + 215
â = Alt + 131	Â = Alt + 182	ï = Alt + 139	Ï = Alt + 216
æ = Alt + 145	Æ = Alt + 146	ô = Alt + 147	Ô = Alt + 226
ç = Alt + 135	Ç = Alt + 128	œ = Alt + 0156	Œ = Alt + 0140
è = Alt + 138	È = Alt + 212	ù = Alt + 151	Ù = Alt + 235
é = Alt + 130	É = Alt + 144	û = Alt + 150	Û = Alt + 234
ê = Alt + 136	Ê = Alt + 210	ü = Alt + 129	Ü = Alt + 154
ë = Alt + 137	Ë = Alt + 211		

To type accented letters using a Mac®, smartphone or tablet, simply hold down the unaccented letter and select the accented form you need from the options.

C'est intéressant !

Les six premières lettres sur un clavier anglais sont QWERTY. Les six premières lettres sur un clavier français sont AZERTY.

EXERCICE 18

Utilisez un ordinateur pour taper les mots suivants.

1. À plus tard
2. Bien sûr
3. Canapé
4. Château
5. Chère
6. Connaître
7. Élève
8. Été
9. Être
10. Fenêtre
11. Fête
12. Français
13. Garçon
14. Hôpital
15. Noël
16. Œuf
17. Où
18. Sœur
19. Télévision
20. Voilà

Allons-y 2

La vie en ligne

🔑 Des mots clés

un commentaire	comment	un réseau social	social network
un compte	account	une photo de profil	profile picture
un filtre	filter	mettre à jour	to update
un fil d'actualité	newsfeed	partager	to share
un moteur de recherche	search engine	publier	to post
un nom d'utilisateur	username	naviguer	to navigate
un lien	link	suivre	to follow
un profil	profile	surfer	to surf (the internet)
un site web	website	taguer	to tag

C'est intéressant !

Le verbe « tweeter » a été ajouté au dictionnaire Le Robert en 2012. Il signifie écrire / envoyer un message sur le réseau social Twitter. Il est conjugué comme un verbe régulier en –er, par exemple **Je tweete tous les jours** (au présent); **J'ai tweeté Harry Styles** (au passé composé); **Je tweetais plus souvent** (l'imparfait).

✏️ EXERCICE 19

Traduisez en anglais.

1. As-tu un compte Facebook ?
2. Cliquez sur le lien.
3. Ta photo de profil est magnifique !
4. Eric me suit sur Twitter.
5. On navigue sur Internet en utilisant un moteur de recherche.
6. Ma mère n'aime pas être taguée sur des photos.
7. J'ai vu ton commentaire sur mon fil d'actualité.
8. Nous avons partagé nos photos de vacances sur Instagram.
9. Mon nom d'utilisateur Snapchat est @davidsnaps04.
10. J'ai mis à jour mon site web hier soir.

Junior Cycle French – Second and Third Year

EXERCICE 20

Quel réseau social ? Reliez les nombres avec les lettres.

1.	On a 280 caractères pour écrire un message ou pour donner un avis. On utilise les mots-dièse.	a.	WhatsApp	5.	On peut avoir des tchats en groupe ou tout simplement envoyer des textos.	e.	YouTube
2.	On l'utilise pour rester en contact avec ses amis. On peut créer des groupes et des événements.	b.	Snapchat	6.	On ajoute des filtres aux photos et on partage de courtes vidéos avec des followers.	f.	Facebook
3.	On peut télécharger et regarder des vidéos. Il y a des gens qui ont leur propre chaîne pour montrer leurs vies.	c.	Twitter	7.	On n'a que dix secondes pour envoyer une photo ou une vidéo.	g.	Pinterest
4.	On recueille des images et des sources d'inspiration, comme les recettes, la mode et les coiffures.	d.	LinkedIn	8.	On peut chercher du travail, télécharger son CV et établir des contacts professionnels.	h.	Instagram

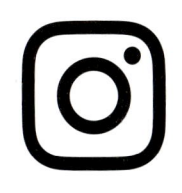

1.	2.	3.	4.	5.	6.	7.	8.

C'est intéressant !

YouTube est le réseau social le plus populaire auprès des adolescents français, Facebook est deuxième et Snapchat est troisième.

EXERCICE 21

Par deux, parlez des réseaux sociaux.
- Est-ce que tu utilises les réseaux sociaux ?
- Quel est ton réseau social préféré ?
- Qu'est-ce que tu fais sur les réseaux sociaux ?

La technologie

trois cent vingt-trois

Allons-y 2

EXERCICE 22

Lisez les avantages et les inconvénients d'Internet et classez-les dans la bonne colonne.

- Il est facile de devenir accro aux réseaux sociaux.
- Il est possible d'acheter des produits sur Internet sans sortir de chez soi.
- Télécharger des jeux, de la musique et des podcasts.
- Partager les mises à jour sur les réseaux sociaux.
- Les enfants peuvent être en danger s'ils ne sont pas surveillés.
- Faire des recherches pour ses études.
- Internet peut tuer de saines habitudes, comme la lecture et le sport.
- On peut trouver de fausses informations.
- Les informations personnelles peuvent se retrouver entre de mauvaises mains.
- Il y a beaucoup de spams et de virus qui peuvent endommager l'ordinateur.
- Il est possible de trouver un point de vue différent sur le même sujet.
- Les magasins et les bibliothèques sont en train de disparaître.
- On peut rester en contact avec des personnes partout dans le monde.
- C'est gratuit et c'est à jour.

Les avantages	Les inconvénients

9.7 Écoutez !

Écoutez et remplissez la grille.

		How often they use the internet	What they use it for
1.	Sylvie		
2.	Richard		
3.	Chloé		
4.	Vincent		

Les adjectifs démonstratifs

Demonstrative adjectives are the words used to say 'this', 'that', 'those' or 'these'. In French, the demonstrative adjective used depends on whether the item you are referring to is masculine, feminine or plural.

	Demonstrative adjective	Examples
Masculine	ce (cet)	ce garçon, ce chat (cet hôpital, cet œuf)
Feminine	cette	cette fenêtre, cette fille
Plural	ces	ces vélos, ces fleurs

Retenez !
Note that the masculine demonstrative adjective gains the letter 't' when it is used before a singular noun starting with a vowel or a silent 'h'.

Demonstrative adjectives are used instead of a definite article (**le** / **la** / **les**) or an indefinite article (**un** / **une** / **des**).

EXERCICE 23

Mettez **ce**, **cet**, **cette** ou **ces** devant les mots.

1. _____ ordinateur
2. _____ stylos
3. _____ portable
4. _____ photo
5. _____ livres
6. _____ appareil photo
7. _____ drapeau
8. _____ jeux vidéo
9. _____ voitures
10. _____ hôtel
11. _____ maison
12. _____ collège

EXERCICE 24

Traduisez les phrases en français en utilisant des adjectifs démonstratifs.

1. These questions are difficult. _____
2. This technology is amazing. _____
3. This computer is quite heavy. _____
4. This website is funny. _____
5. That girl is called Carine. _____
6. This link is broken. _____
7. This mobile phone is old. _____
8. This internet connection is slow. _____
9. That meal was delicious. _____
10. Those sentences were easy. _____

Allez à la **page 69** de votre *Trousse de grammaire* pour compléter les exercices : Les adjectifs démonstratifs.

Allons-y 2

EXERCICE 25

Lisez le texte et répondez aux questions.

1. Cyprien est un célèbre YouTuber français. Il fait des vidéos drôles sur Internet. Cyprien est né le 12 mai 1989 à Nice, en France. Sa chaîne YouTube compte plus de 11 millions d'abonnés et ses vidéos ont été regardées plus de cinq millions de fois. Beaucoup de vidéos de Cyprien parlent de technologie.

2. « Les vieux et la technologie » se moque de la façon dont les personnes âgées utilisent Internet. Cyprien dit : « J'adore mes parents et mes grands-parents. Mais pas quand je dois leur expliquer un truc pour l'ordinateur ou le téléphone ». Dans la vidéo, sa grand-mère ne comprend pas son smartphone. Elle appelle toujours FaceTime, mais tient le téléphone contre son oreille !

3. Dans « Les jeunes et la technologie », Cyprien se moque de l'obsession des jeunes pour la technologie. Il dit que sa sœur cadette a une maladie qu'il appelle « le syndrome Snapchat ». L'un des symptômes est de prendre des selfies à table !

4. Cyprien est très connu aussi dans le monde des jeux vidéo. En 2013, il a commencé la chaîne YouTube CyprienGaming où il teste des jeux vidéo.

5. Cyprien a créé sa propre application pour smartphone où on trouve ses vidéos. On peut aussi regarder les vidéos de Cyprien sur son site web cyprien.fr ou s'abonner à sa chaîne YouTube en suivant le lien youtube.com/user/MonsieurDream.

Des mots clés

| les abonnés | subscribers | se moquer de | to make fun of |

1. Who is Cyprien? (Section 1)

2. When and where was he born? (Section 1)

3. How many subscribers does his YouTube channel have? (Section 1)

4. When does Cyprien not love his parents and grandparents? (Section 2)

5. How does his grandmother use FaceTime incorrectly? (Section 2)

6. What is a symptom of Cyprien's sister's 'illness'? (Section 3)

7. What else is Cyprien well known for? (Section 4)

8. Describe the three ways that you can watch Cyprien's videos online. (Section 5)

Allez à la **page 113** de votre *Chef d'œuvre* pour compléter l'Activité 4 : Une vidéo drôle sur la technologie.

Des mots clés

l'argot	slang	un son	sound	à l'envers	back to front

L'argot français

Comme dans tous les pays du monde, les Français utilisent l'argot dans leur vie quotidienne. On rencontre l'argot français dans les conversations entre amis, dans les magazines et les films et bien sûr en ligne.

Voici une liste de quelques mots d'argot français.

le mec	guy	à fond	totally
la nana	girl	n'importe quoi	whatever
le gamin	kid	nickel	awesome
le frérot	bro	branché	cool (plugged in)
le bahut	school	laisse tomber	drop it
la bouffe	food	tourne la page	get over it
le fric	money	c'est mort	no way
ouais	yeah	ça craint	that sucks

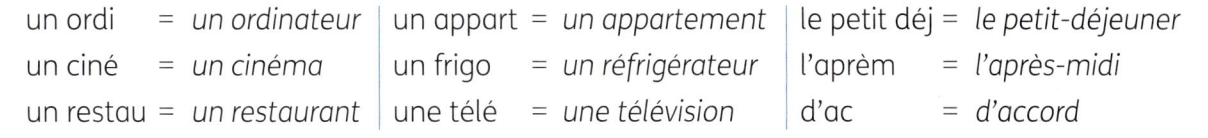

Les jeunes Français font souvent des mots plus courts. Regardez les exemples communs suivants.

un ordi	= un ordinateur	un appart	= un appartement	le petit déj	= le petit-déjeuner
un ciné	= un cinéma	un frigo	= un réfrigérateur	l'aprèm	= l'après-midi
un restau	= un restaurant	une télé	= une télévision	d'ac	= d'accord

Une autre forme populaire d'argot parmi les adolescents français est « verlan ». En verlan, les mots sont divisés en deux sons, puis les syllabes sont inversées, mises « à l'envers ». Voici une liste de quelques mots de verlan.

céfran	= français	vegra	= grave	un féca	= un café
jourbon	= bonjour	une meuf	= une femme	un sub	= un bus
chanmé	= méchant	une mifa	= une famille	le tromé	= le metro
zarbi	= bizarre	une cinepi	= une piscine	verlan	= l'envers

Comme l'argot en anglais, les mots d'argot français varient selon la ville, la région ou le pays francophone. Et rappelez-vous, l'argot peut très vite devenir pas cool !

EXERCICE 26

Par deux, ayez une conversation informelle en utilisant de l'argot français.

Retenez !

Using slang during informal conversations or in emails and letters to a penpal can make your French sound more natural. You must not use it in formal conversations, letters or presentations.

Allons-y 2

EXERCICE 27

Lisez la conversation par texto et répondez aux questions en anglais.

Rémi : bjr Maélie. Tu vas bien ? Veux-tu aller au ciné ce soir ?

Maélie : dsl je ne peux pas aller au ciné ce soir. J'ai mal à la tête !

Rémi : pdp, peut-être le weekend prochain ?

Maélie : Parfait ! Aimes-tu les films d'amour ?

Rémi : Bien sûr ! Je les adore.

Maélie : Alors je vais réserver les billets tout de suite !

Rémi : mci ! Soigne-toi bien !

1. Why can't Maélie go to the cinema tonight?
   - ☐ She has to study
   - ☐ She has a sore head
   - ☐ She has to babysit
2. When does Rémi suggest they go instead?
3. What type of film does Maélie suggest?
4. When does Maélie say she will book the tickets?
5. Give the full French term for one item of SMS slang used in the conversation.

EXERCICE 28

Lisez le texte et répondez aux questions.

Les conseils pour rester en sécurité en ligne
- Partagez des informations avec vos amis et votre famille seulement.
- Utilisez un pseudonyme au lieu de votre vrai nom.
- Utilisez un mot de passe fort et ne partagez jamais vos mots de passe aux autres.
- Ne publiez jamais votre adresse, adresse e-mail, numéro de téléphone ou le nom de votre école sur les réseaux sociaux.
- Ne répondez pas à un mél ou un message d'un inconnu.
- Vérifiez régulièrement les paramètres de confidentialité et de sécurité.
- Obtenez toujours la permission avant de publier des photos d'autres personnes.
- Installez un logiciel anti-virus sur votre ordinateur.
- Utilisez uniquement les sites web vérifiés.
- Si vous ne le dites pas dans la vraie vie, ne le publiez pas en ligne !
- La règle d'or pour la vie en ligne : être toujours aimable et respecter les autres.

1. Who should information be shared with online?
2. What advice is given about passwords?
3. What information should you never post on social media?
4. What should you get permission to do?
5. Identify the French for 'never' and 'always'.
6. Find the phrase 'anti-virus software'.
7. When should you not post something online?
8. What is the golden rule for life online?

EXERCICE 29

Lisez l'avis de Marie-Laure et Paul sur les achats en ligne, puis effectuez les exercices.

Marie-Laure

J'adore les achats en ligne. Je peux faire mes courses rapidement, assise sur mon canapé avec mon ordinateur portable. Je peux faire mes achats en ligne n'importe quel jour et à n'importe quelle heure. Tout ce que j'achète est livré directement à mon adresse. C'est merveilleux !

Auparavant, j'allais au supermarché, mais maintenant je fais les courses sur le site web du supermarché. Je ne suis pas obligée de sortir de chez moi ou de trouver une place de parking.

Les achats en ligne sont souvent moins chers que les achats en boutique. On reçoit beaucoup d'e-mails sur les promotions.

En plus, je peux facilement envoyer des cadeaux à ma famille et à mes amis qui habitent à l'étranger.

Paul

Je vois des avantages et des inconvénients aux achats en ligne. Sans nul doute, il y a un plus grand choix de produits sur Internet. Le marché est global. Malheureusement, cela a forcé beaucoup de magasins locaux à fermer leurs portes. Le centre-ville était animé, mais maintenant c'est vraiment calme.

Pour de petits achats, le coût de livraison peut être plus cher que le prix du produit lui-même.

C'est difficile aussi de juger les produits sur photo. Je préfère recevoir des conseils des vendeurs, surtout quand j'achète des appareils. Ces produits sont parfois coûteux.

On doit penser constamment à la sécurité quand on utilise une carte de crédit et qu'il faut fournir des informations personnelles.

Des mots clés

auparavant — previously/before   la livraison — delivery   coûteux — expensive

A. Répondez « vrai » ou « faux » aux affirmations suivantes.   Vrai   Faux
1. Marie-Laure shops from her sofa.
2. Marie-Laure never receives promotions via email.
3. Marie-Laure sends presents to her family and friends.
4. Paul thinks there is less choice online.
5. Paul finds it easy to judge products based on photos.
6. Paul prefers getting advice from shop staff.

B. Dans le texte, trouvez :
1. Quatre adverbes.
2. Un adjectif démonstratif.
3. Deux phrases à l'imparfait.

C. Basé sur le texte, décrivez :
1. Trois avantages des achats en ligne.
2. Trois inconvénients des achats en ligne.

Allons-y 2

Le dossier francophone : La République démocratique du Congo

Le drapeau :

La population : 82,144 millions
La capitale : Kinshasa

C'est intéressant !

Kinshasa est devenue la première ville francophone du monde en 2016. L'argot du pays est un mélange de français et de langue africaine Lingala, par exemple « Merci mingi ».

La monnaie : Le franc congolais (CDF)

Des montagnes : Le mont Stanley, le mont Sabyinyo, le mont Emin, le volcan Mikeno, le volcan Nyiragongo

Des rivières : Le fleuve Congo, le Nile, le Kasayi, le Lualaba

Le temps : Climat tropical, particulièrement chaud et humide dans le bassin du fleuve Congo

Des personnes célèbres : Christian Benteke (joueur de football), Dikembe Mutombo (joueur de basket), Yannick Nyanga (joueur de rugby), Merveille Lukeba (acteur), Leki (chanteuse et présentatrice de télévision)

La nourriture : Le saka saka (poisson salé et feuilles de manioc), le fufu (bouillie de manioc), le loso na Madesu (riz et haricots)

Des fêtes : La journée du héros national (janvier), la fête de l'indépendance (juin), la fête des parents (août), la journée nationale de la jeunesse (août)

C'est intéressant !

La République démocratique du Congo a plus d'orages par an que partout ailleurs dans le monde.

C'est intéressant !

La Sape (La Société des Ambianceurs et des Personnes Élégantes) est un groupe d'hommes à Kinshasa qui portent des vêtements colorés et flamboyants. Les sapeurs ont figuré dans publicité pour Guinness en 2014. La « joute vestimentaire » des sapeurs se déroule dans les rues de Kinshasa tous les 10 février.

Étude de cas

Lisez le texte et répondez aux questions.

1. L'utilisation de la technologie numérique a connu une croissance extrêmement rapide en Afrique ces dernières années. Le continent est aujourd'hui le deuxième plus grand marché mondial pour les portables, après l'Asie.

2. En Afrique, les « feature phones » sont utilisés plus souvent que les smartphones. Ces téléphones peuvent se connecter à Internet, mais ils ne prennent pas en charge les applis. Ils sont principalement utilisés pour passer des appels téléphoniques et envoyer des textos.

3. Selon internetworldstats.com, il n'y avait que 500 internautes en République démocratique du Congo en l'an 2000. Aujourd'hui, plus de 5 millions de personnes dans le pays sont connectées. C'est une énorme augmentation, mais 94% de la population n'a toujours pas accès à Internet.

4. Les portables et Internet sont disponibles dans les régions d'Afrique qui n'ont jamais eu de câbles téléphoniques. En République démocratique du Congo, il n'y a que 10,000 téléphones fixes mais il y a plus d'un million d'utilisateurs de portables. Plus de deux millions de personnes dans le pays ont un compte Facebook. La technologie révolutionne la communication en Afrique.

1. Which continent is the world's largest market for mobile phones? (Section 1)
2. Apps can be downloaded to feature phones. True or false? (Section 2)
3. What are feature phones mainly used for? (Section 2)
4. Use your dictionary or *Lexique* to translate the word **internaute**. (Section 3)
5. How many people in the Democratic Republic of the Congo are now connected to the internet? (Section 3)
6. What percentage of the population does not have internet access? (Section 3)
7. How many landlines does the country have? (Section 4)
8. How many people in the Democratic Republic of the Congo have a Facebook account? (Section 4)

trois cent trente et un

Allons-y 2

Résumé

EXERCICE A

Remplissez la grille de mots croisés.

Horizontalement

6. (7) — [liseuse Kindle]

9. (8) — [smartphone]

10. (7) — [clavier]

Verticalement

1. (8) — [tablette]

2. (9) — [écouteurs]

3. (5, 2, 6) — [photo de profil]

4. (7) — [arobase]

5. (10) — [imprimante]

7. (6) — [souris]

8. (5) — [écran]

332 trois cent trente-deux

EXERCICE B

Remplissez les blancs en changeant les adjectifs en adverbes.

1. Le professeur explique (bon) _____.
2. (heureux) _____, j'ai fait mes devoirs.
3. Je suis en ligne (constant) _____.
4. Il parle (poli) _____ avec les professeurs.
5. Le médecin travaille (patient) _____ tous les jours.
6. Il faut (absolu) _____ écouter en classe.
7. Pierre court (rapide) _____ à l'école.
8. Les élèves se promènent (lent) _____ dans les couloirs.

EXERCICE C

Traduisez en français en utilisant des adverbes.

1. You are working well.

   _____

2. Jeanne listens patiently.

   _____

3. The friends play happily.

   _____

4. He plays video games badly.

   _____

5. My brother eats quickly.

   _____

6. She walks slowly to school

   _____

7. The car drives quietly

   _____

8. My grandfather talks loudly on his mobile.

   _____

Allons-y 2

EXERCICE D

Écoutez les adolescents qui parlent de leur appareil numérique préféré et remplissez les blancs.

1. Je m'appelle Patrick. Je ne _____ pas me passer de mes _____. J'ai besoin d'_____ de la musique tout le temps. J'adore _____ les genres de musique. Mon _____ ne le supporte pas. Il ne _____ pas que cela me permet de m'isoler du monde, surtout quand je _____ mes devoirs. Mais je peux _____ me concentrer comme ça.

2. Je m'appelle Asha. Je n'_____ même pas une vie sans mon _____. Je l'ai toujours sous la _____. Je l'utilise pour _____ des textos à mes amis, pour vérifier mon _____ Facebook, pour _____ sur Internet et bien sûr pour prendre des _____. Je pense que tout le monde fait la même chose, mais ils ne _____ pas l'admettre. C'est incroyable que les portables soient _____ à l'école. C'est ridicule. Ils font partie de notre _____ quotidienne.

3. Je m'appelle Zola. Pour moi, c'est mon _____ portable. Toute ma vie est sur mon ordinateur _____ : mes photos, mes _____, mes vidéos, mes _____ préférées. J'ai de la _____ car nous pouvons _____ nos ordinateurs portables ou nos _____ pendant les cours. C'est très _____ pour prendre des notes et pour faire des _____ pour nos devoirs.

4. Je m'appelle Loïc. Pour moi, c'est mon _____ photo numérique. J'adore _____ des photos de mes amis et ma _____. Une photo peut _____ à immortaliser un instant _____. J'ai toujours mon appareil photo avec moi. C'est mieux que d'_____ son _____ pour prendre des photos. Je trouve que les photos sont le meilleur moyen de se _____ des moments particuliers.

EXERCICE E

Remplissez les blancs avec l'adjectif démonstratif qui convient (**ce**, **cet**, **cette** ou **ces**).

1. _____ ordinateur ne marche plus.
2. _____ portables sont nouveaux.
3. L'ordinateur ne marche pas sans _____ souris.
4. _____ musique est assez forte.
5. Je vais étudier beaucoup _____ année.
6. Il adore _____ film.
7. _____ écran est cassé.
8. _____ semaine est difficile pour moi.

EXERCICE F

Par deux, parlez de ce qui se passe sur ces images.

1.

2.

La technologie

trois cent trente-cinq

Allons-y 2

EXERCICE G

Lisez le texte et répondez aux questions.

> Un jour, au mois de juillet, il faisait beau et le soleil brillait, alors mes amis et moi avons décidé d'aller à la plage. Nous avons pris le train et il y avait beaucoup de monde mais le train était rapide et confortable. Quand nous sommes arrivés, nous avions faim. Nous avons mangé dans un petit restaurant au bord de la mer. C'était délicieux. Après, nous avons bronzé sur la plage et j'ai aussi nagé dans la mer.
>
> J'ai vu une amie de l'école, Maria. Elle avait l'air triste. Elle nous a dit que quelqu'un lui avait volé son portable. Ce n'était pas une bonne journée pour elle ! Elle a dû aller à la gendarmerie. Cette histoire lui a gâché la journée.

A. Trouvez dans le texte

1. Deux verbes à l'imparfait
2. Deux verbes au passé composé
3. Un adjectif au masculin
4. Un adjectif possessif
5. Un verbe à l'infinitif
6. Une préposition
7. Un adjectif démonstratif

B. Répondez aux questions.

1. In what month does the story take place?
2. Describe the weather.
3. How did the friends travel to the beach?
4. How did they feel when they arrived?
5. Name one thing they did on the beach.
6. How did Maria feel?
7. Why did she feel this way?
8. Where did she have to go?

Le texte authentique

Regardez l'affiche et répondez aux questions.

H@rcèlement
NOUVELLE GENERATION

« Chaque enfant doit être protégé contre toute forme de violence »
Convention Internationale des Droits de l'Enfant, article 19

- INSULTES
- TEXTOS
- RESEAUX SOCIAUX
- MENACES
- HUMILIATIONS

COLLOQUE POUR TOUT PUBLIC

Proposé par CATHERINE VERDIER, psychologue

HARCELEMENT SCOLAIRE ET CYBERHARCELEMENT
COLLOQUE EUROPEEN | LUXEMBOURG | 28 | 11 | 2015

INSCRIPTION & PROGRAMME
www.harcelement-scolaire.eu

FORUM DU CAMPUS SCOLAIRE
GEESSEKNÄPPCHEN
40 BOULEVARD PIERRE DUPONG
LUXEMBOURG

Sponsors: BGL BNP PARIBAS, pwc, unicef, ALINEA, newaccess, cf-infoconsult

1. What is this poster about? How do you know?
2. Identify the French word for 'bullying'.
3. In which city did the conference take place?
4. When did the conference take place?
5. Translate the sentence « Chaque enfant doit être protégé contre toute forme de violence. »
6. Read the conference's website address aloud.

Allez à la **page 114** de votre *Chef d'œuvre* pour compléter l'Activité 5 : Une affiche contre le harcèlement.

trois cent trente-sept

Allons-y 2

Évaluation en classe

CBA 1: Oral Communication

Créer une vidéo TikTok

1. Split into pairs.

2. Using the vocabulary you have learned in chapter 9, plan and record a TikTok-style video (approximately three minutes) about how you use technology. It should contain:
   - details of your favourite item of technology (e.g. a games console or phone)
   - what you use it for
   - how long you spend on it each day
   - any other interesting details you want to include.

3. Play your video to the class.

4. Go to **page 177** of your *Chef d'œuvre* to reflect on your text:
   - Things you like about this text (its strengths).
   - Comment on what you learned from creating this text.
   - Say what you would do differently next time.

Allez à la **page 115** de votre *Chef d'œuvre* pour évaluer ce que vous avez appris au chapitre 9.

10 Le monde du travail

Je me donne un mal de chien !

Dans ce chapitre, vous allez étudier :
In this chapter, you will study:

- Les métiers 340
  Professions
- L'argent de poche 354
  Pocket money
- Le stage de travail 356
  Work placement
- Mon petit boulot 358
  My part-time job
- Postuler pour un travail 360
  Applying for a job
- L'entretien d'embauche 365
  Job interview

Grammaire
Grammar

- Le genre des mots désignant les métiers 341
  Gender of the words for professions
- Les métiers et les articles 344
  Professions and articles
- Le conditionnel 363
  The conditional

Culture
Culture

- Les noms de famille français 346
  French surnames
- Le dossier francophone : Le Togo 368
  The francophone file: Togo
- Le texte authentique : une affiche – « Opération jobs d'été » 377
  Authentic text: a poster – 'Operation Summer Jobs'

- Résumé 370
  Revision
- Évaluation en classe : Faites une présentation – mon travail de rêve 378
  Classroom-Based Assessment: Make a presentation – my dream job

trois cent trente-neuf 339

Allons-y 2

Les métiers

avocat(e) *lawyer* ingénieur(e)

boucher(ère)  boulanger(ère)  cuisinier(ère)

infirmier(ère) *carpenter* menuisier(ière) *gendarme* policier(ère) *agent de police* pompier(ère)

fermier agriculteur(trice)  directeur(trice) *post man* facteur(trice) *conducter - bus/train driver* conducteur(trice)

coiffeur(euse)  serveur(euse) *sales assistant* vendeur(euse)

électricien(ne) *IT worker* informaticien(ne)  mécanicien(ne)  pharmacien(ne)

architecte (m./f.) *architecte* *accountant* comptable (m./f.)  dentiste (m./f.)  journaliste (m./f.)

340 trois cent quarante

Junior Cycle French – Second and Third Year

pilote (m./f.)   vétérinaire (m./f.) [veto]   réceptionniste (m./f.)   secrétaire (m./f.)

maçon (m.) [building]   médecin (m.)   plombier (m.) [plumber]   professeur (m.)

10.1 Écoutez !
Écoutez et répétez les métiers.

Le genre des mots désignant les métiers

In French, most of the words that describe jobs have a masculine and a feminine version, depending on the gender of the person doing the job. In these cases, the ending of the word changes in one of the following ways:

- An –e is added to the end of the masculine word to make it feminine, e.g. **l'avocat** / **l'avocate**.
- The –er ending is chopped off the masculine word and –ère is added to make it feminine, e.g. **le boucher** / **la bouchère**.
- The –eur ending of the masculine word is replaced with –euse to make it feminine, e.g. **le serveur** / **la serveuse**.
- The –en ending of the masculine word is replaced with –enne to make it feminine, e.g. **le pharmacien** / **la pharmacienne**.
- The letters –teur are chopped off the masculine word and –trice is added to make it feminine, e.g. **le facteur** / **la factrice**).

For some jobs, there is only one word. This word is unchanged in both the masculine and feminine forms (m/f). Usually, the article shows whether the person being described is male or female: e.g. **le comptable** / **la comptable**.

There are a small number of jobs that are always masculine, despite the gender of the person doing the job, e.g. **Le professeur est Monsieur Laurent** / **Le professeur est Madame Dupont**.

Retenez !
Job titles is a part of the French language that is evolving, as many French speakers seek a more gender-balanced language. They ask that feminine forms of traditionally masculine words, such as **présidente**, **directrice** and **professeure**, are introduced into the language. These changes have been rejected by those who want to protect traditional French.
(Search « écriture inclusive » to read the latest news on this debate.)

Allez à la **page 72** de votre *Trousse de grammaire* pour compléter les exercices : Le genre des mots désignant les métiers.

trois cent quarante et un

10 Le monde du travail

Allons-y 2

EXERCICE 1

Remplissez la grille.

		Masculin	Féminin
1.	Lawyer	avocat	avocate
2.	Nurse	infirmier	infirmierère
3.	Postal worker	facteur	facteurtrice
4.	Waiter	serveur	serveureuse
5.	Baker	boulanger	boulangerère
6.	Receptionist	réceptionniste	réceptionniste
7.	Mechanic	mécanicien	mécanicienne
8.	Plumber	plombier	plombier
9.	Hairdresser	coiffeur	coiffeureuse
10.	Firefighter	pompier	pompierère

Retenez !

There are lots of words for 'job' in French. As well as **un métier**, you will see **un emploi**, **un travail** and **un poste**. The words **un boulot** and **un job** are informal and are used to talk about casual work. The phrase **un petit boulot** is used to refer to a casual part-time job done by a young person.

EXERCICE 2

Quel est mon métier ? Faites attention au sexe de la personne.

- J'aime soigner les gens malades. — infirmier
- Je répare des voitures dans un garage. — mécanicienne
- Je coupe les cheveux dans un salon de coiffure. — coiffeur
- Je m'occupe des animaux malades. — vétérinaire
- J'aide les clients dans un magasin. — vendeureuse
- Je prends les commandes dans un restaurant. — serveureuse
- J'ai une ferme. — agriculteur/fermier
- Je conduis un taxi. — conducteurtrice

10.2 Écoutez !

De quel métier parlent-ils ? Écoutez et cochez (✓) la case correcte.

1. ✓ (première image cochée)

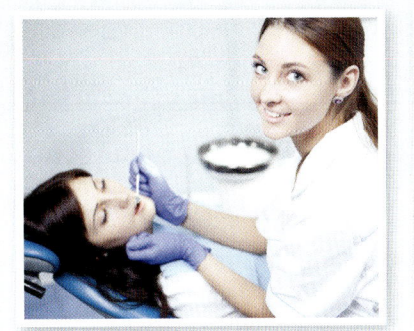

2. ✓ (deuxième image cochée)

3. bavarder avec les clients
les pourboires sont bons

✓ (première image cochée)

4.

Allons-y 2

Les métiers et les articles

When you are talking about what someone's job is (or will be) in French, do not use the indefinite article (**un** / **une**) between the verb **être** and the job title.

English	French
I am a shop assistant.	Je suis vendeur(euse).
She is an architect.	Elle est architecte.
Are you a doctor?	Vous-êtes médecin ?
I want / would like to be a lawyer.	Je veux / voudrais être avocat(e).

Do use a definite article (**le**, **la**, **les**) when the job title is the subject of the sentence (i.e. the person doing an action).

English	French
Where is the waiter?	Où est le serveur ?
The doctor will see you soon.	Le docteur vous recevra bientôt.
Are the drivers on strike?	Les conducteurs sont en grève ?

Do use an article when you use an adjective to describe a job title.

English	French
I am a certified vet.	Je suis un vétérinaire certifié.
Janet is a wonderful doctor.	Janet est un médecin merveilleux.
He is the best teacher in the school.	Il est le meilleur professeur de l'école.

EXERCICE 3

Traduisez en français.

1. I am a waitress.
2. My mother is an accountant.
3. I want to be a doctor.
4. My father is a plumber.
5. I would like to be a vet.
6. Mrs Smith is a good teacher.
7. Sir, are you a lawyer?
8. The builders are at my house.
9. My grandfather was a pilot.
10. My sister would like to be an architect.

Junior Cycle French – Second and Third Year

10.3 Écoutez !

Écoutez et répondez aux questions.

1.
a. What is Pierre's father's job?
b. What is his brother doing?
c. What job would Pierre like to do in the future?

2.
a. What is Anne's mother's job?
b. What is her father's job?
c. What job would Anne like to do in the future?

3.
a. What is the family business?
b. What job does Tony's mum do?
c. What job does his sister do?
d. What does Tony do to help?
e. What job does his dad do?

Des mots clés

| un père / une mère au foyer | stay-at-home father/mother | sans emploi | unemployed |

EXERCICE 4

Par deux, parlez des métiers.
- Choisis un membre de ta famille. Quel métier fait-il / elle ?
- Quel métier aimerais-tu faire plus tard ?
- À ton avis, quels métiers seront les plus demandés à l'avenir ?

Je connais les métiers.

10 Le monde du travail

trois cent quarante-cinq

345

Allons-y 2

Les noms de famille français

Les noms de famille ont été utilisés pour la première fois en France au XIème siècle. Les noms de famille peuvent en dire beaucoup sur les ancêtres d'une personne, comme :

- leurs attributs physiques, par exemple Grand, Petit, Legros, Lefort, Leblond
- leur personnalité, par exemple Bonheur, Vaillant, Doucet, Tardy
- le lieu où ils ont habité, par exemple Dupont, Lafont, Rivière, Larue
- la période de l'année où ils sont nés, par exemple Noël, Toussaint, Valentin.

Beaucoup de noms de famille français donnent des informations sur le métier qu'a fait un ancêtre :

- Le nom de famille Fournier a été donné à un cuisinier (qui a utilisé un four).
- Le nom de famille Granger a été donné à un agriculteur (qui avait une grange).
- Le nom de famille Chevrolet a été donné à quelqu'un qui a gardé des chèvres.
- Le nom de famille Marchand a été donné à un vendeur.

Quand un prénom est utilisé comme nom de famille, par exemple Marie Robert, cela signifie que les ancêtres ne connaissaient pas leurs parents et peuvent avoir été orphelins.

La prochaine fois que vous rencontrerez un Français, pensez à ce que vous pouvez deviner sur l'histoire de sa famille à partir de son nom.

EXERCICE 5

Lisez le texte ci-dessus et répondez aux questions.

1. What can you possibly tell about the ancestor of a person with the surname Petit?
2. What can you possibly tell about the ancestor of a person with the surname Vaillant?
3. Where do you think the ancestor of a person with the surname Dupont lived?
4. At what time of year might a person with the surname Toussaint have been born?
5. What job did someone with the surname Fournier do?
6. What job did someone with the surname Granger do?
7. What type of animal would someone with the surname Chevrolet have kept?
8. What job did someone with the surname Marchand do?

EXERCICE 6

Reliez les noms de famille français avec les métiers.

1.	Maçon	a.	Chicken seller	1.	
2.	Boucher	b.	Wool trader	2.	
3.	Couture	c.	Builder	3.	
4.	Poulet	d.	Mayor	4.	
5.	Lemaire	e.	Butcher	5.	
6.	Porcher	f.	Clothes maker	6.	
7.	Laine	g.	Grocer	7.	
8.	Lépicier	h.	Pig herder	8.	

Des mots clés

un lieu de travail — place of work

EXERCICE 7

Reliez les métiers avec les lieux de travail.

1.	Professeur	a.	L'hôpital
2.	Boulanger(ère)	b.	Le garage
3.	Agriculteur(trice)	c.	Le tribunal
4.	Médecin	d.	L'école
5.	Mécanicien(ne)	e.	La caserne des pompiers
6.	Boucher(ère)	f.	La boulangerie
7.	Pharmacien(ne)	g.	Le magasin
8.	Policier(ère)	h.	La pharmacie
9.	Cuisinier(ère)	i.	Le restaurant
10.	Pompier(ère)	j.	La boucherie
11.	Vendeur(euse)	k.	La gendarmerie
12.	Avocat(e)	l.	La ferme

1.	2.	3.	4.	5.	6.	7.	8.	9.	10.	11.	12.

C'est intéressant !

Les employés français mangent rarement leur déjeuner à leur bureau. Les Français preferent se réunir à table pour manger un repas.

EXERCICE 8

Corrigez les phrases.

Exemple

Je suis boulangère. Je travaille dans une banque. → Je suis boulangère. Je travaille dans une boulangerie.

1. Elle est infirmière. Elle travaille dans un restaurant.
2. Il est cuisinier. Il travaille dans un garage.
3. Marc est agriculteur. Il travaille dans un hôpital.
4. Sophie est pompière. Elle travaille dans un salon de coiffure.
5. Lucie est bouchère. Elle travaille dans une boulangerie.
6. Ma mère est coiffeuse. Elle travaille dans un bureau.
7. Jean-Luc est pharmacien. Il travaille dans une école.
8. Ma tante est dentiste. Elle travaille au marché.
9. Mon oncle est vendeur. Il travaille dans un garage.

10 Le monde du travail

Allons-y 2

EXERCICE 9

Reliez les images aux descriptions des petits boulots de ces adolescents.

Cinq adolescents décrivent leurs petits boulots

1.

Luc   a.

Je travaille à la caisse ou alors je mets les produits en rayons. Les heures sont longues mais le salaire est bon.

2.

Xavier   b.

Chaque samedi, je travaille dans un salon de coiffure, je lave les cheveux des clients. J'adore rencontrer de nouvelles personnes.

3.

Juliette   c.

Pendant les vacances, j'aide mon oncle dans sa clinique vétérinaire. Il s'occupe des animaux malades. C'est un bon moyen de gagner de l'expérience pour l'avenir.

4.

Lexie   d.

Je travaille dans un magasin de vêtements. Pour moi, c'est un travail de rêve parce que j'aime la mode et que je reçois une remise sur les vêtements que j'achète.

5.

Simon   e.

Mon père est électricien et je l'aide. Le travail est varié et j'apprends beaucoup de choses utiles.

1.	2.	3.	4.	5.
c.	e.	b.	a.	d.

EXERCICE 10

Mettez les phrases dans la bonne colonne.

- C'est un travail dur et compliqué.
- C'est assez bien payé.
- C'est très varié.
- On peut voyager.
- On rencontre beaucoup de gens de différentes nationalités.
- Le travail est un peu ennuyeux.
- C'est très stressant.
- On peut aider les autres.
- Il faut travailler en dehors des heures normales.
- Ce n'est pas stressant.
- On n'est pas bien payé(e)(s).
- On commence tôt le matin.
- Les heures sont longues.
- C'est fatigant.
- C'est un travail satisfaisant.
- On est son propre patron.

Les avantages	Les inconvénients

10.4 Écoutez !

Écoutez et répondez aux questions.

1.
   a. What job does Marie-Louise Sarkozi do?
   b. Where does she work?
   c. What time does she start work?
   d. What are her days off?
   e. What is a disadvantage of her work?

2.
   a. What job does Luc Berger do?
   b. Why does he like his job?
   c. What time does he start work?
   d. What is a disadvantage of his job?
   e. What are his days off?

Allez à la **page 119** de votre *Chef d'œuvre* pour compléter l'Activité 1 : Un profil de métier.

Allons-y 2

EXERCICE 11

Lisez le texte et répondez aux questions.

Bonjour. Je m'appelle Odette Dubois. Je suis pompière au bataillon de marins-pompiers de Marseille. Je travaille dans une caserne de pompiers et je conduis souvent le camion de pompiers. Nous répondons aux appels d'urgence dans la ville de Marseille. On peut se retrouver face à un feu dangereux ou un chat coincé dans un arbre. C'est parfois un métier difficile, mais c'est un travail très satisfaisant. J'aime aider les autres.

Je m'appelle Laurent Baton et je suis informaticien. Aujourd'hui, nous avons besoin d'ordinateurs pour faire la plupart des tâches sur notre lieu de travail, alors je suis très occupé. Je travaille dans une grande entreprise à Lyon. Quand un employé a un problème avec son ordinateur, je l'aide. Parfois, le problème est difficile à résoudre. Mais souvent, si l'on éteint l'ordinateur et qu'on le rallume, cela fonctionne !

Je m'appelle Thierry Robillard. Je suis facteur à Lille depuis douze ans. J'adore mon métier. Je rencontre beaucoup de gens tous les jours et faire du vélo me permet de rester en forme. Je commence tôt le matin et j'ai un vélo jaune. Il y a moins de lettres ces jours-ci, mais il y a plus de colis en raison des achats en ligne. Le seul inconvénient, c'est les chiens, et c'est difficile en hiver avec le mauvais temps !

Bonjour. Je m'appelle Noémie Petit. Je suis hôtesse de l'air. Je travaille pour la compagnie aérienne Air France. Mon métier est basé à l'aéroport Charles de Gaulle à Paris, mais j'ai voyagé dans le monde entier. Pendant les vols je distribue les repas et je sers les boissons. Je m'occupe du confort de tout le monde. Je montre aussi les procédures de sécurité. Les horaires sont longs et c'est fatigant, mais on peut voyager.

1. What is Odette Dubois's job?

   ☐ Paramedic   ☑ Firefighter   ☐ Police officer

2. What does she often do? *drives the fire truck*

3. What things might they find when they answer an emergency call? *a dangerous fire or a cat stuck in a tree.*

4. What is Laurent Baton's job? *IT worker*

5. Why is he very busy? *because he needs computers to do most of the work.*

6. How can a problem usually be fixed? *by turning the computer off and back on again*

7. How long has Thierry Robillard been a postman?

   ☐ Two years   ☑ Twelve years   ☐ Twenty years

8. Why are there more packages being delivered these days? *because of online shopping.*

9. What are the disadvantages of the job? *there are dogs and it's difficult in winter with the bad weather*

10. Noémie Petit is a flight attendant. Find the French title for this job. *hôtesse de l'air*

11. Where is her job based? *Charles de Gaulle in Paris.*

12. What tasks does she do on board? *she takes care of people's comfort and shows the safety procedures*

EXERCICE 12

Selon vous, quels sont les avantages et les inconvénients des métiers suivants ?

1. Serveur(euse)
2. Professeur
3. Pompier(ère)
4. Agriculteur(trice)

EXERCICE 13

Conjuguez le verbe au présent, puis traduisez la phrase en anglais.

1. Tu (écrire) _____ des articles pour un journal. _____
2. Je (préparer) _____ les repas dans un restaurant. _____
3. Il (réparer) _____ les voitures dans un garage. _____
4. Bernard (s'occuper) _____ des animaux malades. _____
5. Louise (soigner) _____ les personnes malades. _____
6. Elle (répondre) _____ au téléphone dans un bureau. _____
7. Marc (servir) _____ les clients dans un magasin. _____
8. Vous (construire) _____ des maisons ou des murs. _____
9. Il (cultiver) _____ des céréales dans les champs. _____
10. Tu (éteindre) _____ les feux. _____

EXERCICE 14

Par deux, faites deviner à votre partenaire un métier chacun à votre tour. Ne donnez pas plus de dix indices !

Exemple

Personne 1

1. On travaille en ville ou à la campagne, peut-être dans une ferme.
2. On travaille avec toutes sortes d'animaux.
3. On porte une veste blanche.
4. On s'occupe des animaux malades.
5. Il faut être intelligent, calme et fort en sciences.
6. Il faut aimer travailler avec les animaux.
7. C'est bien payé.
8. On peut aider les animaux et les gens.
9. Il faut travailler en dehors des heures normales en cas d'urgence.
10. C'est assez stressant et souvent triste.

Personne 2

Le métier est vétérinaire.

Je sais décrire des métiers.

Allons-y 2

EXERCICE 15

Effectuez le quiz pour trouver le métier qui est fait pour vous.

Quel métier est fait pour vous ?

1. À l'école, quelle est votre matière préférée ?
   a. La géographie
   b. La biologie
   c. Le commerce
   d. L'anglais
   e. Le dessin

2. En classe, comment préférez-vous travailler ?
   a. Surtout seul(e), mais c'est bien d'avoir de l'aide.
   b. Avec un(e) partenaire.
   c. Comme chef de groupe.
   d. Dans un groupe.
   e. Seul(e).

3. Quelle phrase décrit le mieux votre personnalité ?
   a. Je suis optimiste et je travaille dur.
   b. Je suis compatissant(e), fidèle et attentif(ve).
   c. Je suis organisé(e) et je peux résoudre des problèmes.
   d. Je suis curieux(euse), courageux(euse) et confiant(e).
   e. Je suis créatif(ve), indépendant(e) et original(e).

4. Comment occupez-vous votre temps libre ?
   a. À l'extérieur, en plein air.
   b. En étudiant ou en discutant avec un ami.
   c. En jouant à des sports collectifs ou à des jeux de stratégie sur mon portable.
   d. En découvrant ce qui se passe dans le monde et écrire dans mon journal.
   e. En construisant des cabanes dans les arbres.

5. Avec qui préférez-vous passer du temps libre ?
   a. Avec des animaux.
   b. Avec mon meilleur ami.
   c. Avec mes coéquipiers.
   d. Avec de nouvelles personnes.
   e. Avec moi-même.

6. Quelle est votre émission préférée ?
   a. *The Supervet*
   b. *Grey's Anatomy*
   c. *Undercover Boss*
   d. *Exposé*
   e. *Grand Designs*

10 Le monde du travail

Si vous avez une majorité de A …
Vous seriez un(e) bon(ne) agriculteur(trice). Vous aimez la tranquillité de la campagne. Chez vous, vous promenez le chien et nourrissez le chat. Vous n'hésitez pas à vous salir les mains. La vie à la ferme peut être difficile, mais vous avez les qualités nécessaires.

Si vous avez une majorité de B …
Vous devriez être médecin ou infirmier(ère). Les gens vous font confiance avec leurs problèmes et vous êtes à l'aise en tête-à-tête. Vous devez travailler dur à l'école et au collège pour réaliser votre rêve.

Si vous avez une majorité de C …
Vous serez directeur(trice). Vous donnez tout pour permettre à votre équipe de gagner. Selon vos intérêts, vous pourriez travailler dans un bureau, un magasin, une école ou un club sportif. Quand vous parlez, les gens écoutent. Mais n'oubliez pas d'écouter ce que les autres ont à dire !

Si vous avez une majorité de D …
Vous pourriez être un journaliste formidable. Vous voulez tout savoir et le partager avec tout le monde. Vous êtes un orateur confiant ou un bon écrivain. Rejoignez le journal de l'école aujourd'hui !

Si vous avez une majorité de E …
Vous serez architecte. Vous avez de grandes idées et vous voulez les réaliser. Votre passion et votre créativité vous mèneront loin. Mais rappelez-vous que les architectes utilisent beaucoup les chiffres, alors faites aussi attention en maths !

EXERCICE 16

Quelles sont les qualités nécessaires pour les métiers suivants ?

Exemple

Pour être professeur, il faut être patient(e), intelligent(e) et organisé(e). On doit aimer les jeunes et en savoir beaucoup sur le sujet qu'on enseigne.

1. Médecin
2. Coiffeur(euse)
3. Avocat(e)
4. Cuisinier(ère)

Allons-y 2

L'argent de poche

- tonds la pelouse
- passe l'aspirateur
- fais la cuisine
- sors les poubelles
- promène le chien
- nourris le chat
- fais le repassage
- fais du babysitting
- range ma chambre

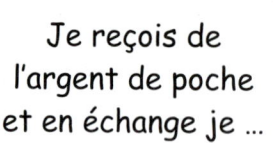

Je reçois de l'argent de poche et en échange je …

Des mots clés

| par semaine | per week | en échange | in exchange | dépenser | to spend |
| par mois | per month | recevoir | to receive | économiser | to save |

10.5 Écoutez !

Écoutez et répondez aux questions.

1.
   a. What age is Bastien?
   b. How much pocket money does he receive per week?
   c. What does he do to earn this pocket money?
   d. What is he saving up to buy with his pocket money?

2.
   a. What age is Odile?
   b. How much pocket money does she receive each month?
   c. What does she do to earn this pocket money?
   d. What does she do with her pocket money?

354 · trois cent cinquante-quatre

Junior Cycle French – Second and Third Year

EXERCICE 17

Lisez le texte et répondez aux questions.

Salut ! Je m'appelle Eva et j'ai douze ans. En échange de mon argent de poche, je promène notre chien et nourris le chat et le lapin. Ça ne me dérange pas car plus tard, je voudrais être vétérinaire. Je reçois cinq euros par semaine. C'est beaucoup car si j'ai besoin de quelque chose de cher, mes parents me l'achètent. J'achète un magazine sur les animaux avec mon argent de poche.

Bonjour. Je m'appelle Fabrice. J'ai quatorze ans. Je reçois cinquante euros par mois. Nous habitons à la campagne et je travaille dur pour gagner mon argent de poche. Notre jardin est énorme et une fois par semaine, je tonds la pelouse. Je lave aussi la voiture toutes les deux semaines. Elle devient très sale à force de conduire sur les routes de campagne. Je dépense mon argent en jeux vidéo.

Bonjour. Je m'appelle Valentin. J'ai treize ans. Je reçois dix euros par semaine. Je n'ai pas beaucoup de tâches à faire en échange de mon argent de poche. Je sors les poubelles une fois par semaine et fais la vaisselle tous les vendredis soir. C'est tout. Maintenant que je suis plus âgé, je vais proposer de faire plus de tâches ménagères en échange de plus d'argent de poche.

Salut ! Je m'appelle Simone et j'ai seize ans. En ce moment, mes parents me donnent vingt euros par semaine. Je dois utiliser cet argent pour prendre l'autobus en ville et déjeuner avec mes amis. En échange, je fais le repassage et passe l'aspirateur. J'espère trouver bientôt du travail dans un café du quartier, afin de pouvoir faire mon propre shopping.

1. Which animals does Eva look after in exchange for her pocket money?
   - ☐ Dog, cat and rabbit
   - ☐ Dog, fish and guinea pig
   - ☐ Cat, hamster and rabbit
2. What job would she like to do in the future?
3. What does she buy with her pocket money?
4. Where does Fabrice live?
5. How much pocket money does he receive?
   - ☐ €15 per week
   - ☐ €50 per month
   - ☐ €50 per week
6. What does he do in exchange?
7. How old is Valentin?
8. What does he do in exchange for his pocket money?
9. What offer is he going to make?
10. How much pocket money does Simone receive?
11. What does she do in exchange?
    - ☐ Takes out the bins and cleans
    - ☐ Irons and vacuums
    - ☐ Washes the dishes and cooks
12. Where is she hoping to find work?

EXERCICE 18

Par deux, parlez de l'argent de poche.
- Est-ce que tu reçois de l'argent de poche ?
- Combien d'argent de poche reçois-tu ?
- Quelles sont les tâches ménagères que tu fais à la maison ?
- Comment dépenses-tu ton argent de poche ?

Je sais parler de l'argent de poche.

10 Le monde du travail

trois cent cinquante-cinq

Allons-y 2

Le stage de travail

Pendant l'année de transition, vous ferez un stage de travail. Ces quelques semaines vous préparent pour le monde du travail.

Des mots clés

un stage de travail — work experience

EXERCICE 19

Lisez la lettre de Victor et répondez aux questions.

Nantes, le 10 avril

Cher Aaron,

Comment vas-tu ? Moi, je viens de finir mon premier stage de travail. J'ai fait un stage dans un restaurant près de chez moi, pendant cinq jours. C'était absolument génial ! J'ai aidé en cuisine. Au début, je faisais seulement la vaisselle, mais au bout de deux jours, je préparais les légumes. J'ai travaillé sur un ordinateur aussi pour prendre les commandes.

J'ai travaillé avec des gens sympas et patients. Il y avait deux cuisiniers et cinq serveurs. C'était bien de travailler en équipe. Le patron était un peu strict mais pas trop mal.

Les horaires étaient assez longs. Le lundi et le mardi, j'ai travaillé de 08h à 16h, et le mercredi, jeudi et vendredi j'ai travaillé de midi à 21h. J'étais très fatigué à la fin de la journée. L'école, c'est plus facile, c'est sûr !

J'ai vraiment aimé le stage. Et devine quoi ? Je vais travailler dans ce restaurant l'été prochain ! Je pense que plus tard je voudrais être cuisinier. C'est un bon emploi avec beaucoup de possibilités.

Et toi, as-tu fait un stage de travail ? Quand le faites-vous en Irlande ?

Victor

1. Où est-ce que Victor a fait son stage de travail ?
2. Quelles étaient les **trois** tâches qu'il a faites ?
3. Combien de serveurs y avait-il ?
4. Comment décrit-il le patron ?
5. Quels étaient les horaires de travail le mercredi ?
6. Trouvez deux inconvénients de ce métier.
7. Victor pense que le travail est plus facile que l'école. Vrai ou faux ?
8. Quel métier aimerait-il faire plus tard ?

Allez à la **page 120** de votre *Chef d'œuvre* pour compléter l'Activité 2 : Cher Victor.

10.6 Écoutez !

Écoutez et répondez aux questions.

1.
a. Where did Antoine do his work experience?
b. How long was his work experience?
c. Name two jobs he had to do every day.
d. Did he like this work experience?

2.
a. Where did Monique do her work experience?
b. What hours did she work?
c. Name two tasks she did.
d. Would she like to do this job in the future?

EXERCICE 20

Par deux, parlez d'un stage de travail.

Exemple

- Où veux-tu faire ton stage de travail en année de transition ?

  Je veux faire mon stage de travail dans un bureau d'architecte.

- Pourquoi ?

  Mes matières préférées sont les maths et le dessin, donc je pense que j'aimerai ce métier. C'est aussi un travail bien payé.

Je sais discuter du stage de travail que je voudrais faire.

trois cent cinquante-sept

Allons-y 2

Mon petit boulot

Des mots clés

un petit boulot — casual/student job

EXERCICE 21

Reliez les nombres avec les lettres.

1.	Je débarrasse les tables dans un restaurant.	a.	5.	Je lave les voitures dans un garage.	e.
2.	Je travaille à la caisse dans un magasin.	b.	6.	Je prépare des boissons dans un café.	f.
3.	Je sers les clients dans un fast-food.	c.	7.	Je livre des journaux dans le quartier.	g.
4.	Je remplis les rayons dans un supermarché.	d.	8.	Je balaie le sol chez un coiffeur.	h.

1.	2.	3.	4.	5.	6.	7.	8.

10.7 Écoutez !

Écoutez et répondez aux questions.

1.
   a. When did Marion start working in the supermarket?
   b. Where is the supermarket?
   c. What days does she work?
   d. How much does she earn per hour?
   e. Name two tasks she does at work.

2.
   a. Where is Noah's job?
   b. What days does he work?
   c. List three tasks he does at work.
   d. What three items of clothing are part of his everyday uniform?
   e. What extra item does he have to wear in the kitchen?

358 — trois cent cinquante-huit

Junior Cycle French – Second and Third Year

EXERCICE 22

Mettez les avantages et les inconvénients d'un petit boulot dans les colonnes appropriées.

- Je deviens plus indépendant.
- C'est difficile d'étudier et de travailler en même temps.
- Je gagne de l'argent.
- Je n'ai pas le temps de faire du sport.
- J'acquiers de l'expérience dans le monde du travail.
- Je suis fatigué(e).
- Je peux acheter des choses moi-même.
- Je fais des économies.
- Je fais de nouvelles rencontres.
- Je dois travailler le week-end quand mes amis sortent.

Les avantages	Les inconvénients

C'est intéressant !

En France, on peut commencer un petit boulot à 14 ans, avec la permission d'un parent.

EXERCICE 23

Par deux, parlez des petits boulots.

- Est-ce que tu as un petit boulot ?
- À quelle heure commences-tu le travail ?
- En quoi consiste le travail ?
- Quels sont les avantages d'avoir un petit boulot ?
- Quels sont les inconvénients d'avoir un petit boulot ?

Je sais parler de mon petit boulot.

10 Le monde du travail

trois cent cinquante-neuf

Allons-y 2

Postuler pour un travail

EXERCICE 24

Lisez les offres d'emploi et répondez aux questions.

EMPLOI

Chez Maxine

Nous recherchons :
CUISINIER
AIDE CUISINE
SERVEURS/EUSES

TÉLÉPHONE : 417 983 6754

COMPTABLE CMCD Paris

- Vous avez une expérience de 7 ans en entreprise
- Vous êtes organisé(e) et rigoureux(euse)
- Vous avez une excellente maîtrise d'Excel

Salaire : 45,000 € à 50,000 € / an

Envoyez-nous votre CV à grh@cmdcparis.fr

Hôtel Clancy cherche Réceptionniste

Profil demandé :
- Expérience de trois ans dans l'hôtellerie
- Capacité à parler français et anglais

Salaire : 1,500 € par mois

Postuler en ligne : www.hôtelclancymar/emploi.fr

A.

1. Astrid coupe les cheveux de ses clients, elle va postuler pour un emploi
   - [ ] Chez Maxine
   - [ ] au salon Jean-Louis
   - [ ] à l'hôtel Clancy
   - [ ] au lycée Saint-Martin

2. Renaud est cuisinier, il va postuler pour un emploi
   - [ ] à l'hôtel Clancy
   - [ ] au CMCD de Paris
   - [ ] au lycée Saint-Martin
   - [ ] Chez Maxine

3. Floria a de l'expérience pour répondre au téléphone, elle va postuler pour un emploi
   - [ ] au CMCD de Paris
   - [ ] à l'hôtel Clancy
   - [ ] au lycée Saint-Martin
   - [ ] Chez Maxine

4. Quentin enseigne la physique, il va postuler pour l'offre d'emploi
   - [ ] au salon Jean-Louis
   - [ ] à l'hôtel Clancy
   - [ ] au lycée Saint-Martin
   - [ ] au CMCD de Paris

Junior Cycle French – Second and Third Year

Des mots clés

postuler	to apply	un poste	position/job	les offres d'emploi	job vacancies

EMPLOI

Lycée Saint-Martin

Cherche professeur de physique et de maths

Type de contrat : temps partiel

Durée : 9 mois

Expérience de deux ans minimum sur un poste similaire requise.

Si vous êtes intéressé(e), envoyez-nous votre CV à l'adresse suivante :
Lycée Saint-Martin,
212 rue Fontaine,
31000 Toulouse

Salon Jean-Louis propose un poste de coiffeur/coiffeuse

Conditions :
- Expérience de 2 à 5 ans
- Passionné(e) de coiffure

Disponibilité le soir
(mercredi, jeudi et vendredi)

Postuler directement au salon

ÉLECTRICIEN(NE) QUALIFIÉ(E)

Expérience exigée : 8 ans

Qualités requises : motivation, ponctualité

Idéalement, vous avez un permis de conduire et un portable

Horaires : Temps plein

Merci d'envoyez votre CV et lettre de motivation à jean@electricitegen.fr

Pour plus d'informations vous pouvez nous contacter au : 09 08 43 67 87

---

10 Le monde du travail

B.

1. What type of business is Chez Maxine?
2. What kind of teacher is Lycée Saint-Martin seeking to employ?
3. Which evenings must those interested in the hairdresser job be available?
4. What must people applying for the receptionist post be able to do?
5. What qualities are necessary for the position of accountant?
6. What two things should people applying for the electrician role ideally have?
7. Which job requires applicants to have three years' experience?
8. How must applicants apply for the hairdresser position?
9. How must applicants apply for the electrician position?
10. Find the French for 'part time' and 'full time' in the text.

> Allez à la **page 122** de votre *Chef d'œuvre* pour compléter l'Activité 3 : Chercher un emploi sur Internet.

trois cent soixante et un   361

Allons-y 2

Des mots clés

une lettre de motivation	cover letter
Suite à l'offre d'emploi publiée dans / sur …	Following the job offer posted in/on …
Je pose ma candidature pour le poste de …	I would like to apply for the position of …
J'ai déjà travaillé comme …	I have already worked as a …
Je voudrais acquérir de l'expérience / améliorer mon français	I would like to gain experience/ improve my French
Je serai disponible à partir du …	I will be available from …
Veuillez trouver ci-joint mon CV / mes références	Please find attached my CV/my references

EXERCICE 25

Remplissez les blancs avec les mots.

> disponible   dernier   emploi   mes   depuis   mars   poste
> améliorer   déjà   vendeuse   acquérir   distingués

Retenez !
See **page 208** for a reminder of how to write a formal letter.

Miriam O'Neill
44 Westcourt Avenue
Ennis
Co. Clare
Irlande

Le Petit Trésor
6 Rue Porte de la Monnie
33800 Bordeaux
France

Ennis, le 21 _____

Madame,

Suite à l'offre d'_____ publiée sur Internet, je pose ma candidature pour le _____ de _____ dans votre magasin cet été.

Mon niveau de français est assez bon. J'étudie le français _____ trois ans. Je voudrais _____ de l'éxperience dans un magasin français et _____ mon français.

J'ai _____ travaillé dans une bijouterie en Irlande l'été _____ pendant trois mois. J'aime beaucoup travailler avec la clientèle.

Veuillez trouver ci-joints mon CV et _____ références.

Je serai _____ à partir du 5 juin.

Je vous prie d'agréer, Madame, l'expression de mes sentiments _____.

Miriam O'Neill

Allez à la **page 124** de votre *Chef d'œuvre* pour compléter l'Activité 4 : Postuler pour un travail.

Je sais postuler pour un travail en ligne et par lettre.

362   trois cent soixante-deux

Le conditionnel

The conditional tense (**le conditionnel**) is used to talk about what you would do. In English, the word 'would' goes in front of the verb. In French, the ending of the verb changes instead and there is no extra word used to mean 'would'.

Le conditionnel is formed by adding the imperfect endings (see page 316) to the future stem (see page 53). In other words, to say 'would' instead of 'will' use a different ending (e.g. **J'aiderai** is 'I will help' and **J'aiderais** is 'I would help').

For most **–er** and **–ir** verbs, the future stem is simply the infinitive form of the verb.

Verb	Conditional	Translation
aider	j'aiderais	I would help
donner	tu donnerais	you would give
finir	il / elle / on finirait	he/she/one would finish
jouer	nous jouerions	we would play
manger	vous mangeriez	you would eat
regarder	ils / elles regarderaient	they would watch

Remember that for **–re** verbs, you need to drop the –e before adding the ending.

Verb	Conditional	Translation
attendre	j'attendrais	I would wait
défendre	tu défendrais	you would defend
entendre	il / elle / on entendrait	he/she/one would hear
perdre	nous perdrions	we would lose
répondre	vous répondriez	you would respond
vendre	ils / elles vendraient	they would sell

Irregular stems

Any verb that has an irregular stem in the future has the same irregular stem in the conditional, but with the imperfect endings. You have already been using the conditional form of a verb with an irregular stem, **vouloir** (to want): **je voudrais**.

The following table shows the most common verbs with irregular stems, but there are others so if you are unsure, look up the verb.

Verb	Irregular stem	Conditional	Translation
aller	ir–	j'irais	I would go
avoir	aur–	tu aurais	you would have
devoir	devr–	il / elle / on devrait	he/she/one should
envoyer	enverr–	nous enverrions	we would send
être	ser–	vous seriez	you would be
faire	fer–	ils / elles feraient	they would do
pouvoir	pourr–	je pourrais	I would be able to/I could
recevoir	recevr–	tu recevrais	you would receive
savoir	saur–	il / elle / on saurait	he/she/one would know
venir	viendr–	nous viendrions	we would come
voir	verr–	Vous verriez	You would see
vouloir	voudr–	Ils / elles voudraient	They would want (like)

The conditional tense is often seen with the imperfect tense, i.e. something would happen on condition of something else happening. For example, **Si j'avais plus d'argent de poche, j'achèterais un nouveau jeu vidéo**.

Allons-y 2

EXERCICE 26

Conjuguez les verbes au conditionnel, puis traduisez les phrases en anglais.

1. Vous (parler) _____ anglais au bureau. _____
2. On (être) _____ content dans son lieu de travail. _____
3. Tu (devoir) _____ travailler plus dur. _____
4. Ils (avoir) _____ des métiers bien payés. _____
5. Je (vouloir) _____ acquérir de l'expérience. _____
6. Elle (donner) _____ de l'argent de poche à son fils. _____
7. Nous (finir) _____ le travail tôt le vendredi. _____
8. Vous (vendre) _____ des vêtements aux clients. _____
9. Il (faire) _____ du bon travail. _____
10. Elles (prendre) _____ le train pour aller travailler. _____

EXERCICE 27

Reliez les nombres avec les lettres.

1.	J'achèterais une voiture …	a.	si c'était mieux payé.
2.	Vous obtiendriez de meilleurs résultats …	b.	si nous avions des portables.
3.	Il postulerait pour le poste …	c.	si elle avait plus de temps.
4.	Ils viendraient à l'intérieur …	d.	s'il ouvrait.
5.	Nous enverrions des textos …	e.	si je pouvais conduire.
6.	Elle vendrait plus …	f.	s'il pleuvait.
7.	J'irais au magasin …	g.	si elle était plus forte.
8.	Tu entendrais la musique …	h.	si vous étudiez plus dur.

1.	2.	3.	4.	5.	6.	7.	8.

EXERCICE 28

Traduisez en français.

1. The dog would bite the postman. _____
2. They would help a lot of people. _____
3. They would hire bikes on holiday. _____
4. They would be sad if they lost the match. _____
5. She would travel if she had the money. _____
6. If I received more pocket money, I would do the dishes. _____
7. She would answer the question if she knew the answer. _____
8. They would work harder if they were better paid. _____

Allez à la **page 74** de votre *Trousse de grammaire* pour compléter les exercices : Le conditionnel.

Je connais le conditionnel des verbes communs et quand il faut l'utiliser.

L'entretien d'embauche

EXERCICE 29

Lisez la bande dessinée et répondez aux questions.

Retenez !
Always use **vous** in a job interview role play and address each other as **Madame / Monsieur**, as it is a formal situation.

Candidate : Bonjour, Monsieur. Je viens pour l'entretien pour le poste de réceptionniste.
Intervieweur : Bonjour, Madame. Asseyez-vous.

Intervieweur : Parlez-moi de vous. Quelles sont vos qualités ?
Candidate : Je suis organisée, amicale et patiente.

Intervieweur : Quelle expérience avez-vous ?
Candidate : J'ai fait un stage de travail dans un hôtel.

Intervieweur : Parlez-moi des tâches que vous avez effectuées.
Candidate : J'ai répondu au téléphone, j'ai aidé les clients et j'ai utilisé l'ordinateur.

Intervieweur : Qu'est-ce que vous voudriez faire plus tard ?
Candidate : Quand j'aurai beaucoup d'expérience, je voudrais être directrice d'hôtel.

Intervieweur : Et pourquoi voudriez-vous travailler dans cet hôtel ?
Candidate : L'Hôtel Bellevue a une bonne réputation. Je pense que j'aimerais travailler ici.

10 Le monde du travail

Allons-y 2

Intervieweur : Quand seriez-vous disponible pour commencer ?
Candidate : Je serai disponible début juin.

Intervieweur : Merci beaucoup d'être venue. Je vous téléphonerai plus tard dans la semaine.
Candidate : Au revoir, Monsieur. Je vous remercie.

1. What job is the interview for?
2. What are the candidate's qualities?
3. What tasks did she do during her work experience?
4. What job would she like to do in the future?
5. Why does she want to work at Hôtel Bellevue?
6. When would she be available to start the job?
7. How and when will the interviewer contact her?
8. Identify one past tense, one future tense and one conditional phrase.

Retenez !

As well as using the past tenses (to describe your experience) and the future tense (to talk about your ambitions), the conditional tense is commonly used in job interviews. This is because much of the discussion is about what you **would** do if you got the job.

10.8 Écoutez !

Écoutez l'entretien d'embauche et répondez aux questions.

1. What job is the interview for?
2. Name two of the candidate's qualities.
3. When did the candidate work in a similar job?
   - [ ] During the summer holidays
   - [ ] Last Christmas
   - [ ] As work experience
4. Name two of the tasks he did in that post.
5. Why does he want to work for this employer?
6. When can he start?
   - [ ] Next month
   - [ ] Straight away
   - [ ] On Monday

EXERCICE 30

Par deux, utilisez les informations ci-dessous pour effectuer un entretien d'embauche. Jouez les rôles de l'intervieweur et du candidat / de la candidate.

Intervieweur **Candidat(e)**

> Greet the candidate and ask them to take a seat. Ask them what their qualities are.

>> You are friendly and you are a hard worker.

> Ask if they have any experience working in a restaurant.

>> Yes. You helped at your aunt's restaurant last summer.

> Ask what their tasks were.

>> You took orders and sometimes you helped in the kitchen.

> Ask when they would be available to start.

>> You would be available to start next week.

> Thank the candidate for coming and say you will send them an email tomorrow.

>> Say goodbye and thank them for the opportunity.

Je peux passer un entretien d'embauche.

EXERCICE 31

En classe, parlez des grèves.
- Y a-t-il eu une grève dans les actualités récemment ?
- Quels travailleurs étaient en grève ?
- Que veulent-ils ?
- Ont-ils réussi ?
- Qui a été affecté par la grève (par exemple, les passagers du train) ?

10 Le monde du travail

trois cent soixante-sept

Allons-y 2

Le dossier francophone : Le Togo

Le drapeau :

C'est intéressant !

L'artiste Paul Ahyi a conçu le drapeau du Togo. Les bandes vertes du drapeau symbolisent l'espoir et l'agriculture.

La population : 7,800 millions

La capitale : Lomé

La monnaie : Le franc CFA (Communauté Financière Africaine)

Des montagnes : Le Mont Agou, le Mont Sokbaro

Des rivières : Le Mono, la rivière Oti, le Lac Togo

Le temps : Un climat tropical. Il y a des variations annuelles de température au sud (de 23 à 32 degrés) et au nord (de 18 à 38 degrés)

Des personnes célèbres : Emmanuel Adebayor (joueur de football), Paul Ahyi (artiste), Adzo Kpossi (nageuse), Kossi Efoui (écrivain)

La nourriture : Le gboma dessi (mouton, poisson séché, épinards, crabe et crevettes), le koklo meme (poulet grillé avec de la sauce chili), le riz sauce d'arachide (riz avec de la sauce aux cacahuètes)

Des fêtes : La Fête de l'indépendance (avril), la Fête historique des Ewé, Agbogbo-Za (septembre), Epé Ekpé (septembre)

C'est intéressant !

À l'âge de 13 ans, la nageuse Adzo Kpossi était la plus jeune athlète aux Jeux Olympiques de 2012 à Londres.

C'est intéressant !

Epé Ekpé est un festival vaudou qui a lieu chaque année dans le village de Glidji. Le vaudou est une religion ancienne. Pendant les célébrations, les croyants portent du blanc, dansent, chantent et entrent en transe.

Étude de cas

Lisez le texte et répondez aux questions.

1. Projects Abroad est une association caritative qui propose des stages de travail à l'étranger. Il a des bureaux dans 50 pays dont un à Lomé, la capitale du Togo.

2. Au Togo, les bénévoles peuvent faire un stage de travail en tant que professeur, agriculteur(trice), avocat(e), journaliste, entraîneur(euse) sportif(ve), artiste, infirmier(ère) ou dentiste. On peut faire du bénévolat pendant une semaine, un mois, tout l'été ou pour une année sabbatique.

3. Les bénévoles travaillent aux côtés des habitants dans le métier qu'ils ont choisi. Projects Abroad rappelle aux volontaires qu'ils travailleront dans de vrais lieux de travail. Ils doivent donc avoir les qualités suivantes : être travailleurs, ponctuels et sérieux.

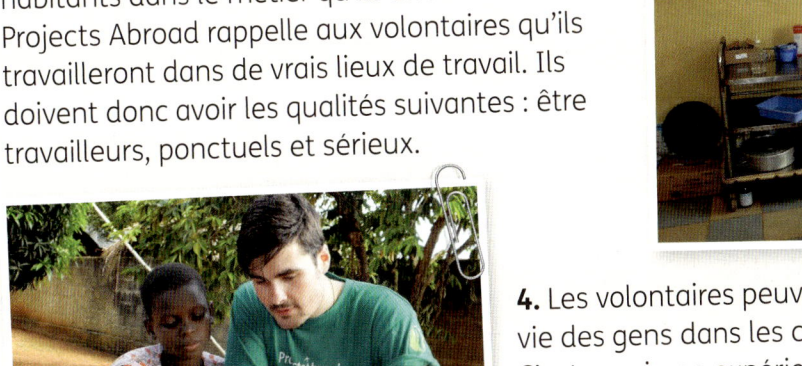

4. Les volontaires peuvent aider à améliorer la vie des gens dans les communautés togolaises. C'est aussi une expérience inoubliable pour les bénévoles. Ils peuvent apprendre beaucoup de la culture togolaise, améliorer leur français et acquérir de l'expérience de travail.

1. What is Projects Abroad? (Section 1)
2. What do they have in 50 countries? (Section 1)
3. Name the five jobs that volunteers can do in Togo. (Section 2)
4. What is the shortest period volunteers can work for? (Section 2)
5. What do you think **une année sabbatique** is? (Section 2)
6. What do Projects Abroad remind their volunteers about? (Section 3)
7. What three qualities must volunteers have? (Section 3)
8. What three things can volunteers gain from the experience? (Section 4)

Allez à la **page 127** de votre *Chef d'œuvre* pour compléter l'Activité 5 : Un stage de travail au Togo avec Projects Abroad.

10 Le monde du travail

Junior Cycle French – Second and Third Year

Résumé

EXERCICE A

Remplissez la grille de mots croisés.

Horizontalement

2.  (6)
4.  (8)
6. (10)
7.  (8)
9.  (8)
10.  (9)

Verticalement

1.  (6)
3.  (8)
5.  (8)
8.  (5)

EXERCICE B

Devinez les métiers à partir des lieux de travail.

1. Ma tante travaille dans une école primaire. Elle est p_____.
2. Bastien travaille dans un garage. Il est m_____.
3. Je pilote un avion. Je suis p_____.
4. Charlotte travaille dans un salon de coiffure. Elle est c_____.
5. Zara travaille dans un magasin de vêtements. Elle est v_____.
6. Ma mère travaille dans une pharmacie. Elle est p_____.
7. Mon oncle travaille dans les trains. Il est c_____.
8. Paul travaille dans une cuisine. Il est c_____.

EXERCICE C

Écoutez et remplissez la grille.

		Job	Place of work	Advantage	Disadvantage
1.	George				
2.	Sabine				
3.	Hugo				
4.	Emma				

C'est intéressant !

L'expression « être sur le pont » signifie être prêt pour l'action.

EXERCICE D

Remettez les mots dans le bon ordre.

1. j'étudie depuis ans le trois français
2. le ma pour je candidature poste pose
3. comme vendeur j'ai travaillé déjà
4. consiste en travail quoi le
5. je partir juin serai à disponible de
6. jointes veuillez références ci trouver mes
7. pas je peur n'ai de dur travailler
8. acquérir de expérience voudrais je l'

trois cent soixante et onze

Allons-y 2

EXERCICE E

Écoutez la conversation et remplissez les blancs.

- Qu'est-ce que ta mère fait _____ travail ?
- Ma mère est _____ d'anglais.
- Où est-ce qu'elle travaille ?
- Elle travaille dans un _____ au centre-ville, à environ _____ kilomètres de notre maison.
- Est-ce qu'elle _____ son travail ?
- Elle aime _____ son travail la plupart du temps, mais il peut être dur quelquefois. Elle aime bien les _____ et les vacances, mais elle passe beaucoup de _____ le soir à corriger les _____.
- Pour être professeur, il faut avoir quelles _____ ?
- Ma mère me dit qu'il faut être _____, calme, _____, et avoir un bon sens de l'humour. En plus il faut avoir une grande passion pour sa _____.
- Est-ce que tu _____ être professeur aussi ?
- Non, je n'ai pas assez de patience pour _____ avec les jeunes. C'est difficile de choisir un _____ à l'âge de quinze ans, mais je m'intéresse beaucoup à la _____. Peut-être que j'étudierai les _____ à l'université et après ça, on verra.

EXERCICE F

C'est le présent, le futur simple, le futur proche, le passé composé, l'imparfait, le conditionnel ou l'impératif ? Indiquez la réponse après chaque phrase.

1. Je suis allée au cinéma hier. _____
2. Il pleuvra demain. _____
3. Il fait le ménage chaque semaine. _____
4. Je ferais mon lit. _____
5. Il attendrait le train. _____
6. J'étais fatigué après le concert. _____
7. Ils viendront en vacances avec nous. _____
8. Nous restons dans un bel hôtel. _____
9. Ils me donneraient une voiture. _____
10. Vous avez pris le train. _____
11. Elles devront travailler dur pour le brevet. _____
12. Parlez français s'il vous plaît. _____
13. L'école commencerait plus tôt. _____
14. Nous mangerions de la pizza. _____
15. Elles sont sorties le week-end dernier. _____

EXERCICE G

Lisez le texte et remplissez les blancs avec les mots.

> boulot   travail   boissons   poche   voudrais   reçois   assez   nourris   fort
> prends   devenir   effectuer   propre   rencontres   fenêtres

Je m'appelle Olivier et j'ai seize ans. Je ne _____ pas d'argent de _____ de mes parents, mais je dois aider à la maison. Tout le monde a ses propres tâches à _____. Je lave les _____ une fois par mois et je _____ le chien tous les jours. J'ai un petit _____ où je gagne mon _____ argent. Je travaille dans un restaurant italien au coin de la rue. Je _____ les commandes et je prépare les _____ et les plats à emporter. Le _____ est varié et j'aime faire de nouvelles _____. Les horaires sont _____ longs. Plus tard, je ne _____ pas travailler dans un restaurant. Je voudrais _____ ingénieur, car je suis _____ en maths.

EXERCICE H

Traduisez en français.

1. We would go on holidays.

   _____

2. I would work long hours at the office.

   _____

3. You (formal) would give a lot of money to charity.

   _____

4. He would become a doctor.

   _____

5. You would watch a lot of television.

   _____

6. Jeanne would choose some fruit.

   _____

7. I would take out the bins.

   _____

8. They would play football on Saturday.

   _____

Allons-y 2

EXERCICE I

Lisez le texte et répondez aux questions.

Je m'appelle Fabien Moreau et je suis journaliste. Pour être journaliste il faut avoir un esprit curieux et créatif. On doit savoir s'adapter. Chaque jour est différent pour moi et le travail de journaliste a beaucoup changé ces dernières années grâce à la technologie. Tout le monde veut les dernières nouvelles sur son portable. J'ai beaucoup voyagé avec mon métier et je me suis trouvé dans des situations souvent tristes et dangereuses.

Je m'appelle Chantelle Barre, et pour moi, mon emploi est aussi ma grande passion. Je suis cuisinière dans un hôtel cinq étoiles. Mes journées sont longues. Chaque matin je vais au marché pour acheter les meilleurs produits frais, surtout le poisson et la viande. Après, je prépare la carte du jour. Je travaille en équipe avec les autres chefs et les serveurs. Pour être cuisinier, il faut adorer la nourriture. Pour moi, c'est une forme de vocation.

Je m'appelle Aude Perrot et je suis directrice de ma propre entreprise depuis quinze ans. J'emploie trois autres personnes dans mon bureau : une secrétaire, un comptable et un informaticien. Au début, c'était très dur. Pour être directeur, il faut être organisé et juste. Vous devez également travailler dur et gagner le respect de vos employés. J'aime mon travail, mais il peut être stressant de savoir que les autres comptent sur moi pour leurs salaires.

Je m'appelle Léonard Tolbert. Je suis plombier. Je suis sur la route toute la semaine. Ma camionnette est mon bureau ! Je travaille seul et quelquefois ce serait bien d'avoir des collègues pour bavarder, mais je fais de nouvelles rencontres tous les jours. Je peux choisir mes heures et passer du temps avec ma famille quand je veux. Parfois, je reçois un appel d'urgence pendant la nuit, ce qui n'est pas très amusant !

1. Name two qualities necessary to be a journalist, according to Fabien.
2. How has a journalist's job changed in recent years?
3. Where does Chantelle work?
4. Where does she go in the mornings?
5. What staff does Aude employ?
6. What qualities are necessary to be a boss?
7. What stresses Aude out?
8. Where is Léonard's office?
9. What does Léonard say would be nice?
10. What sometimes happens to Léonard during the night?

EXERCICE J

Lisez la lettre de Sinéad et répondez aux questions.

Birr, le 3 mars

Cher Pierre,

Comment vas-tu ? Devine quoi ? J'ai de la chance car je viens de trouver un petit boulot dans un supermarché près de chez moi. Les horaires de travail ne sont pas trop mal. Je commence le samedi matin à 10h et je finis à 18h30. De temps en temps, je dois aussi travailler le dimanche après-midi.

À mon avis, le travail est facile. Je sers les clients et je mets les produits en rayon. Je gagne 9,50 € de l'heure. Je vais faire des économies pour aller en vacances en Espagne cet été.

Ma mère n'est pas contente de mon petit boulot. Elle pense que je suis trop fatiguée pour l'école mais tout va bien ! Quant à moi, je pense que je suis plus indépendante et j'acquiers beaucoup d'expérience.

Est-ce que tu as un petit boulot ?

Amitiés,

Sinéad

1. Where is Sinéad's new job?
2. What hours does she work?
3. What tasks does she do in work?
4. How much does she earn?
5. What is she saving for?
6. What does her mother think about her job?
7. What does Sinéad think?
8. Find:
   a. a verb in the present tense.
   b. a verb in the near future (**le futur proche**).
   c. a verb in the infinitive.
   d. a verb in the negative.
   e. a possessive adjective.

Allez à la **page 128** de votre *Chef d'œuvre* pour compléter l'Activité 6 : Chère Sinéad.

Allons-y 2

EXERCICE K

Écoutez la conversation et remplissez la grille.

	Charlotte	Aurélien
Âge		
Date d'anniversaire		
Tâches ménagères		
Argent de poche		
Petit boulot		

EXERCICE L

Lisez la conversation par texto et répondez aux questions en anglais.

AUJOURD'HUI

Victor : Peux-tu travailler ce soir ?

Sophie : Oui, pas de problème. Pourquoi as-tu besoin de moi ?

Victor : Sylvie est malade à cause du COVID.

Sophie : Pauvre Sylvie ! Est-ce que je vais travailler en cuisine ou comme serveuse ?

Victor : Comme serveuse. Nous aurons beaucoup de travail ce soir – nous avons une grande table pour une fête d'anniversaire.

Sophie : Ma sœur Marie peut aider en cuisine si vous voulez ?

Victor : Oui Sophie, ce serait formidable ! Si elle travaille bien, je peux lui offrir un petit boulot.

1. When does Victor ask Sophie to work?
   - ☐ This afternoon
   - ☐ This evening
   - ☐ Tomorrow
2. Why does Victor need Sophie to work?
3. What job in the restaurant will Sophie be doing tonight?
4. Why does Victor say the restaurant will be busy?
   - ☐ It's the weekend
   - ☐ They are fully booked
   - ☐ There is a large birthday party booked
5. What does Sophie say her sister can do?
6. What does Victor say about Sophie's sister?

Le texte authentique

Regardez l'affiche et répondez aux questions en français.

Opération JOBS D'ÉTÉ et petits boulots

SAMEDI 1ER FÉVRIER 2020
10H-13H

Place Albert Jacquard Bât. 13
Quartier Ferrié - LAVAL

RENCONTRE AVEC LES EMPLOYEURS
CV, LETTRE DE MOTIVATION
ESPACE MOINS DE 18 ANS
INFOS CONSEILS…

Centre Information Jeunesse
Place du 18 Juin - 53000 LAVAL
02 43 49 86 55 - cij@laval.fr

1. À quelle date a lieu l'événement ?
2. L'événement commence à quelle heure ?
3. L'événement se termine à quelle heure ?
4. Où se déroule l'événement ?
5. Qui les participants peuvent-ils rencontrer ?

10 Le monde du travail

Évaluation en classe

CBA 2: The Student Language Portfolio

Faites une présentation : mon travail de rêve

1. Research and write a presentation about the job you would love to have in the future, including:

    - the job title
    - why you would like to do this job
    - any qualifications or experience you would need
    - where you would work
    - a description of the tasks you would have to do.

2. Make your presentation to the class or display it in the form of a poster.

3. Go to **page 178** of your *Chef d'œuvre* to reflect on your text:
    - Things you like about this text (its strengths).
    - Comment on what you learned from creating this text.
    - Say what you would do differently next time.

Allez à la **page 130** de votre *Chef d'œuvre* pour évaluer ce que vous avez appris au chapitre 10.

11 L'actualité

Demandez les dernières nouvelles !

Dans ce chapitre, vous allez étudier :
In this chapter, you will study:

- Le journal 380
  The newspaper
- Donner votre avis 390
  Giving your opinion
- Les catastrophes naturelles 392
  Natural disasters
- Être un bon citoyen 400
  Being a good citizen

Grammaire
Grammar

- L'adjectif **tout** 385
  The adjective tout
- Les pronoms objets 388
  Object pronouns
- Le pronom **y** 396
  The pronoun y
- Les adjectifs interrogatifs 398
  Interrogative adjectives

Culture
Culture

- Les journaux en France 384
  Newspapers in France
- Un roman français : *No et moi* 402
  A French novel: *No et moi*
- Le dossier francophone : La Louisiane, aux États-Unis 404
  The francophone file: Louisiana, USA
- Le texte authentique : une affiche – « Ne jouez pas avec le feu » 412
  Authentic text: a poster – 'Don't play with fire'

- Résumé 406
  Revision
- Évaluation en classe : Faites une vidéo – un bulletin d'actualité 414
  Classroom-Based Assessment: Make a video – a news bulletin

trois cent soixante-dix-neuf   379

Allons-y 2

Le journal

la une

La Terre

Magazine hebdomadaire gratuit **Sous Terre** à l'intérieur

Mardi 6 mars   1,50 €   www.laterre.fr/abonnement   Quotidien

le gros titre

Un bus sans conducteur fait son premier voyage à Paris

une photo

La Navette Autonome sur l'esplanade de La Défense hier

L'avenir des transports en commun a fait son premier arrêt dans la capitale cette semaine. La Navette Autonome est conçue par NAVYA. L'entreprise française, basée à Villeurbanne, est pionnière dans le domaine des véhicules électriques.

Le bus sans conducteur peut atteindre les 45 km/h et peut transporter quinze passagers à la fois. Les trois premiers bus de la flotte opèrent sur l'Esplanade de La Défense et circuleront toutes les dix minutes. Page 4

une légende

EN BREF
International

États-Unis : Une tempête frappe les États du sud
Page 2

Politique

Le Président obtient un score élevé dans les derniers sondages
Page 7

Économie

Une nouvelle usine à Lyon crée 500 emplois
Page 12

Culture

Le meilleur de la Semaine de la mode
Page 18

Des mots clés

le journal	newspaper
l'actualité	news
à la une	on the front page
le gros titre	headline
un quotidien	daily newspaper/magazine
un hebdomadaire	weekly newspaper/magazine
un abonnement	subscription
une colonne	column
une critique	review
la météo	weather report
les petites annonces	classifieds
les jeux	games/puzzles
la bande dessinée	cartoon/comic strip
l'horoscope	horoscopes
le guide des programmes télé	TV guide
le sport	sports (section)

11.1 Écoutez !

Écoutez et répétez le vocabulaire de l'actualité.

EXERCICE 1

Regardez la une de la page 380 et répondez aux questions.

1. What is the issue date?
2. How much does the paper cost?
3. Is this a daily or weekly newspaper?
4. Summarise the headline story.
5. Which country is named in the international section of the news in brief?
6. What is the subject of the economy news in brief?
7. What event is the culture news in brief about?
8. What is free inside the newspaper?

Allez à la **page 134** de votre *Chef d'œuvre* pour compléter l'Activité 1 : À la une

Allons-y 2

EXERCICE 2

Reliez les gros titres avec les photos.

1.		a.	Une course automobile en plein centre-ville de Monaco
2.		b.	Alerte au brouillard de pollution à Pékin
3.		c.	Ça roule pour le Tour de France
4.		d.	Naissance du troisième bébé royal à Londres
5.		e.	Les cheminots en grève
6.		f.	Matches interrompus par la pluie à Roland-Garros

1.	2.	3.	4.	5.	6.

382 trois cent quatre-vingt-deux

C'est intéressant !

Le Gorafi (legorafi.fr) est l'équivalent français de nos Waterford Whispers News. Voici des exemples de gros titres du journal en ligne satirique :

Grâce au changement d'heure, un insomniaque reste éveillé une heure de plus

Malgré son 2 en géographie au BAC, il se lance dans la traversée de l'Allemagne à la voile

11.2 Écoutez !

Écoutez et répondez aux questions.

1. On what date did a fire take place at Notre-Dame Cathedral?
2. How many people visit the historic monument every year?
   - ☐ Between 10 and 12 million
   - ☐ Between 11 and 12 million
   - ☐ Between 12 and 14 million
3. What part of the building was destroyed?
4. What did the firefighters save?
5. Within what period of time does Macron want to have the cathedral restored?

Allons-y 2

Les journaux en France

1. En France, un foyer sur quatre achète un journal tous les jours. La livraison à domicile des journaux est très rare en France et la plupart des gens achètent les quotidiens dans un kiosque. Quand on a un abonnement, le journal est envoyé par la poste.

2. Les deux principaux quotidiens sont *Le Figaro* et *Le Monde*. *Le Figaro* a été publié pour la première fois en 1826 : c'est le plus vieux quotidien du pays. *Le Figaro* est publié tous les matins et *Le Monde* est publié tous les après-midis. Les éditions du samedi sont plus importantes, car il y a peu de journaux du dimanche en France.

3. *L'Équipe*, un journal dédié à l'actualité du sport, est l'un des quotidiens les plus vendus en France. Il rapporte les dernières nouvelles dans de nombreux sports, y compris le football, le tennis, le cyclisme et le rugby. Un magazine gratuit, *Sport et Style*, est livré avec l'édition du samedi.

4. On lit plus souvent la presse régionale que nationale. Les journaux régionaux comprennent *Le Journal du Centre*, *Le Parisien* et *Nice-Matin*. D'ailleurs, c'est un journal régional, *Ouest-France*, qui est le journal le plus lu en France.

5. Comme dans le reste du monde, la presse écrite en France est en déclin. Il y a une chute des ventes de journaux car les gens utilisent Internet pour se tenir informés de l'actualité. Tous les journaux traditionnels ont maintenant leur propre site web et leur appli.

EXERCICE 3

Lisez le texte ci-dessus et répondez aux questions.

1. How many French households buy a paper daily? (Section 1)
2. Where do most French people buy newspapers? (Section 1)
3. How do subscribers receive their papers? (Section 1)
4. What is the country's oldest newspaper called? (Section 2)
5. At what time of day does *Le Monde* come out? (Section 2)
6. On what day of the week do only a few papers come out? (Section 2)
7. Name three sports covered by *L'Équipe*. (Section 3)
8. What comes with its Saturday edition? (Section 3)
9. What would your regional newspaper be if you lived on the Côte d'Azur? (Section 4)
10. What fact is given about regional paper *Ouest-France*? (Section 4)
11. Find the phrase 'Print media in France is in decline.' (Section 5)
12. What two things do all the traditional newspapers now have? (Section 5)

Je connais les différentes parties d'un journal.

L'adjectif tout

The adjective **tout** means 'all', 'every', or 'whole'. There are four versions of **tout** in French, as it must agree in gender and number with the noun it comes before.

Masculine	Singular	tout	Il était **tout** seul à la maison.
	Plural	tous	Je fais mes devoirs **tous** les jours.
Feminine	Singular	toute	Nous allons à l'école **toute** la semaine.
	Plural	toutes	**Toutes** les filles sont ici.

Many common French phrases include **tout**.

en tout cas	in any case	tout à fait	exactly/absolutely
malgré tout	nevertheless	tout à l'heure	right away/a moment ago
pas du tout	not at all	tout d'un coup	all of a sudden
pour tout dire	to be honest	tout de suite	immediately
tous / toutes les deux	both	tout le monde	everyone
tous les jours	every day	tout le temps	all the time
tous les deux jours	every other day	tout va bien	all is well

EXERCICE 4

Complétez les phrases avec la forme de **tout** qui convient puis traduisez en anglais.

1. Le journal est publié _____ les matins. _____
2. _____ le monde est sympa en Irlande. _____
3. _____ les profs ici sont gentils. _____
4. Je joue au foot _____ les jours de la semaine. _____
5. _____ les fleurs ont fleuri. _____
6. J'ai travaillé dur _____ l'année. _____
7. Je le ferai _____ à l'heure ! _____
8. _____ la classe doit être à l'heure. _____
9. Il a perdu _____ son argent. _____
10. Je vais en France _____ les étés. _____
11. _____ ma famille a les cheveux bruns. _____
12. Le samedi, Patrick sort avec _____ ses amis. _____

C'est intéressant !

Quelques expressions françaises incluent l'adjectif « tout ». Trouvez les significations des expressions « En faire tout un fromage » et « Ne mets pas tous tes œufs dans le même panier » !

Allez à la **page 78** de votre *Trousse de grammaire* pour compléter les exercices : L'adjectif **tout**.

Je sais utiliser l'adjectif **tout**.

trois cent quatre-vingt-cinq

Allons-y 2

12   Mardi 6 Mars

PETITES ANNONCES

IMMOBILIER

1. Maison 6 pièces 250,000 €

Salon, 3 chambres, cuisine, sdb avec baignoire et douche. Garage de 24 m².

Tél. 0867993827

Réf. annonce : 6754

2. Appartement 4 pièces 127,000 €

(1er étage) salon/cuisine ouverte, 2 chambres et sdb. Place de parking et cave.

Plus d'informations sur www.immobiliermoreau.com
Réf. annonce : 8753

3. Maison 6 pièces 390,500 €

Salon, cuisine équipée, 4 chambres, salle de jeux. Garage double, véranda et terrasse couverte.

Tél. 0866420915

Réf. annonce : 7520

AUTO

4. Citroën C5

20,215 km. 2,200 €. Année : 2008. Blanche. Diesel.

Tél. 0867620193

Réf. annonce : 9973

5. Peugeot 307

50,800 km. 3,900 €. Année : 2010. Rouge. Essence.
Tél. Marc 0869853480

Réf. annonce : 2234

6. Renault Clio

139,008 km. 2,700 €. Année : 2002. Noire. Diesel.
Tél. Alice 0865610963

Réf. annonce : 4610

À VENDRE

7. Clavier électronique

Marque : Yamaha. Fonctionne parfaitement. 100 €.

Tél. 0866710948

Réf. annonce : 0007

8. Vélo enfant

Bon état. Bleu. Équipé d'un panier à l'avant. 50 €.

Tél. 0863347801

Réf. annonce : 7762

9. Sac à main cuir

De couleur gris. Dimensions : 23 x 22 cm. 2 grandes poches intérieures. 120 €.

Tél. 0864112094

Réf. annonce : 5053

ANIMAUX

10. Chien bouledogue français

Femelle, 2 ans, noire, vaccinée. Certificat de bonne santé délivré par le vétérinaire.

Tél. 0868742017

Réf. annonce : 5000

11. Chat perdu

Pelage tigré marron foncé et beige, yeux jaunes, âgé de 7 ans, pucé, stérilisé. Il a peur et ne se laissera

---

EXERCICE 5

Regardez les petites annonces et répondez aux questions.

1. What features does the bathroom in ad 1 have?
2. Which ad would you answer if you wanted accommodation with parking?
3. Which ad would you answer if you wanted a petrol car?
4. What colour is the Renault Clio?
5. What is being sold in ad 7?
6. What colour is the handbag for sale?
7. How do we know the dog for sale is healthy?

www.laterre.fr/abonnement

La Terre

pas approcher facilement. Si vous le voyez, merci de nous contacter. Récompense à celui ou celle qui aidera à le retrouver.

Tél. 0868530917
Réf. annonce : 7621

12. Garde d'animaux chez vous

Je me propose de garder vos animaux la journée durant votre absence. Chats, lapins, oiseaux et chiens de petite taille. Bons soins assurés.

Tél. 0866720981
Réf. annonce : 6501

SERVICES

13. Cours de maths

Professeur expérimentée. Disponible le week-end et le jeudi soir.

Tél. 0866740810
Réf. annonce : 3208

14. Services ménage

Marre du repassage ? Je propose mes services pour vos tâches ménagères. 12 euros de l'heure. Petites ou grandes maisons.

Tél. Marie 0868305499
Réf. annonce : 1064

15. Baby-sitting

J'ai 19 ans. J'aime les enfants. Je propose mes services pour m'occuper de vos enfants (repas, bain, brossage des dents, coucher et aide aux devoirs).

Tél. Carine 0867106301
Réf. annonce : 8008

EMPLOI

16. Serveur/euse

Restaurant de quartier. 12 heures par semaine (mardi soir et samedi). 10 €/h. De préférence avec expérience.

Tél. 0867401864
Réf. annonce : 9956

17. Plombier qualifié

Expérience exigée : 3 ans. Doit avoir son propre véhicule.

Envoyez votre CV à paul@servicesplomb.fr
Réf. annonce : 2257

18. Recherche bénévoles

Groupe de défense de l'environnement recherche des bénévoles sensible au gaspillage. Samedi de 9h à 12h et de 14h à 18h.

Tél. 0861095634
Réf. annonce : 0827

---

8. What does the missing cat look like?
9. What animals will the petsitter look after?
10. When are maths lessons available?
11. What question is asked in ad 14?
12. What types of houses will Marie work in?
13. What daily tasks will the babysitter do?
14. Which ad would you answer if you wanted to work as a waiter?
15. What must the plumber have?
16. What must volunteers replying to ad 18 be aware of?

Allons-y 2

Les pronoms objets

Pronouns are words that replace nouns (people, things). When you started French, you learned the subject pronouns (**je**, **tu**, **il**, **elle**, **on**, **nous**, **vous**, **ils**, **elles**). Object pronouns replace the thing or person that an action is done to (i.e. the object of the sentence). They generally come before the verb. Look at the following example:

Pierre   mange   le gâteau.   ➡   Pierre **le** mange.
(subject)   *(verb)*   *(object)*

Here, the **le** is standing in for **le gâteau**.

Les pronoms objet direct

Most French verbs take direct object pronouns. Note that if the verb starts with a vowel, the direct object pronouns for 'me', 'you', 'him', 'her' and 'it' drop their vowel and are joined to the verb with an apostrophe.

Direct object pronoun	Translation	Example
me / m'	me	Elle **me** cherche
tu / t'	you	Je **t'**aime
le / l'	him/it	Tom **le** regarde
la / l'	her/it	Elle **la** lit
nous	us	Ils **nous** aident
vous	you	Je **vous** entends
les	them	Nous **les** connaissons

Les pronoms objet indirect

In French, the object that is replaced by an indirect object pronoun in a sentence is *always a person*. Verbs that take indirect object pronouns are followed by the preposition **à** ('to') when they describe an action done to a person. Some of the common verbs that take the indirect object pronoun are:

demander à	to ask of	parler à	to talk to
dire à	to say to	présenter à	to introduce to
donner à	to give to	raconter à	to tell to
écrire à	to write to	rendre visite à	to pay a visit to
envoyer à	to send to	répondre à	to answer to
expliquer à	to explain to	téléphoner à	to call to
montrer à	to show to	vendre à	to sell to
offrir à	to give to		

388 trois cent quatre-vingt-huit

Again, if the verb starts with a vowel, the indirect object pronouns for 'me' and 'you' drop their vowel and are joined to the verb with an apostrophe. However, note that there is only one indirect object pronoun for 'him' and 'her'.

Indirect object pronoun	Translation	Example
me / m'	(to) me	Il **me** répond
te / t'	(to) you	Je **t'**envoie
lui	(to) him/her	Nous **lui** écrivons
nous	(to) us	Ils **nous** rendent visite
vous	(to) you	Elle **vous** dit
leur	(to) them	Il **leur** parle

EXERCICE 6

Remplacez les mots soulignés par un pronom objet direct.

1. Elle lit le journal tous les jours.
2. Je connais mes voisins.
3. Je mange du fromage.
4. Tu prends la voiture pour aller au concert.
5. Elle voit son père toutes les semaines.
6. Nous attendons l'autobus.
7. Je porte mon nouveau pull.
8. Ils regardent des films français.
9. Vous ouvrez la porte.
10. J'étudie le français depuis trois ans.

EXERCICE 7

Remplacez les mots soulignés par un pronom objet indirect.

1. Je donne des cadeaux à Luc.
2. Je dis la vérité à ma mère.
3. Tu montres la ville à mes amis.
4. Nous envoyons des lettres à nos correspondants.
5. Je téléphonerai à mon frère demain.
6. L'élève répond au prof.
7. Il offre un cadeau à sa petite amie.
8. Hazel parle à mon prof de français.
9. Le prof dit à Marie qu'elle est sage.
10. Il a vendu la voiture à son frère.

Allez à la **page 80** de votre *Trousse de grammaire* pour compléter les exercices : Les pronoms objets.

Je connais les pronoms objet.

11 L'actualité

trois cent quatre-vingt-neuf

Allons-y 2

Donner votre avis

Savoir donner votre avis vous aidera à écrire une critique sur un film ou un livre.

Des mots clés

J'adore	I love	drôle	funny
J'aime	I like	divertissant(e)	entertaining
Je n'aime pas	I don't like	formidable	terrific
Je déteste	I hate	fantastique	fantastic
Je crois que	I believe that	génial(e)	great
Je pense que	I think that	mauvais(e)	bad
À mon avis	In my opinion	affreux / affreuse	awful
Pour moi	In my view	ennuyeux / ennuyeuse	boring
Je le / la / les trouve	I think it's/they are	la fin	ending
De mon point de vue	For my part	les personnages	characters
Selon	According to	les effets spéciaux	special effects
Cependant	However	Tout compte fait	All things considered
Par contre	On the other hand	En conclusion	In conclusion
Au contraire	On the contrary	Je recommande	I recommend
amusant(e)	amusing	Je ne recommande pas	I do not recommend

EXERCICE 8

Utilisez le vocabulaire ci-dessus pour donner votre avis sur l'un des films ou livres ci-dessous (ou un autre film ou livre de votre choix). Dites **six** phrases au sujet du film ou livre que vous avez choisi.

1. *Star Wars : Le Réveil de la Force (Star Wars: The Force Awakens)*
2. *La Face cachée de Margo (Paper Towns)*
3. *Harry Potter à l'école des Sorciers (Harry Potter and the Philosopher's Stone)*
4. *Nos étoiles contraires (The Fault in Our Stars)*

Exemple

J'aime tous les films Star Wars. Cependant, je pense que *Le Réveil de la Force* est le meilleur. À mon avis, c'est un film extraordinaire. Du début à la fin, c'est divertissant et drôle. Les personnages sont très amusants, surtout BB-8, et les effets spéciaux sont formidables. En conclusion, je recommande le film à tout le monde, en particulier à ceux qui aiment la science-fiction.

CRITIQUE

Films — Ferdinand ★★★★

Ce nouveau dessin animé amusant est l'adaptation d'un livre pour enfants. Le personnage principal, Ferdinand (la voix de John Cena en anglais), est un adorable taureau espagnol. Selon le slogan, Ferdinand est « Destiné à se battre, né pour aimer ». Quand il est piqué par une abeille, il est pris pour un taureau agressif et est emmené. Le reste de l'histoire suit son voyage de retour vers la liberté et sa famille.

À mon avis, ce film est drôle et divertissant. La musique du compositeur John Powell est excellente et inclut une chanson de Nick Jonas. En conclusion, je recommande *Ferdinand* à tous ceux qui aiment les films d'aventure qui plaisent à toute la famille.

Luc Chapelle

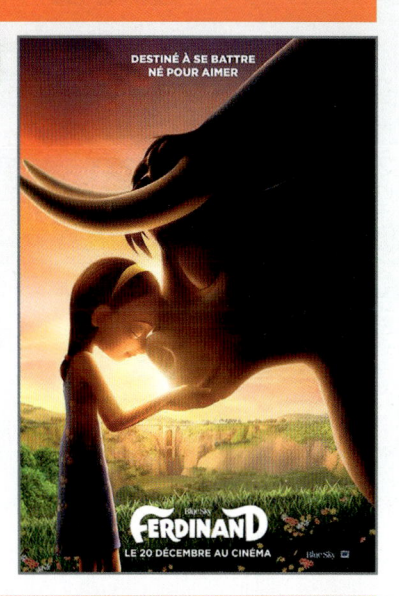

Livres — Tortues à l'infini de John Green ★★★

Tortues à l'infini est le septième roman de John Green et son premier depuis le best-seller mondial *Nos étoiles contraires*. Le roman de 2012 avait pour sujet la maladie physique. Cependant, ce nouveau livre explore la maladie mentale. Le personnage principal est Aza Holmes, âgée de 16 ans. Aza souffre de TOC. Malgré sa maladie, Aza et deux amis, Mychal et Daisy, partent à l'aventure pour retrouver un milliardaire disparu. Et bien sûr, il y a aussi une histoire d'amour.

Cependant, pour moi, la tristesse dans les romans de Green est parfois excessive et trop prévisible. Par contre, l'histoire d'amour et de suspense est sans aucun doute divertissante. Tout compte fait, ce livre a tout pour être le nouveau succès de Green.

Judith Verdun

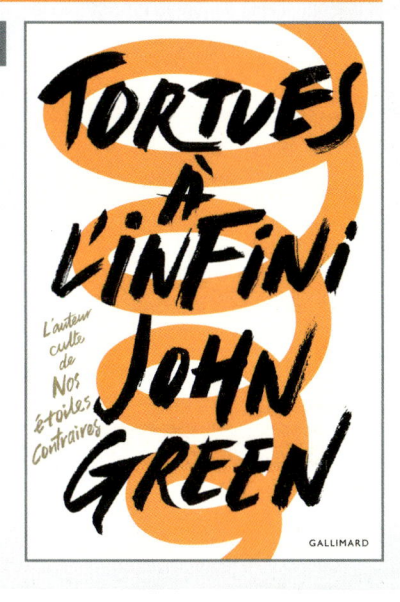

EXERCICE 9

Lisez le texte ci-dessus et répondez aux questions en anglais.

1. What genre of film is *Ferdinand*?
2. What country is Ferdinand from?
3. What happens to Ferdinand before he is captured?
4. What two adjectives does the reviewer use to give his opinion of the film?
5. What does he think of the music?
6. Who does he recommend the film to?
7. How many novels has John Green written?
8. What kind of illness does *Tortues à l'infini* explore?
9. Who is the main character?
10. Who is Aza and her friends trying to find?
11. Does the reviewer think the book will be a success?
12. What is her opinion of the sadness in Green's novels?

Allez à la **page 135** de votre *Chef d'œuvre* pour compléter l'Activité 2 : Ma critique.

Je sais donner mon avis et comprendre les avis des autres.

Allons-y 2

Les catastrophes naturelles

un tremblement de terre / un séisme	un ouragan	un volcan
un tsunami	un glissement de terrain	un incendie
un orage / une tempête	une inondation	une sécheresse

11.3 Écoutez !
Écoutez et répétez les catastrophes naturelles.

Des mots clés

| provoquer | to cause | évacuer | to evacuate |

392   trois cent quatre-vingt-douze

11.4 Écoutez !

De quelle catastrophe naturelle parlent-ils ? Écoutez et cochez (✓) la case correcte.

1.   
2.   
3.

EXERCICE 10

Lisez la conversation par texto et répondez aux questions en anglais.

AUJOURD'HUI

David : Tu as vu la météo ? Ce soir, il y aura une violente tempête.

Sara : Oh non ! Le festival sera annulé !

David : Je suis vraiment déçu !

Sara : Moi aussi, mais les organisateurs vont probablement reprogrammer le festival.

David : Je vais tout de suite leur téléphoner et leur demander.

Sara : Merci David. Envoie-moi un texto plus tard quand tu auras des infos.

1. What does David say will happen tonight?
2. What will be cancelled as a result?
3. What does Sara say the organisers will probably do?
   - [ ] change the date
   - [ ] give people a refund
   - [ ] change the venue
4. What will David do straightaway?
5. What does Sara ask David to do later?

trois cent quatre-vingt-treize

Allons-y 2

11.5 Écoutez !
Écoutez le reportage et remplissez les blancs.

Bon _____.

_____ départements dans le _____ ont été placés ce _____ en vigilance orange par Météo France en raison du risque d'_____. Il s'agit de la Haute-Savoie, de la Savoie et de l'Isère.

Ces _____ pourront provoquer des _____ forts et de fortes _____. Les cumuls pourront atteindre localement _____ mm. La ministre a annoncé _____ que, avec le changement climatique, les _____ naturelles en France sont _____ fréquentes. Elle dit que nous _____ agir maintenant pour protéger la France.

11.6 Écoutez !
Écoutez et répondez aux questions.

1.
a. What natural disaster took place?
b. Where did it happen?
c. How many people were killed?
☐ 29 ☐ 20 ☐ 39
d. Who is helping in the area?

2.
a. What natural disaster took place?
b. Where did it happen?
c. What have been cancelled as a result?
☐ Flights ☐ Trains ☐ Buses
d. How many people have been evacuated?

3.
a. Where has the event taken place?
b. What natural event has caused schools to close?
c. When will schools reopen?
☐ Next Monday ☐ Next Tuesday ☐ Next Thursday
d. Complete the phone number to call for more information.

| 04 | | 32 | | 42 |

Des mots clés

| les réfugiés | refugees | les sans-abri | homeless |

EXERCICE 11

Lisez le texte et répondez aux questions.

1. Haïti est situé entre deux plaques tectoniques. Un tremblement de terre a eu lieu le 12 janvier 2010. L'épicentre était à environ 25 km de Port-au-Prince, la capitale d'Haïti. Le séisme avait une magnitude de sept sur l'échelle de Richter.

2. Haïti est un des pays les plus pauvres du monde. Les effets du séisme ont eu un impact majeur sur ce pays : plus de 300,000 morts, 300,000 blessés et 1,2 million de sans-abris. Les survivants ont été évacués vers des camps de réfugiés. Les conditions de vie n'étaient pas bonnes et les maladies se sont propagées rapidement.

3. C'était très difficile d'aider les gens parce que la plupart des services de communication ont aussi été détruits. Des organisations comme La Croix-Rouge et l'Armée du Salut ont fait des appels aux dons.

1. Quelle catastrophe naturelle a eu lieu ? (Section 1)
2. Quand a-t-elle eu lieu ? (Section 1)
3. Quelle est la capitale d'Haïti ? (Section 1)
4. Quelle était la magnitude du tremblement de terre sur l'échelle de Richter ? (Section 1)
5. Pourquoi est-ce que les effets ont été si sévères en Haïti ? (Section 2)
6. Combien de personnes ont perdu leur maison ? (Section 2)
7. Pourquoi était-il très difficile d'aider les gens ? (Section 3)
8. Nommez une organisation qui a collecté de l'argent pour aider Haïti. (Section 3)

C'est intéressant !

Après le tremblement de terre en Haïti, 75 artistes francophones ont enregistré la chanson « Un geste pour Haïti chérie » pour recueillir des fonds pour les victimes. Vous pouvez regarder la vidéo sur YouTube.

Allez à la **page 137** de votre *Chef d'œuvre* pour compléter l'Activité 3 : Une carte postale du Mont Etna.

Allons-y 2

Le pronom y

The pronoun **y** means 'there'. In a sentence, it stands in for the prepositions **à**, **en**, **au** or **aux** + the noun for a place.

> **Retenez !**
> Revisiting the prepositions used with places (**page 150**) will help you understand how to use **y** in their place.

1. In the present tense and future tense, **y** goes in front of the verb.

   On va à Paris tous les ans. ➡ On **y** va tous les ans.
   Here, **y** is standing in for **à Paris**.

   Nous allons en Espagne cet été. ➡ Nous **y** allons cet été.
   Here, **y** is standing in for **en Espagne**.

2. In the **passé composé**, **y** goes in front of **avoir** or **être**.

   Je suis allé au Canada l'année dernière. ➡ J'**y** suis allé l'année dernière.
   Here, **y** is standing in for **au Canada**.

3. If the verb is followed by an infinitive, **y** goes in front of the infinitive.

   Je voudrais aller aux États-Unis. ➡ Je voudrais **y** aller.
   Here, **y** is standing in for **aux États-Unis**.

Although the above examples refer to cities and countries, the same rules apply when referring to any location (e.g. the cinema, school and shops).

EXERCICE 12

Remplacez les mots soulignés par le pronom **y**.

1. Les bénévoles vont en Haïti pour aider à construire des maisons.
2. Elle va au cinéma une fois par mois.
3. Nous sommes arrivés à Dublin tard hier soir.
4. Ils habitent au Sénégal depuis trois ans.
5. J'arrive à l'école à neuf heures.
6. Nous partons en vacances en Belgique la semaine prochaine.
7. Après l'ouragan, on a envoyé de l'aide à Porto Rico.
8. Elle est allée aux Caraïbes pour rendre visite à sa tante.
9. Je vais au restaurant avec mes amis.
10. Ils sont partis en Angleterre pour apprendre l'anglais.

Allez à la **page 82** de votre *Trousse de grammaire* pour compléter les exercices : Le pronom **y**.

Je sais utiliser le pronom **y**.

Junior Cycle French – Second and Third Year

EXERCICE 13

Lisez le texte et répondez aux questions en anglais.

1. Les incendies continuent de flamber dans le sud-est de la France. 5,000 hectares de la Côte d'Azur sont touchés, jusqu'à Saint Tropez. Les feux de forêt ont commencé lundi. Ils se sont propagés rapidement à cause des conditions sèches, des températures élevées et des vents forts.

2. Les maisons et les campings de la région ont été évacués. Les habitants et les touristes se sont réfugiés dans les écoles, les hôtels de ville et sur les plages de la région. Plus de 4,000 secouristes y ont travaillé et 12 pompiers ont été blessés.

3. Les incendies sont de plus en plus fréquents durant les mois les plus chauds de l'année. Le Ministère de l'intérieur conseille aux touristes de suivre les mots-dièse #incendies et #feuxdeforêts sur les réseaux sociaux pour obtenir les dernières informations.

4. Pour éviter les risques d'incendies, les gens ont reçu l'ordre de ne pas fumer et de ne pas faire de barbecue.

5. Le Portugal a aussi été durement touché par les incendies cet été. Plus de 60 personnes y sont mortes.

1. Which part of France has been affected by the fires? (Section 1)
2. When did the fires start? (Section 1)
3. What three factors have allowed the fires to spread quickly? (Section 1)
4. Where are evacuated people taking refuge? (Section 2)
5. How many firefighters have been injured? (Section 2)
6. When are fires most common? (Section 3)
7. How are people advised to use social media? (Section 3)
8. What two things have people been ordered not to do? (Section 4)
9. Which other country has been hit hard? (Section 5)
10. How many people have died there? (Section 5)

EXERCICE 14

Par deux, recherchez et présentez un bulletin d'informations télévisé pour signaler une catastrophe naturelle récente.

- Quelle était la catastrophe naturelle ?
- Où est-ce qu'elle est arrivée ?
- Quand est-ce qu'elle est arrivée ?
- Il y avait des morts ou des blessés ?
- Qu'est-ce que les services d'urgence / les organismes de bienfaisance ont fait pour aider ?

Des mots clés

une émission	a TV programme
un(e) envoyé(e) spécial(e)	a special correspondent
à vous	over to you

Je comprends les actualités sur les catastrophes naturelles.

11 L'actualité

trois cent quatre-vingt-dix-sept

Allons-y 2

Les adjectifs interrogatifs

Interrogative adjectives mean 'what' or 'which'. Like all adjectives, they must agree in gender and number with the noun they describe.

You will recognise the different forms of **les adjectifs interrogatifs** from common questions.

	Interrogative adjective	Example
Masculine	quel	**Quel** âge as-tu ?
Feminine	quelle	**Quelle** heure est-il ?
Masculine plural	quels	**Quels** sports pratiques-tu ?
Feminine plural	quelles	**Quelles** tâches ménagères fais-tu ?

Interrogative adjectives are also used in a number of French exclamations:

Quel dommage !   What a pity!
Quel malheur !   What a disgrace!
Quelle chance ! What luck!
Quelle surprise ! What a surprise!

Quel dommage !

Retenez !
Note that you don't need to use an article directly after interrogative adjectives.

EXERCICE 15

Complétez les phrases suivantes avec l'adjectif interrogatif qui convient. Puis traduisez-les en anglais.

1. _____ est ta matière préférée ?   _____
2. _____ est ton animal préféré ?   _____
3. _____ temps fait-il ?   _____
4. _____ page ?   _____
5. Je ne sais pas _____ robe porter.   _____
6. _____ jour sommes-nous ?   _____
7. _____ villes voudrais-tu visiter ?   _____
8. _____ est la date de ton anniversaire ?   _____
9. Je sais _____ film nous devrions voir.   _____
10. _____ sont les problèmes sociaux en France ?   _____

EXERCICE 16

Regardez l'infographie et répondez aux questions.

A quel âge peut-on... ?

Ce que l'on peut faire à moins de 15 ans :
Avoir un **passeport** (*pas d'âge minimal*), **passer son bac** (*pas d'âge minimal*), s'inscrire sur **les réseaux sociaux** (*à partir de 13 ans*), conduire un **cyclomoteur** (*à partir de 14 ans*).

Ce que l'on peut faire à 15 ans :
Commencer la **conduite accompagnée**, aquérir la majorité sexuelle.

Ce que l'on peut faire à 16 ans :
... **travailler**, fonder une association, **créer son entreprise**, avoir une carte Vitale, **être émancipé**, quitter l'école.

Ce que l'on peut faire à 17 ans et demi :
Conduire, s'engager dans **l'armée**.

Ce que l'on peut faire à 18 ans :
Acheter/**boire de l'alcool**, **voter**, acheter des cigarettes, aller sur des **sites pornographiques**, donner son sang, **se faire tatouer/-piercer** (*sans l'autorisation des parents*), être élu député ou **président de la République**, aller en discothèque (*non accompagné d'un adulte*).

Démocraties où l'on peut voter dès 16 ans :
Brésil (*depuis 1988*)
Allemagne* (*dans plusieurs Länder, depuis 1996*)
Suisse* (*dans un canton, depuis 2007*)
Autriche (*depuis 2007*)
Equateur (*depuis 2008*)
Argentine (*depuis 2012*)
Malte* (*depuis 2013*)
Ecosse* (*depuis 2015*)
Estonie* (*depuis 2015*)

* Uniquement élections locales.

LP/INFOGRAPHIE – A. RENAUD.

A. Répondez en anglais.

1. Name three things that someone under 15 can do.
2. At what age can young people in France give blood?
3. At what age can someone start a business?
4. At what age can a French person learn to drive?
5. Before the age of 18, what can't a young person do without their parents' permission?

B. Répondez en français.

1. À quel âge peut-on quitter l'école en France ?
2. À quel âge un citoyen peut-il devenir président de la France ?
3. À partir de quel âge peut-on travailler en France ?
4. Nommez trois pays où on peut voter à partir de l'âge de 16 ans.
5. Nommez trois choses que les Français peuvent faire à 18 ans.

EXERCICE 17

En classe, parlez des âges légaux en Irlande.

À quel âge peut-on ...

- apprendre à conduire ?
- voter ?
- quitter l'école ?
- devenir président de l'Irlande ?

Allez à la **page 83** de votre *Trousse de grammaire* pour compléter les exercices : Les adjectifs interrogatifs.

Je sais utiliser les adjectifs interrogatifs.

11 L'actualité

trois cent quatre-vingt-dix-neuf — 399

Allons-y 2

Être un bon citoyen

🔑 Des mots clés

un(e) citoyen(ne)	citizen
les problèmes sociaux	social issues
un homme / une femme politique	politician
les droits	rights

EXERCICE 18

Mettez les phrases dans la bonne colonne.

- vote
- est égoïste
- rappelle que nous sommes des citoyens du monde
- est raciste ou violent
- connaît ses droits et ses responsabilités
- fume dans un endroit non-fumeur
- jette ses déchets dans la rue
- comprend les problèmes sociaux
- utilise la technologie de façon responsable
- respecte les lois de son pays et ne commet pas de crimes
- n'existe pas car tout le monde fait des erreurs
- ne suit pas le règlement
- pense qu'il est tout seul dans la société
- gaspille de la nourriture et ne recycle pas
- se rappelle qu'on n'est pas seul dans la société
- ramasse ses déchets
- n'essaie pas de comprendre les différentes cultures
- respecte l'environnement
- agit quand il y a un problème
- ne respecte pas les autres et leurs droits
- aide les plus vulnérables, comme les sans-abris

Un(e) bon(ne) citoyen(ne) …	Un(e) mauvais(e) citoyen(ne) …

11.7 Écoutez !

C'est quoi être un(e) bon(ne) citoyen(ne) ? Écoutez et remplissez la grille.

		What they think makes a good citizen	What action they personally take
1.	Nicolette		
2.	Saïd		
3.	Yolande		
4.	Éloi		

400   quatre cents

EXERCICE 19

En classe, parlez de ce qu'est un(e) bon(ne) citoyen(ne).

- Quelle est la caractéristique la plus importante ?
- Est-ce que tout le monde est d'accord ? Pourquoi ou pourquoi pas ?

Je sais parler de ce qui fait un bon ou un mauvais citoyen.

EXERCICE 20

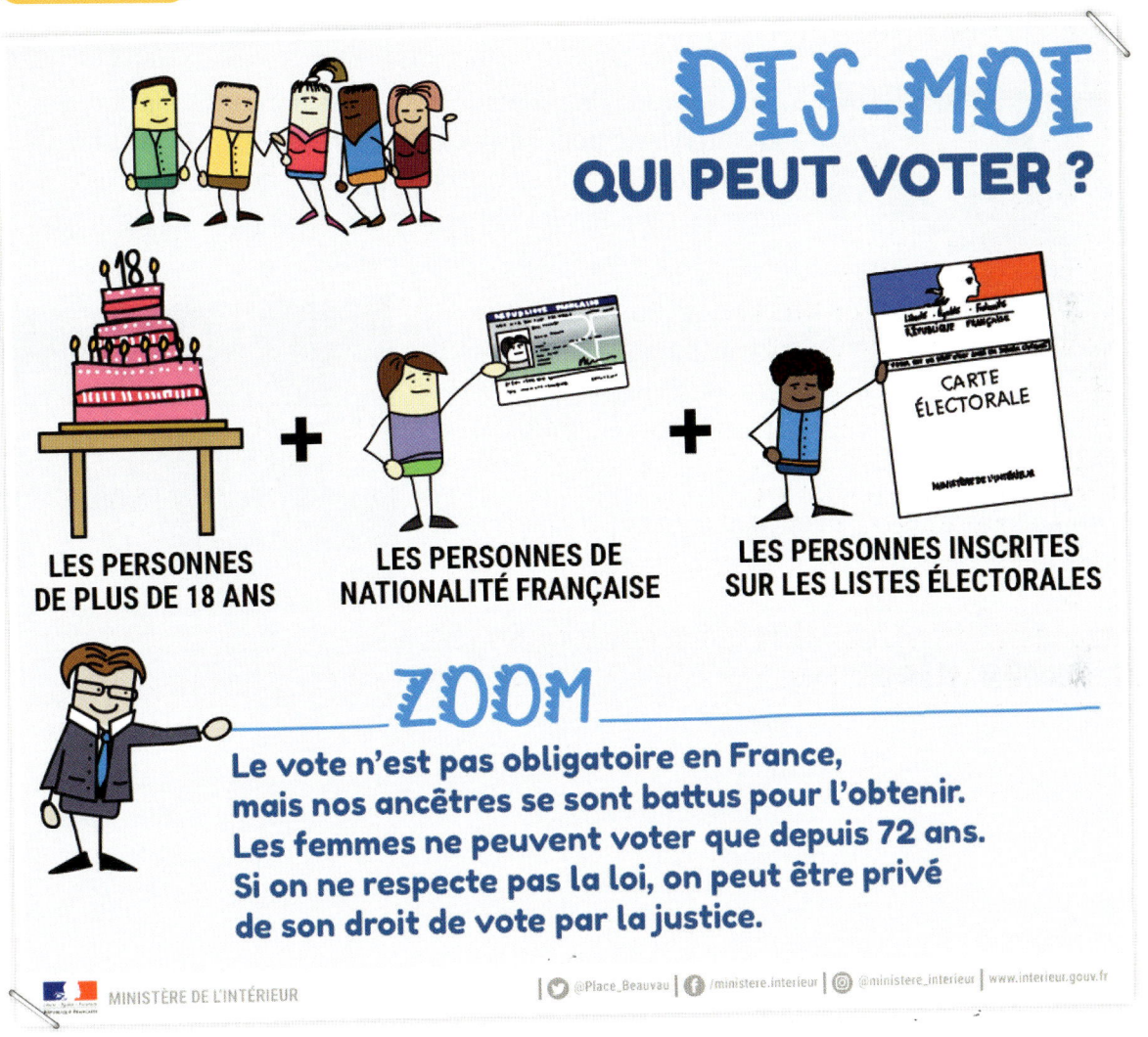

DIS-MOI QUI PEUT VOTER ?

LES PERSONNES DE PLUS DE 18 ANS + **LES PERSONNES DE NATIONALITÉ FRANÇAISE** + **LES PERSONNES INSCRITES SUR LES LISTES ÉLECTORALES**

ZOOM

Le vote n'est pas obligatoire en France, mais nos ancêtres se sont battus pour l'obtenir. Les femmes ne peuvent voter que depuis 72 ans. Si on ne respecte pas la loi, on peut être privé de son droit de vote par la justice.

MINISTÈRE DE L'INTÉRIEUR | @Place_Beauvau | /ministere.interieur | @ministere_interieur | www.interieur.gouv.fr

Regardez l'affiche et répondez « vrai » ou « faux » aux affirmations suivantes.

	Vrai	Faux
1. Only French nationals can vote.	☐	☐
2. People must be registered in order to vote.	☐	☐
3. French people must vote by law.	☐	☐
4. In the past, people fought for the right to vote.	☐	☐
5. French women have always had the right to vote.	☐	☐
6. Criminals can be banned from voting by the courts.	☐	☐

quatre cent un

Allons-y 2

Un roman français : *No et moi*

1. *No et moi* est un roman pour ados écrit par Delphine de Vigan. Il a été publié en 2007. Il traite des thèmes comme l'adolescence, l'amitié et les problèmes sociaux. Il y a trois personnages principaux dans le roman.

2. Lou Bertignac est une fille de seize ans. Sa famille a connu une tragédie : sa petite sœur Thaïs est morte. Lou est très intelligente (ses camarades de classe l'ont surnommée « le cerveau »), mais elle est très timide. Le jour où elle doit faire un exposé à l'école, Lou choisit les sans-abris comme sujet. Elle est horrifiée de découvrir que 70% des sans-abris âgés de 16 à 18 ans sont des femmes.

3. No (Nolwenn) est l'une de ces jeunes femmes sans abri. Lou l'interviewe pour son exposé. Comme Lou, No a eu une vie difficile. Elle a été abandonnée par sa mère et elle s'est retrouvée dans la rue. Les deux filles deviennent amies et No habite chez Lou pendant quelque temps.

4. Lucas est un adolescent rebelle. Il habite seul car son père est au Brésil et sa mère habite chez son nouveau copain. Lucas aide Lou dans son projet de venir en aide à No.

5. Les trois adolescents ont beaucoup à apprendre les uns des autres sur la vie. *No et moi* a été adapté au cinéma en 2010.

Des mots clés

un roman pour ados	YA (young adult) novel
l'amitié	friendship
un exposé	report/presentation
un copain	boyfriend
la bande-annonce	trailer

C'est intéressant !

Vous pouvez regarder la bande-annonce du film *No et moi* sur YouTube.

EXERCICE 21

Lisez le texte ci-dessus et répondez aux questions.

1. En quelle année *No et moi* a-t-il été publié ? (Section 1)
2. Quels sont les thèmes principaux du roman ? (Section 1)
3. Quel âge a Lou ? (Section 2)
4. Décrivez la personnalité de Lou. (Section 2)
5. Quelle découverte a horrifié Lou ? (Section 2)
6. Pourquoi la vie de No est-elle difficile ? (Section 3)
7. Où habitent les parents de Lucas ? (Section 4)
8. Quand a été faite l'adaptation cinématographique du roman ? (Section 5)

11.8 Écoutez !

Écoutez et lisez l'extrait de *No et moi*. Ici, Lou parle à son professeur Monsieur Marin de son exposé.

– Je vais retracer l'itinéraire d'une jeune femme sans abri, sa vie, enfin … son histoire. Je veux dire … comment elle se retrouve dans la rue.

Ça frémit dans les rangs, on chuchote.

– Très bien. C'est un beau sujet. On recense chaque année de plus en plus de femmes en errance, et de plus en plus jeunes. Quelles sources documentaires pensez-vous utiliser, mademoiselle Bertignac ?

Je n'ai rien à perdre. Ou tellement que ça ne se compte pas sur les doigts d'une main, ni même de dix, ça relève de l'infiniment grand.

– Le … le témoignage. Je vais interviewer une jeune femme SDF. Je l'ai rencontrée hier, elle a accepté.

Silence recueilli.

Sur sa feuille rose, Monsieur Marin note mon nom, le sujet de mon exposé, je vous inscris pour le 10 décembre, ça vous laisse le temps de faire des recherches complémentaires, il rappelle quelques consignes générales, pas plus d'une heure, un éclairage socio-économique, des exemples, sa voix se perd, le poing de Lucas s'est desserré, j'ai des ailes transparentes, je vole au-dessus des tables, je ferme les yeux, je suis une minuscule poussière, une particule invisible, je suis légère comme un soupir. La sonnerie retentit. Monsieur Marin nous autorise à sortir, je range mes affaires, j'enfile ma veste, il m'interpelle.

– Mademoiselle Bertignac, j'aimerais vous dire deux mots. C'est mort pour la récréation. Il m'a déjà fait le coup, deux mots dans sa numération personnelle, ça se compte en milliers. Les autres traînent pour sortir, ils aimeraient bien savoir. En attendant je regarde mes pieds, mon lacet est défait, comme d'habitude […].

– Vous ferez attention à vous, avec votre histoire d'interview. N'allez pas faire de mauvaises rencontres, vous devriez peut-être vous faire accompagner par votre mère ou votre père.

– Ne vous inquiétez pas. Tout est organisé.

Ma mère ne sort plus de chez moi depuis des années et mon père pleure en cachette dans la salle de bains. Voilà ce que j'aurais dû lui dire.

D'un trait définitif, Monsieur Marin m'aurait rayée de la liste.

Des mots clés

chuchoter	to whisper	un éclairage	spotlight on
errance	wandering	une minuscule poussière	speck of dust
le témoignage	spoken statement	s'inquiéter	to worry
Un(e) SDF (sans domicile fixe)	homeless person	en cachette	in secret
		rayer	to remove/strike from

EXERCICE 22

Lisez à nouveau l'extrait de *No et moi* et répondez aux questions.

1. What does Lou want to find out about the young homeless girl?
2. How is she going to get her information?
3. When did she meet the girl?
4. What date does the teacher give Lou for her presentation?
5. What does Lou do when Mr Marin gives the class permission to leave?
6. What advice does Mr Marin give Lou?
7. What do we learn about Lou's family in the final lines?
8. Find the following in the text:
   a. A verb in the future simple
   b. A verb in the infinitive
   c. A possessive adjective
   d. A verb in the conditional.

Allez à la **page 138** de votre *Chef d'œuvre* pour compléter l'Activité 4 : Notre journal de classe.

J'ai lu et compris un extrait d'un roman français.

quatre cent trois

Allons-y 2

Le dossier francophone : La Louisiane, aux États-Unis

Le drapeau de l'État :

C'est intéressant !

Le pélican sur le drapeau de la Louisiane a la forme d'une fleur-de-lys, un symbole français traditionnel. Et le drapeau municipal de la Nouvelle-Orléans a trois fleurs-de-lys, pour représenter l'histoire française de la ville.

C'est intéressant !

Le français qu'on parle en Louisiane est le français cadien. C'est un mélange de français traditionnel et de français canadien avec des mots africains, amérindiens, anglais et espagnols. Il y a environ 200,000 locuteurs du français cadien dans l'État.

La population : 4,700 millions

La capitale : Baton Rouge

La monnaie : Le dollar américain

Des montagnes : Le mont Driskill, la colline Gentry, le mont Jordan, le mont Delaney

Des rivières : La fleuve Mississippi, la rivière Bœuf, le bayou Bartholomé, la rivière Ouachita, le bayou Lafourche, le bayou du lac Noir

Le temps : Un climat subtropical. Les étés sont chauds et humides et les hivers sont doux

Des personnes célèbres : Louis Armstrong (musicien), Antoine 'Fats' Domino (musicien), Ellen Degeneres (actrice et présentatrice TV), Ruby Bridges (militante des droits civiques), Truman Capote (auteur), Eddie Delahoussaye (jockey)

La nourriture : Le gumbo (ragoût de crustacés ou de viande avec du bouillon et des légumes), le jambalaya (riz au poulet, saucisse épicée, crevettes, tomates et poivrons), la truite meunière (poisson frit au beurre), les œufs sardou (œufs pochés aux épinards, artichauts et sauce hollandaise), le rémoulade (mayonnaise aux oignons, au persil, au paprika et à la moutarde), les beignets (pâte à choux frite)

Des fêtes : Mardi gras de La Nouvelle-Orléans (février), le Courir de Mardi gras (février), le New Orleans Jazz & Heritage Festival (avril), les Festivals Acadiens et Créoles (octobre), le Festival international du riz (octobre)

Étude de cas

Lisez le texte et répondez aux questions.

1. La Louisiane a fait la une des journaux en août 2005 quand elle a été frappée par l'ouragan Katrina. Katrina était la catastrophe naturelle la plus destructrice de l'histoire des États-Unis. La tempête a tué 1,577 personnes en Louisiane.

2. La Nouvelle-Orléans, la plus grande ville de Louisiane, a été très affectée car de nombreux quartiers de la ville sont en dessous du niveau de la mer. L'ouragan a causé des inondations généralisées et 80% de la ville a été submergée.

3. Certains résidents ont été évacués mais beaucoup sont restés dans la ville. Les communautés les plus pauvres ont été les plus touchées dont 1 million de sans-abris. De nombreuses organisations caritatives, notamment la Croix-Rouge et Oxfam, ont fourni des abris, des vêtements, de la nourriture et des soins médicaux aux victimes.

4. La Nouvelle-Orléans se remet encore de la tempête. Certains quartiers sont toujours inhabitables et les gens vivent dans des maisons endommagées. La Nouvelle-Orléans a maintenant mis en place le système de mél et de texto NolaReady qui aidera les résidents à évacuer plus rapidement en cas de nouvelle tempête.

1. Why did Louisiana make front-page news in August 2005? (Section 1)
2. How many people in the state were killed? (Section 1)
3. What did the storm cause in New Orleans? (Section 2)
4. Who were the worst affected? (Section 3)
5. How many people were made homeless? (Section 3)
6. What aid did charities provide for victims? (Section 3)
7. Has New Orleans fully recovered from the storm? Explain your answer. (Section 4)
8. What is NolaReady? (Section 4)

Allez à la **page 141** de votre *Chef d'œuvre* pour compléter l'Activité 5 : Bonjour de La Nouvelle-Orléans !

quatre cent cinq

Résumé

EXERCICE A

Remplissez les blancs pour compléter la grille de mots croisés.

Horizontalement

2. Je me brosse les dents _____ les jours. (4)
6. Je cherche mon livre. Je _____ cherche. (2)
8. Une _____ est la conséquence d'un manque d'eau pendant une longue période. (10)
9. Un résident légal d'un pays. (7)
10. Un autre nom pour un tremblement de terre. (6)

Verticalement

1. _____ est la date aujourd'hui ? (6)
3. Les nouvelles les plus importantes : les _____ titres. (4)
4. Les pompiers éteignent de grands _____. (9)
5. Une tempête très violente comme Katrina ou Harvey. (7)
7. Je parle au professeur. Je _____ parle. (3)

Junior Cycle French – Second and Third Year

EXERCICE B

Remplacez les mots soulignés par le pronom **y**.

1. Ma famille va en Louisiane demain. _____
2. Je ne suis jamais allé aux États-Unis. _____
3. Nous arriverons à notre hôtel à 21h. _____
4. La musique jazz est populaire à la Nouvelle-Orléans. _____
5. Nous mangeons des beignets au Café du Monde. _____
6. Mardi gras a lieu dans le quartier français en février. _____
7. 200,000 personnes en Louisiane parlent français. _____
8. De nombreuses maisons dans la ville ont été endommagées par la tempête. _____
9. Nous allons à Baton Rouge pour la journée. _____
10. Notre vol de retour arrive à l'aéroport à 14h. _____

EXERCICE C

Remplacez les mots soulignés par un pronom objet direct ou indirect.

1. Je trouve la biologie assez difficile. _____
2. Ils visitent le château. _____
3. J'envoie des textos à mes amis. _____
4. Vous parlez à mes parents. _____
5. Ils racontent l'histoire à leur professeur. _____
6. Je cherche mes clés. _____
7. Il vend sa maison en ce moment. _____
8. Il écrit une lettre une fois par mois. _____
9. Nous regarderons la télévision demain soir. _____
10. Elle achète les billets. _____

11 L'actualité

quatre cent sept

Allons-y 2

EXERCICE D

Traduisez les phrases en utilisant l'adjectif **quel** ou **tout**.

1. What a pity!
   _____

2. All the teachers in my school are nice.
   _____

3. Everybody in France speaks French.
   _____

4. The whole week was fantastic!
   _____

5. What colour is your uniform?
   _____

6. I'm staying in my pyjamas the whole weekend!
   _____

7. What is your favourite day of the week?
   _____

8. I watch the news every day.
   _____

9. All the houses are white and green.
   _____

10. What is your favourite film?
    _____

EXERCICE E

Écoutez le reportage et remplissez les blancs.

Bienvenue dans notre émission _____, Le monde _____. Nous sommes le _____ 16 _____. Nous vous présentons l'_____. Voici les gros _____ :

- Un _____ secoue Galway.
- Toutes les voitures _____ d'ici 2050.
- Les chiens peuvent maintenant _____ légalement aux élections.
- Les _____ en France sont à court de fromage.
- _____ des scientifiques, cet été sera le plus _____ de l'histoire.
- L'Irlande a _____ la Coupe du Monde de football pour la _____ fois.

EXERCICE F

Lisez le texte et répondez aux questions.

31 Mardi 6 Mars *La Terre*

La terre tremble en Italie

Un séisme de magnitude 5,7 sur l'échelle de Richter a frappé le centre de l'Italie, hier, le 18 janvier. Avec cette force, on continue d'enregistrer des secousses sismiques même à Rome, où le métro et la plupart des écoles ont dû être évacués. Cinq personnes ont été tuées dans la région de la chaîne des Apennins, qui est fréquemment touchée.

Le tremblement de terre a aussi provoqué aussi une grande avalanche. L'avalanche a eu lieu dans la nuit de mercredi à jeudi, détruisant un hôtel. Il y a 29 morts et neuf autres personnes sont à l'hôpital. Les pompiers sont encore sur place pour retrouver et aider les victimes.

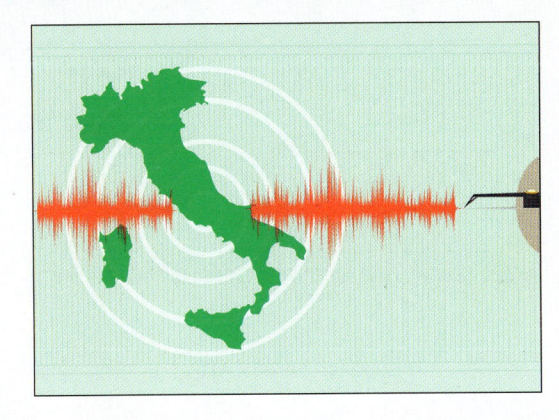

1. What type of natural disaster occurred?
2. Where and when did it take place?
3. Which two facilities were evacuated in Rome?
4. Which mountain region was affected?
5. When did the avalanche take place?
6. How many people died in the hotel incident?
7. How many people are in hospital?
8. Which emergency service is at the scene?

EXERCICE G

Écoutez les actualités et répondez aux questions.

1.	2.
a. What date is the news report for?	a. What type of workers are on strike?
b. What incident has taken place?	b. When did the strike start?
c. How many people were killed?	c. How long will the strike last?
d. How many people were injured?	d. What are the workers looking for?
3.	4. What is the weather forecast for:
a. Which country won the match?	a. the north?
b. What sport was being played?	b. the south?
c. What was the score?	c. the east?
d. Which other country will be playing in the final?	d. the west?

quatre cent neuf

EXERCICE H

Utilisez les images pour trouver les mots qui manquent dans la lettre de Damien à Laurent.

Cork, le 20 novembre

Cher Laurent,

Ça va ? J'espère que toute la famille va bien. Moi, je suis très occupé avec mes études. Les examens sont dans __2__ mois. Tous les __élèves__ sont tellement nerveux en ce moment !

Nous avons passé une semaine très difficile ici en __Irlande__. Dimanche soir, un __ouragan__ appelé Ophelia a frappé le pays. C'était le pire depuis __50__ ans ! C'était à la une du __journal__ et tout le monde en parlait sur __internet__.

Mon __école__ était fermée lundi et mardi et ma mère n'a pas pu aller travailler.

Le train et l'__autobus__ ont aussi été annulés.

Notre __électricité__ était coupée et nous avons dû allumer des bougies. Beaucoup d'__arbres__ sont tombés et malheureusement quelques personnes sont mortes.

Nous sommes de retour à l'école maintenant. Je dois me concentrer encore sur mes examens, mais le week-end prochain j'irai au __concert__ avec mes amis.

Écris-moi vite pour me donner de tes nouvelles ! Y a-t-il déjà eu un ouragan là où tu habites en __France__ ?

À bientôt,

Damien

EXERCICE I

Traduisez en français.

1. To be honest, I think it's a terrible book.

2. However, I find the film enjoyable.

3. I believe that one must always vote.

4. In my opinion, a good citizen is someone who respects others.

5. We are all citizens of the world.

6. For me, protecting the environment is very important.

7. According to the newspaper, many young people are homeless.

8. At the moment, there is a natural disaster in the headlines every week.

9. In my view, social media has killed newspapers.

10. On the other hand, a newspaper is more trustworthy than a newsfeed.

Allez à la **page 84** de votre *Trousse de grammaire* pour compléter les exercices : Révisions grammaticales.

Allons-y 2

Le texte authentique

Regardez l'affiche et répondez aux questions.

NE JOUEZ PAS AVEC LE FEU
9 VECTEURS DE RISQUE À PROSCRIRE !

En forêt le barbecue est interdit toute l'année. Dans les jardins il doit être collé au mur d'une façade avec un point d'eau.

Toute l'année en forêt, il est interdit de fumer.

Le code forestier interdit de porter ou d'allumer des objets incandescents à l'intérieur et jusqu'à 200m des forêts.

Le brûlage de végétaux est une pratique à risque strictement réglementée.

Toute l'année en forêt, il est interdit de faire du feu.

Il est interdit de jeter des objets incandescents sur les routes et leurs abords.

L'utilisation de lanterne thaïlandaise est interdite.

Le stationnement sur le bas-côté et zone herbeuse est dangereux.

En été, certains départements règlementent l'utilisation de machines pouvant produire des étincelles.

RÈGLEMENTATION.

Toute l'année en forêt, il est interdit de fumer ou de faire du feu et plus précisément encore « de porter ou d'allumer du feu à l'intérieur et jusqu'à 200m des bois, forêts, plantations landes et maquis ».
Il est également interdit de jeter des objets incandescents sur les voies et leurs abords. Qu'elles traversent ou non des zones boisées ! L'emploi du feu est règlementé par des arrêtés préfectoraux dans chaque département, comme l'accès en forêt selon les conditions de danger feux de forêt.
Pour les propriétés situées en (ou à proximité d'une) forêt : l'obligation de débroussaillement s'applique à l'ensemble des constructions. Consultez le site internet de votre préfecture ou de votre mairie.
en savoir plus www.prevention-incendie-foret.com

1. Translate the headline **Ne jouez pas avec le feu**.
2. When are BBQs banned in forests?
3. Where must a BBQ be positioned in a garden?
4. What must one not do on or near roads?
5. Where is it dangerous to park?
6. At what time of year do some departments regulate machinery that produces sparks?

quatre cent douze

NE JOUEZ PAS AVEC LE FEU

LES BONS COMPORTEMENTS

Face au feu – Agissez
- Gardez votre calme, ne paniquez pas.
- Ne vous approchez jamais des flammes.
- Surpris par la fumée, respirez à travers un linge humide.
- Ne vous attardez jamais à observer l'incendie.
- N'encombrez pas les routes.

En forêt
- Ne vous approchez pas du feu.
- Eloignez-vous du feu à la perpendiculaire de l'axe de propagation.
- Rejoignez au plus vite une zone protégée. En cas de départ de feu, prévenez les secours au 18 ou au 112

Sur la route
- Ne vous stationnez pas pour regarder l'incendie.
- N'allez pas dans la direction de l'incendie et ne gênez pas les secours.
- Rebroussez chemin. En cas d'impossibilité, ne sortez pas de votre véhicule.
- Si vous êtes bloqué, cherchez une zone dégagée à proximité, fermez les vitres, allumez vos phares et ne coupez pas le moteur.

À la maison, au jardin
- Ne jamais décider de quitter l'habitation au dernier moment à l'approche du feu.
- Conformez-vous aux instructions des secours et des forces de l'ordre.
- La construction en dur, aux abords correctement débroussaillés est le meilleur refuge.
- Avant l'arrivée du feu, ouvrez votre portail, arrosez les façades des bâtiments, rentrez tuyaux et mobiliers et les bouteilles de gaz et fermez les ouvertures et ventilations.
- Mettez vos proches à l'abri dans la maison.
- A l'arrivée des secours, prévenez-les des points d'accès, de la localisation des points d'eau et des réserves de combustibles (gaz, véhicules...) sur votre propriété.

Témoin d'un départ de feu : Donnez l'alerte
- Au 18 ou 112 pour prévenir les sapeurs pompiers.
- Soyez rapide pour alerter, précis pour localiser et guider les intervenants, clair pour renseigner sur les lieux, causes, dégâts et menaces.

en savoir plus sur www.prevention-incendie-foret.com

---

11. L'actualité

7. List three things you must do if you come face to face with a fire.
8. Which two numbers can one call to report a forest fire?
9. If you are on the road you should exit your vehicle. True or false?
10. If you are in the house, what should you never do at the last minute?
11. Find the phrase that means 'Shelter your loved ones in the house.'
12. Where can more information be found?

Allons-y 2

Évaluation en classe

CBA 2: The Student Language Portfolio

Faites une vidéo : un bulletin d'actualité

1. In groups of three, write and plan a three-minute news bulletin that includes the following:
   - a news report, including a welcome (1 minute)
   - a sports report (1 minute)
   - a weather report (1 minute).

2. Record your news report. Add visuals and music, if possible.

3. Play your news report for the class.

4. Go to **page 179** of your *Chef d'œuvre* to reflect on your text:
   - Things you like about this text (its strengths).
   - Comment on what you learned from creating this text.
   - Say what you would do differently next time.

Allez à la **page 143** de votre *Chef d'œuvre* pour évaluer ce que vous avez appris au chapitre 11.

Acknowledgements

The authors wish to acknowledge the following:

Thank you to all who worked on this book, especially Sinéad, Julie and Lisa at Educate.ie; our family and friends for their encouragement, love and support while writing; and all the staff at Our Lady's Secondary School Templemore and St Leo's College, Carlow, for their inspiration and support.

Merci mille fois.

The authors and publisher would like to thank the following for permission to reproduce photographs and book covers:

AF archive/Alamy Stock Photo; Anthony Collins/Alamy Stock Photo; Association Nationale pour les Transportes Educatifs de l'Enseignement Public (l'ANATEEP); Bigstock; DWD-Media/Alamy Stock Photo; Entente Valabre; gouv.fr; Jeffrey Blackler/Alamy Stock Photo; John Green, Tortues à l'infini, illustration de couverture Rodrigo Corral, Collection Grand format littérature, Editions Gallimard Jeunesse; ©MSF; Pictorial Press Ltd/Alamy Stock Photo; Poster from 'FERDINAND' ©2017 Courtesy of Twentieth Century Fox. All rights reserved; Projects Abroad; Région Hauts-de-France; Robert Wyatt/Alamy Stock Photo; SEBASTIEN DURAND/Alamy Stock Photo; Shutterstock; WENN Ltd/Alamy Stock Photo; Wikimedia Commons; Wikimedia Commons/Meursault2004; Wikimedia Commons/Mireille Ampilhac; Wikimedia Commons/Nicolas Leroy; Wikimedia Commons/Nicolas Viognier; Wikimedia Commons/Tangopaso; Wikimedia Commons/William Crochot; ZUMA Press, Inc./Alamy Stock Photo

The author and publisher would like to thank the following for permission to reproduce authentic texts and data:

'Un Papa-Rapluie et autres Comptines,' Pierre Ruaud 2012; Solenn's School of French and English; Sony/ATV

educate.ie

Redeeming Educate.ie ebooks

You are entitled to one complimentary ebook of this textbook.

To avail of this ebook, complete the following steps:

1. Visit Educate.ie and click the "**Redeem Ebooks**" button.
2. Select "**Sign in**" or "**Create Account**" ensuring you are using the correct email address*.
3. In your account, you will be asked to enter your redeem code. Enter this code ➔ and select "**Check Code**".

   Allons-y 2 2nd Edition

   | AY22-ANAKQ2 |

4. If the title is correct, select "**Yes, redeem my ebook**".**
5. Your title is now redeemed. To access your Educate.ie ebook app, select "**Ebook App**" or select "**Redeem Ebooks**" to redeem any further titles.

* ebook redeemable to one email address only.
** If the title is incorrect, select "**No, contact support**".

Free resources online

When you create an ebook account (see above), an account will also be created for you on **educateplus.ie** – our free Digital Resource site.

You can also go directly to **educateplus.ie**, if you wish, without redeeming an ebook and register an account there.

1. Visit **www.educateplus.ie**, and click 'Register', completing the online form.
2. Once logged in, select your textbook and access your resources using the same redeem code above.
3. Each time you log in, your resources will be in your dashboard.

If you need any help, please contact us at **support@educateplus.ie** and make sure to tell us what book you're using!